CÉREBRO GLOBAL

Como inovar em um mundo conectado por redes

Authorized translation from the English language edition, entitled THE GLOBAL BRAIN: YOUR ROAD-MAP FOR INNOVATING FASTER AND SMARTER IN A NETWORKED WORLD, 1st Edition, by SATISH NAMBISAN; MOHANBIR SAWHNEY, published by Pearson Education, Inc., publishing as Pearson Prentice Hall, Copyright © 2008 by Pearson Education, Inc.

All rights reserved. No part of this book may be reproduced or transmitted in any form or by any means, electronic or mechanical, including photocopying, recording or by any information storage retrieval system, without the permission from Pearson Education, Inc.

PORTUGUESE language edition published by EDITORA EVORA LTDA – EPP, Copyright © 2011 by Editora Évora.

Tradução autorizada da edição em língua inglesa intitulada THE GLOBAL BRAIN: YOUR ROADMAP FOR INNOVATING FASTER AND SMARTER IN A NETWORKED WORLD, 1ª edição, por SATISH NAMBISAN e MOHANBIR SAWHNEY, publicada pela Pearson Education, Inc. como Pearson Prentice Hall. Copyright © 2008 by Pearson Education, Inc.

Todos os direitos reservados. Nenhuma parte deste livro pode ser reproduzida ou transmitida de nenhuma forma e por nenhum meio, eletrônico ou manual, incluindo fotocópia, gravação ou qualquer outro sistema de armazenamento de informação, sem a permissão da Pearson Education, Inc.

Edição em língua portuguesa publicada pela EDITORA ÉVORA LTDA – EPP. Copyright © 2011 by Editora Évora.

Satish Nambisan e Mohanbir Sawhney

CÉREBRO GLOBAL

Como inovar em um mundo conectado por redes

Traduzido por:
Cristina Sant'Anna

Diretor-presidente
Henrique José Branco Brazão Farinha

Publisher
Eduardo Viegas Meirelles Villela

Editora
Cláudia Elissa Rondelli Ramos

Projeto gráfico e editoração
Jessica Siqueira/Know-how Editorial

Capa
Listo Comunicação

Tradução
Cristina Sant'Anna

Revisão
Leila dos Santos Silva/Know-how Editorial

Revisão Técnica
Renato Fonseca de Andrade

Impressão
Edições Loyola

Título original: *The Global Brain: Your Roadmap for Innovating Faster and Smarter in a Networked World*

Todos os direitos desta edição são reservados à Editora Évora.

Rua Sergipe, 401 – conj. 1310 – Consolação
São Paulo, SP – CEP 01243-906
Telefone: (11) 3562-7814/3562-7815
Site: http://www.editoraevora.com.br
E-mail: contato@editoraevora.com.br

Dados Internacionais de Catalogação na Publicação (CIP)

N161c

    Nambisan, Satish

      [The global brain. Português]

      Cérebro global : como inovar em um mundo conectado por redes / Satish Nambisan, Sawhney Mohanbir. – São Paulo : Évora, 2011.

      324p.

      Tradução de: The global brain : your roadmap for innovating faster and smarter in a networked world.

      Inclui bibliografia.

      ISBN 978-85-63993-20-5

      1. Inovações tecnológicas – Administração. 2. Empresas – Inovações tecnológicas. 3. Redes de negócios. I. Mohanbir, Sawhney. II. Título.

                                        CDD- 658.4063

José Carlos dos Santos Macedo   Bibliotecário CRB7 n.3575

Um roteiro prático, passo a passo, para aumentar o poder da inovação em rede

"Esse é um livro muito importante sobre um assunto de extrema relevância, escrito por duas das principais autoridades em inovação do mundo. Além de trazer a marca dos grandes livros de negócios. Os autores não vendem uma fórmula pronta para resolver todos os problemas de inovação das empresas. Em vez disso, oferecem diferentes roteiros, que podem ser customizados à situação de cada empresa. É isso que torna o trabalho deles tão útil."

Clayton M. Christensen
Autor e professor da Harvard Business School

"Inovação aplicada é o que cria valor nas organizações; é muito difícil fazer isso. Nambisan e Sawhney escreveram um livro que ergue efetivamente uma ponte entre a inovação em rede e sua aplicabilidade. Uma perspectiva revigorante sobre a inovação e as suas práticas. O livro é útil para todo líder empresarial que está confuso diante da ideia de fazer a inovação realmente acontecer."

Azim Premji
Presidente do conselho da WIPRO Technologies

"Não há falta de ideias inovadoras. Faltam somente os modelos para encontrá-las. Esses modelos agora estão disponíveis graças a Nambisan e Sawhney, que traçaram uma rota brilhante pelo mundo das redes."

Philip Kotler
Autor e professor emérito da Kellogg School of Management de Marketing Internacional

"Os autores de *Cérebro global* traçam ligações proveitosas entre os efeitos das redes globalizadas nos negócios e a alta importância da inovação nesse mercado em rápida evolução. A inovação, hoje, vai muito além da área de Pesquisa e Desenvolvimento e de pessoas trabalhando para uma empresa. A inovação agora inclui uma fonte aberta e gratuita, um dos muitos tópicos interessantes sobre os quais este livro reflete."

Jonathan Schwartz
CEO da Picture of Health e ex-CEO da SUN Microsystems

"Depois de ler este livro tão repleto de ideias e bem pesquisado, você vai achar difícil não abrir a estratégia de inovação de sua empresa para o mundo exterior. O 'cérebro local' – a inovação derivada dos funcionários de sua empresa – ainda é importante, mas é evidente que ele precisa ser ampliado pelo cérebro global."

Thomas H. Davenport
Autor e professor emérito de Gestão e Tecnologia da Informação da Babson College

◎ ELOGIOS A ESTE LIVRO:

"*Cérebro global* instiga os praticantes da inovação com ideias conceituais e práticas revigoradas, enquanto explora o cenário de rápida evolução da inovação nas redes, que promete aumentar a produtividade na área. Leitura importante para as organizações globais que buscam a diferenciação pela inovação em um mercado cada vez mais competitivo."

Uma Chowdhry
Vice-presidente sênior e diretor de Ciência e Tecnologia da DuPont

"Você vai se flagrar citando *Cérebro global* com frequência, enquanto segue sua trajetória na inovação em rede. Um livro essencial sobre esse assunto."

Vijay Govindarajan
Autor e professor de Negócios Internacionais da Tuck School of Business

"No século XXI, a inovação requer uma mudança fundamental de pensamento e abordagem. Nambisan e Sawhney oferecem uma análise sistemática e incisiva sobre as diversas oportunidades disponíveis para que as empresas explorem o 'cérebro global'. Você terá uma compreensão clara das melhores alternativas para sua organização e os meios mais efetivos para implementar a inovação. Um livro soberbo!"

Denis Browne
Vice-presidente sênior de Imagineering do SAP Labs

"Este livro oferece uma visão engajadora e perspicaz de um fenômeno que interessa a práticos e teóricos. A inovação não está mais confinada aos limites da empresa; o modelo de inovação cresce e se distribui amplamente, como fica evidente para a maioria dos observadores. Os leitores terão um poderoso e sucinto conjunto de ideias sobre esse fenômeno. Ótima leitura para gestores e pesquisadores."

Ranjay Gulati
Professor da Harvard Business School

"A inovação bem-sucedida é uma jornada difícil, quase sempre confusa e solitária. Este livro oferece a você o mapa e as ferramentas para enfrentar os desafios e forjar a trilha de alta velocidade para a inovação de sucesso."

Toby Redshaw
Vice-presidente da American Express

Para *Priya* e *Parminder*.

Agradecimentos

Escrever este livro foi um trabalho de amor para nós dois, mas também generosamente encorajado e auxiliado por um grande número de pessoas que contribuíram com seu tempo e suas ideias. A todos, nossa profunda gratidão.

Nossas interações com Uma Chowdhry, da DuPont; Irving Wladawsky-Berger e Dan McGrath, da IBM; Tom Cripe, da P&G; e Debra Park, da Dial Corporation colaboraram decisivamente para a formatação de nossas primeiras ideias e para os cenários apresentados neste livro. Também nos beneficiamos enormemente de nossas conversas com as seguintes pessoas, que nos ofereceram generosamente seu tempo e compartilharam pensamentos conosco a respeito de vários tópicos: Dave Bayless, Henry Chesbrough, Steve Cugine, David Duncan, Jevin Eagle, Gary Einhaus, Robert Finnochiaro, John Funk, Harvey Gideon, Sharon Grosh, Adam Gross, Laurie Kien-Kotcher, Bill Lazaroff, Stephen Mallenbaum, Richard Marken, Stephen Maurer, Gregg McPherson, Kim Pugliese, Arti Rai, Andrej Sali, Catherine Strader, Scott Strode, Ginger Taylor, Dave Weaver, Brandon Williams, David Ylitalo e David Yuan. Há muitas outras pessoas – na academia e nos negócios – que avaliaram nossas ideias e ofereceram comentários e sugestões construtivas com quem também estamos em débito.

Muitas pessoas nos auxiliaram na organização das entrevistas e no gerenciamento do cronograma deste livro. Gostaríamos de agradecer a Jeff Horn pela assistência em nossa pesquisa e a Gordon Evans, Jeff Leroy, Ann Schmidt e diversas outras pessoas que nos ajudaram a identificar os profissionais apropriados em diferentes organizações e cuidaram do agendamento de entrevistas. Rahi Gurung prestou valiosos serviços administrativos na Kellogg.

XII Cérebro Global

Satish gostaria de manifestar sua gratidão à Kellogg School of Management e ao Center for Research in Technology & Innovation (CRTI) da Universidade Northwestern pela recepção generosa do período sabático e pela facilitação da pesquisa inicial que resultou neste livro. Ele gostaria de agradecer ao reitor Dipak Jain, da Kellogg, por seu encorajamento e interesse nesse projeto. Também agradece a Ranjay Gulati, Jim Conley, Mark Jeffrey, Rob Wolcott e outros amigos e colegas da Kellogg e do CRTI que tornaram sua estadia, além de agradável, muito estimulante intelectualmente.

Satish também é grato a Robert Baron – seu amigo, mentor e colega no Rensselaer Polytechnic Institute (RPI) – por sua parceria intelectual e paciência como coautor em outro projeto de pesquisa enquanto este livro estava sendo redigido. Gostaria também de manifestar seu apreço pela presidente Shirley Jackson e outros líderes acadêmicos do RPI por promoverem a pesquisa em gerenciamento de inovação e por estimularem, com entusiasmo, o foco de interdisciplinaridade sobre esse tema.

Satish expressa, ainda, sua profunda gratidão à sua esposa, Priya, por seu entusiasmo ilimitado, constante encorajamento e por acreditar neste livro desde a primeira hora do projeto. Ela encontrou tempo – mesmo imersa em uma árdua rotina no primeiro ano como professora assistente – para ler os capítulos individualmente, fazer comentários e sugestões, servindo muitas vezes como caixa de ressonância, líder de torcida, crítica, editora e conselheira. Seu amor inabalável, amizade e brilhante inteligência continuam a ser fonte de alegria, inspiração e força para Satish em seu trabalho e em sua vida.

Mohan gostaria de agradecer a todos os participantes da rede de inovação da Kellogg, que deram suporte à nossa pesquisa e serviram de centro de reflexão para as nossas ideias. Particularmente, ele é grato a Blythe McGarvey por seus comentários incisivos sobre o manuscrito; Rob Wolcott, por sua parceria intelectual; Toby Redshaw, por sua provocação intelectual; e Mark Karasek, por seu persistente apoio à Kellogg Innovation Network (KIN). Mohan expressa sua gratidão também ao reitor Dipak Jain, por acreditar nele e na missão do CRTI, e, ainda, aos colegas James Conley, Mark Jeffrey, Rob Wolcott e Bob Cooper.

Mohan manifesta um especial agradecimento à sua nova esposa, Parminder, por sua paciência enquanto trabalhava neste livro e lidava com um relacionamento à longa distância. Seu amor e apoio foram a luz-guia que o manteve em ação. Por isso, Mohan agradece também a seus filhos, Asha e Bundev, pela alegria que trazem à sua vida e por permitirem que o pai trabalhasse neste livro!

Finalmente, agradecemos a Jerry Wind, da Wharton, por acreditar em nossas ideias e nos conduzir na direção da concretização deste livro. Nós gostaríamos, ainda, de agradecer a Tim Moore, Russ Hall, Martha Cooley, Chelsey Marti e aos demais integrantes da equipe editorial da Wharton por seu comprometimento e apoio entusiástico. Nossos agradecimentos também são devidos a Tom Stewart e Paul Hemp, da *Harvard Business Review*, por seu apoio a encorajamento a nossas ideias.

Prefácio

Quando Satish e Mohan me pediram para escrever o Prefácio deste livro, mal pude conter meu entusiasmo. Não somente porque eu já estava imerso no assunto, em virtude da natureza do meu trabalho, mas também porque vi a oportunidade de sintetizar quatro anos de observação e aprendizado sobre um tema que está conduzindo o mundo a um novo patamar de transformação socioeconômica. Estamos em meio a um daqueles raros pontos de inflexão que mudará, para sempre, o modo como o trabalho é realizado, o modo como as novas oportunidades são criadas e como extraímos valor de nossos esforços. Com certeza, estamos falando do fenômeno do século XXI, a inovação colaborativa.

Não há dúvida de que o tema está na cabeça de todos nós. CEOs, autoridades governamentais, acadêmicos e líderes comunitários em todo o mundo estão contando com a "inovação" para ser a diretriz fundamental na geração de oportunidades econômicas, novos empregos, competitividade empresarial e avanços na educação, assistência à saúde e ainda a uma vasta gama de outras disciplinas. Investir em inovação, eles afirmam, é o caminho mais seguro para sobreviver e sobrepujar a complexidade atual do mundo interconectado.

Mas o que eles realmente querem dizer quando falam de inovação? Na indústria da Tecnologia da Informação, a inovação tem sido definida historicamente como o processo de invenção e descoberta resultante dos investimentos em Pesquisa e Desenvolvimento (P&D). O Bell Labs, o Xerox PARC e a IBM Research, ao lado dos programas de pesquisa de base das melhores universidades do mundo, protagonizaram as maiores inovações do século XX.

Eles também operavam no clássico modelo "torre de marfim" – projetos altamente secretos e com abordagem proprietária, compartilhando muito pouco com os outros e, às vezes, sofrendo com a demora para que suas melhores ideias chegassem ao mercado.

No entanto, o mundo mudou drasticamente nos últimos 10 anos – e, mais do que isso, a própria natureza da inovação. Essa mudança começou a se evidenciar no início da década.

Em 2004, eu tive o privilégio de participar de duas grandes iniciativas para estudar como e por que a natureza da inovação está mudando e o impacto disso sobre os negócios, os governos e a sociedade global. O primeiro foi o National Innovation Initiative (NII), um grupo especial de estudos patrocinado pelo Conselho de Competitividade. O NII é integrado por duzentos CEOs, reitores de universidades e líderes de trabalhadores, que têm como missão coletiva ajudar os Estados Unidos a reativar o motor da inovação.

Por volta da mesma época, a IBM lançou um projeto exclusivo chamado Global Innovation Outlook (GIO) – uma maneira ampla e diferente de identificar e atuar com tendências emergentes, questões de regulação e oportunidades de mercado, sob a liderança de centenas dos melhores pensadores do mundo, em diferentes áreas do conhecimento.

Todos nós aprendemos muito com esses exercícios. Pode parecer óbvio agora, mas talvez a descoberta mais valiosa tenha sido o aprofundamento de nossa visão sobre as mudanças radicais no modo com que a inovação é criada, gerenciada e entregue.

E por que a natureza da inovação mudou tão radicalmente? Existem vários fatores, entre eles: a dinâmica no mundo plano*, a marcha da comoditização, a adoção rápida e global de novas tecnologias e, particularmente, o movimento de acesso livre e gratuito.

A inovação ocorre muito mais depressa hoje e se difunde muito mais rapidamente em nosso dia a dia. Ela não está mais nos domínios dos gênios solitários, que queriam tomar o mundo para si mesmos. Em vez disso, a inovação está cada vez mais:

---

* Referência a um dos livros de Thomas Friedman, traduzido no Brasil com o título *O mundo é plano* (N.T.).

- **GLOBAL** – A adoção disseminada das tecnologias de interconexão e a flexibilização dos padrões removeram as barreiras geográficas e abriram a acessibilidade. Bilhões de pessoas, mesmo nas regiões mais remotas do mundo, têm acesso disponível, e por preço razoável, às tecnologias sem fio mais avançadas e à internet. Trafegando nas ondas dessas plataformas, as ideias agora circunavegam o globo em questão de minutos, se não de segundos. Como resultado, quase todo mundo com uma boa ideia pode participar da economia da inovação.

- **MULTIDISCIPLINAR** – Como os desafios que enfrentamos atualmente são bem mais complexos, a inovação agora requer um conjunto diferente de talento e especialização.

  Considere o mapa do genoma humano. Até recentemente, esse tipo de pesquisa só podia ser conduzido em laboratórios experimentais, no domínio do mundo físico. Mas agora, os avanços quase inacreditáveis da tecnologia da informação tornaram viável modelar e processar informação genética de maneira antes impossível.

  As ciências da vida podem ser consideradas o foco do século XXI. Em seu cerne, porém, está a aplicação de chips, softwares de banco de dados e computadores poderosos e altamente velozes. Para ser um líder nessa área em crescimento, você precisará conhecer e lidar com o domínio tecnológico tão bem quanto com a biologia e suas áreas correlatas. Esse é um desafio assustador e sem precedentes, mas também uma perspectiva produtiva, que libertará novas ideias e descobertas as quais, de outra forma, continuariam encasteladas nas torres de marfim ou nem sequer brotariam.

- **COLABORATIVA E ABERTA** – Quase todos os estudos identificam o poder da colaboração e as comunidades como as maiores forças condutoras da inovação no ambiente atual. Nosso primeiro exercício no GIO, por exemplo, identificou "o poder das redes" como uma de suas principais descobertas. Os participantes declararam que, de modo crescente, o poder deles derivava da habilidade de explorar – e algumas vezes transformar – uma grande rede de pessoas e ideias.

  Da mesma forma, mais e mais empresas reconhecem que há muito mais capacidade de inovação no mercado do que conseguiriam gerar por si mesmas, não importa quão grande e poderosa seja a companhia.

Um dos temas chave, que surgiu de um estudo realizado por nós em 2006 com CEOs, diz respeito ao quão indispensável é a colaboração externa para a inovação. Entrevistamos cerca de oitocentos CEOs, representando um amplo espectro de regiões geográficas e empresas de pequeno, médio e grande porte. Quando perguntados em quais fontes a companhia mais confiava para buscar ideias inovadoras, uma das principais respostas dos CEOs foi "os parceiros de negócios", ficando quase no topo da lista, só perdendo para "a comunidade de funcionários".

Os "clientes" também ficaram no topo da lista, o que significa que as três fontes mais significativas de ideias inovadoras estão baseadas em abordagens abertas e colaborativas, incluindo aquelas externas à empresa. De fato, os CEOs afirmaram que recebem duas vezes mais sugestões inovadoras dos clientes do que de suas próprias equipes de vendas e serviços.

Talvez o mais surpreendente seja que o departamento de "Pesquisa e Desenvolvimento" (P&D) apareceu pouco nas respostas. Como engenheiro e cientista que se tornou um executivo, eu diria a esses executivos que não veem valor retornando dos investimentos em P&D que eles não estão gerenciando a área para que esta reflita as mudanças em curso no mercado. Em outras palavras, eles ainda não estão buscando colaboração externa e trabalhando diretamente com os clientes. O IBM Research está em meio a um processo de renascimento como resultado do engajamento com a colaboração do mercado. Mas aqui há assunto para outro livro inteiro.

Os CEOs também nos afirmaram que as parcerias – seja rompendo as fronteiras internas ou externas da empresa – são um princípio simples, mas muito difícil de ser praticado. Não nos surpreendeu. Trabalhar com diferentes grupos para atingir objetivos comuns requer normalmente uma mudança de cultura para a maioria das organizações – e as transformações culturais são as mais complexas de todas. Estou convencido de que, para se engajar realmente na cultura da colaboração, você tem de aceitar antes o limite de sua capacidade para realizar tarefas sozinho, sem ajuda dos outros.

Isso é particularmente importante para aquelas empresas, como a IBM, que estão endereçando questões governamentais, de negócios, de assistência à saúde, tecnologia e ciência de natureza muito sofisticada e conseguindo aumentar o limite do que é possível. Nós aprendemos em campo que não é viável trabalhar problemas como bancos de dados médicos, cadeias integradas de suprimentos ou engenharia avançada de design a menos que tenha sido estabelecida uma relação muito próxima com clientes, parceiros de negócios e até com representantes comerciais, que podem muito bem ser até concorrentes.

Nesse tipo de ambiente, anunciar-se como "o melhor", francamente, deve ser considerado um erro crasso, um sinal de insegurança corporativa, e não a demonstração de força de um líder confiante. Em vez disso, você quer que sua empresa seja conhecida como aquela que auxilia todos os integrantes da equipe a resolver qualquer tipo de problema que esteja sendo tratado. Mais do que clamar que a sua está entre as empresas mais inovadoras, você quer que a companhia seja reconhecida como aquela capaz de ajudar todos os envolvidos a se tornarem mais inovadores.

O movimento de livre acesso tornou tudo isso possível, pois tem o potencial de distribuir inovação de modo considerável – e também de motivar as históricas estruturas de custos e investimentos. O sistema operacional Linux, por exemplo, não é propriedade de ninguém – e todos são proprietários dele simultaneamente.

Milhares e milhares de programadores em todo o mundo contribuíram com esse sistema para torná-lo melhor, o que não seria possível em um sistema proprietário fechado.

Historicamente, sabemos que custa cerca de 1 bilhão de dólares desenvolver e entregar ao mercado um sistema operacional pronto para uma plataforma de computador. Trabalhando em uma comunidade aberta para a IBM, conseguimos integrar o Linux em toda a linha de produtos, gastando praticamente um quinto desse valor. Fizemos isso combinando o código Linux trabalhado por uma comunidade, o código de uma comunidade aberta e o código Linux que nós criamos unicamente para dar um melhor suporte aos produtos. Como resultado, oferecemos soluções melhor testadas, mais robustas e prontas para uso imediato do mercado.

O movimento de livre acesso produz uma base comum como infraestrutura, então, a roda nunca precisa ser reinventada. O conhecimento básico está todo lá e de comum acordo entre a comunidade global. Isso permite que os criadores pulem os trajetos prosaicos e saltem diretamente para a inovação – tendo a certeza de que a infraestrutura está firme e forte, porque foi refinada e consolidada por grandes profissionais ao redor do mundo.

Quando mais pessoas têm acesso aos blocos de montagem da inovação, diversas influências e ricas perspectivas são somadas ao processo. As pessoas começam a raciocinar de forma interdependente e colaborativa – entre as disciplinas e colaborando nas intersecções entre elas.

A verdadeira inovação, então, é conduzida pelo ecossistema; ouvindo e aprendendo com os diversos integrantes com os quais dialogamos e que acrescentam valor à discussão. Ao nos engajarmos nesse ecossistema, nós derrubamos as fronteiras da cultura, da geografia e da organização para gerar rapidamente ideias e atuar nas transformações.

O primeiro passo é modelar o próprio ecossistema de sua empresa – todos os grupos vitais para o sucesso do negócio. Eu apresento uma abordagem aqui (veja ilustração) simplesmente como uma moldura: não há caminho certo ou errado a seguir, a não ser que você escolha seguir sozinho.

Em segundo lugar, você precisa estabelecer uma conversa de mão dupla com cada um dos grupos integrantes do ecossistema – e também estimular o diálogo entre eles com ou sem você. Não será mais possível controlá-los ou simplesmente enviar mensagens e demandas de cima para baixo. As pessoas irão embora para colaborar com parceiros mais receptivos.

Figura 1 ⊛ Ecossistema de inovação

As redes, é claro, não são um fato novo. O mundo dos negócios sempre incluiu constelações de pessoas trabalhando juntas para criar valor. Mas, no passado, esses relacionamentos eram, em geral, mais limitados e exclusivistas por natureza, cercados por acordos legais estritos e condições financeiras.

Ao longo da década passada, porém, a proliferação da comunicação em rede não apenas conectou as pessoas, lugares e ideias de modo sem precedentes como também catalisou a evolução das estruturas sociais. Com a liberdade de transcender as barreiras físicas e geográficas mais facilmente, temos agora mais disposição de criar parcerias dentro e fora dos limites tradicionais das organizações e dos países.

Por causa dessa mudança, o modelo empresarial do século XX, como conhecemos, já se tornou história. Crescentemente, a força motivadora que une as pessoas para trabalhar é menos uma "organização de negócios" e mais um empreendimento coletivo – atividades dirigidas por um conjunto comum de interesses, metas e valores.

A tendência está se acelerando e terá implicações profundas na maneira como as empresas pensam sobre tudo, da liderança ao gerenciamento e à motivação global de talentos. Isso vai mudar o modo com que as empresas abordam a própria inovação.

Enquanto as fronteiras se dissolvem, os relacionamentos assumem um modelo mais fluido, os ecossistemas se expandem e as redes tornam-se mais amplas, a natureza do processo de decisão das pessoas, dos negócios e do mundo toma uma nova forma. As ações locais agora têm consequências globais, e o inverso também é verdade.

Para buscar a inovação aberta e colaborativa, as empresas terão de simplesmente encontrar um modo para explorar as habilidades, talentos e criatividade de pessoas de diferentes equipes de diferentes companhias em todo o mundo. Uma empresa será tão inovadora quanto a capacidade coletiva das pessoas em seu ecossistema. E para atrair e manter gente talentosa, a companhia deve incentivar essas pessoas a se sentirem respeitadas como indivíduos, como profissionais e como parte de uma equipe. A empresa precisa confiar nas pessoas e encorajá-las a colaborar e inovar com colegas dentro e fora do negócio, motivadas tanto pelo orgulho de colaborar quanto pela lealdade à organização.

XXII Cérebro Global

Esses modelos de colaboração apresentam também retorno financeiro. Estudos demonstram que as companhias que alcançam resultados acima da média de seu setor de atuação tendem a adotar modelos de negócios mais centrados em suas *expertises* e na colaboração com parceiros que no fortalecimento da postura de comando e controle.

Vejamos o exemplo da Bharti Tele-Ventures, a maior empresa privada de telefonia da Índia. Recentemente, a companhia terceirizou e integrou suas principais atividades – como gerenciamento e programação de rede, suporte técnico aos clientes, reparação de sistema, informática e cobrança –, o que a deixou livre para focar exclusivamente em marketing e na estratégia de serviços aos clientes. Como resultado, a Bharti triplicou a base de usuários – de 6 milhões para 18 milhões – em apenas vinte meses.

Histórias de sucesso como essa, porém, não ocorrem facilmente. Como cada vez menos empresas controlam diretamente todas as suas operações, torna-se cada vez mais difícil assegurar que as experiências da marca correspondam às suas promessas. Como as companhias podem se certificar de que os funcionários e os parceiros de negócios, que dão poder à sua rede, compreenderam inteiramente os valores de sua marca e estão motivados a defendê-los e protegê-los?

Durante as sessões do Global Innovation Outlook, muitos participantes trouxeram um conceito construído em torno do termo "Capital Reputacional", que descreve um tipo de ativo resultante da confiança nas capacidades das pessoas e nas suas qualificações profissionais. Citaram como exemplos a Wikipedia e o eBay, pois ambos construíram marcas de sucesso com base nas contribuições de centenas de milhares de indivíduos não afiliados.

Em cada caso, existem padrões em ação que possibilitam as pessoas a ver e qualificar a integridade e a credibilidade dos contribuintes. Quanto mais um contribuinte demonstra um alto nível de confiabilidade e competência, mais seu valor é reconhecido. Mesmo para os negócios que não são erguidos em torno de contribuições individuais, o capital reputacional traz possibilidades instigantes – especialmente para concorrentes globais emergentes que contam apenas com uma presença virtual nos mercados e não dispõem de marcas próprias visíveis.

Estou convencido de que a arte da colaboração será a mais distinta característica das lideranças do século XXI. As universidades precisam ensiná-la. Os formuladores de políticas e os agentes reguladores precisam estimulá-la.

Para que a inovação colaborativa se torne parte de nosso DNA, precisamos aceitar a noção de que o modo mais seguro para progredir e resolver problemas é explorar o conhecimento coletivo das equipes. As empresas interconectadas são o futuro. Nenhuma companhia isolada, nem mesmo a maior e mais talentosa, pode suportar seguir sozinha em um mercado cada vez mais competitivo e integrado globalmente.

O sucesso em desfrutar do conhecimento coletivo de inovadores e especialistas – que Satish e Mohan chamam de *Cérebro global* – requer que primeiro as empresas desenvolvam uma sólida compreensão do cenário da colaboração e, então, decidam pela abordagem que se adapte melhor a suas necessidades. Uma mesma solução não serve para todos nesse caso.

Neste livro, Satish e Mohan oferecem uma rica descrição dos diferentes modelos de inovação em rede e descrevem um conjunto de diretrizes para que as empresas identifiquem e se preparem para as mais promissoras oportunidades. Como eles enfatizam, o sucesso também exige que a natureza do relacionamento mantido com os parceiros de inovação seja repensada – o que precisamos, de fato, controlar e o que podemos deixar acontecer.

Eu acredito que os sacrifícios e os benefícios fazem a jornada valer a pena.

Nick Donofrio
Ex-vice-presidente executivo de Inovação & Tecnologia da IBM

Introdução

A inovação é vital para o crescimento lucrativo das empresas. Em sua busca por tecnologias e ideias inovadoras, as companhias estão percebendo a importância de se relacionar com clientes, parceiros, fornecedores, inventores amadores, pesquisadores acadêmicos, cientistas, agências de inovação e uma ampla gama de entidades externas que, em conjunto, constituem o Cérebro Global – o vasto potencial criativo que repousa além das fronteiras das organizações. Termos como comunidades criativas, redes de inovação, mercado aberto de inovação e sabedoria das multidões estão sendo usados para se referir ao futuro da inovação em um mundo interconectado. As promessas de abordagens da inovação centrada em redes estão ressoando nos escritórios dos executivos das grandes companhias globais. Uma pesquisa recente, realizada com CEOs, aponta que a necessidade de expandir o horizonte da inovação, olhando além das quatro paredes da empresa, está no topo da agenda desses profissionais.[1] No entanto, a maioria dos executivos não sabe como alcançar a Terra Prometida. Nossas entrevistas com os executivos seniores encarregados das iniciativas de inovação sugerem que eles se debatem com uma pergunta de importância singular: como realmente aproveitar o poder criativo do Cérebro Global para ampliar o crescimento e o desempenho dos negócios?

Exemplos recentes de empresas como P&G, IBM, Boeing e Apple ilustram que o foco externo na inovação pode assumir diversas formas. Existem diferentes entidades que podem ser contatadas e outros tantos diferentes

---

[1] "Expanding the innovation horizon", estudo com CEOs realizado em 2006. Disponível em: <http://www-1.ibm.com/services/uk/bes/html/bes_landing_ceostudy.html>. Acesso em: 15 ago. 2006.

tipos de relacionamentos e redes que podem ser criados para aproveitar as ideias inovadoras. As perguntas são muitas: quais são as diferentes abordagens para aproveitar as redes externas de inovação? Qual abordagem é a melhor para nossa empresa? Qual é o tipo de projeto de inovação que funciona melhor com cada abordagem? Qual o papel de nossa empresa na rede de inovação? Para dar respostas a essas perguntas, os gestores devem ter uma sólida compreensão da paisagem emergente da inovação centrada em redes. Somente com uma boa visão dos cenários eles serão capazes de identificar as oportunidades oferecidas pela inovação em rede.

Além da identificação das oportunidades, existem perguntas adicionais às quais os gestores também precisam estar atentos. De quais habilidades organizacionais precisaremos? Como deve ser estruturada nossa rede de inovação? Quais benefícios podem ser esperados e como realmente mensurá-los? Quais são os riscos potenciais da inovação aberta? Há o perigo de a empresa perder o controle sobre suas iniciativas de inovação? Como podemos proteger nossa propriedade intelectual? Como deveríamos definir sucesso?

Escrevemos este livro para responder a esses dois grupos de perguntas de modo prático e direto para que as empresas – grandes e pequenas – possam *explorar* e beneficiar-se do poder do cérebro global. Nós esperamos conduzir você em uma jornada que começa com um alerta sobre a natureza e o potencial da inovação centrada em redes e chega ao ponto em que você será capaz de implementar uma estratégia específica para sua empresa.

Ao longo das páginas deste livro, utilizaremos com frequência esses dois termos: cérebro global, para descrever o conjunto de diversas entidades externas constituintes da rede de inovação das empresas; e inovação centrada em redes, para indicar os princípios subjacentes à inovação colaborativa em cada contexto.

COMO SURGIU ESTE LIVRO

Os dois autores foram estudantes da inovação durante vários anos. Desde que a internet ganhou massa crítica e as empresas começaram a perceber o poder das redes e comunidades, nós estamos particularmente interessados em compreender a natureza e as implicações da inovação distribuída, das comunidades baseadas em inovação e das redes de inovação.

Satish estudou *O ambiente virtual dos consumidores* e o papel dos clientes no apoio ao desenvolvimento dos esforços de inovação das companhias.[2] Mohan escreveu sobre o fenômeno de crescimento das *Comunidades de criação* em diferentes contextos e examinou sua promessa na organização comercial de iniciativas inovadoras.[3] Nosso trabalho também esteve focado em novos tipos de inovação intermediárias – ou "inomediárias", como Mohan as chama[4] – que fazem a ligação entre as empresas, as comunidades e as redes externas.

Um tema comum em nossas pesquisas foi o interesse no conceito de inovação distribuída – iniciativas de inovação que estavam dispersas em uma diversificada rede de parceiros. No verão de 2005, participamos de um simpósio de pesquisa sobre inovação distribuída, organizado como parte do Annual Academy of Management Meeting, realizado no Havaí. Enquanto aproveitávamos o sol e as praias, começamos a conversar sobre a crescente importância das redes de inovação e das comunidades de criação. Nós estávamos convictos quanto à promessa e o potencial das iniciativas de inovação centradas nessas redes de inventores individuais, consumidores e parceiros. Acreditávamos, com base nas primeiras evidências apontadas pelos setores de software e de automóveis, que a inovação poderia ser muito mais efetiva, eficiente e rápida se as empresas pudessem aproveitar todo o talento e as ideias que repousavam além de suas fronteiras. Mas suspeitávamos também que, apesar de toda comoção causada em torno do poder de inovação das redes externas, os gestores dispunham de uma orientação bastante limitada para implementar iniciativas de inovação centrada em redes. E decidimos explorar melhor essa intuição para verificar se poderíamos oferecer uma contribuição nessa área.

Nosso canal para essa exploração foi a Kellogg Innovation Network (KIN) – um fórum para gestores seniores em inovação de grandes empresas, afiliado

---

[2] Veja, por exemplo: Nambisan, S. "Designing virtual customer enviroments for new product development: toward a theory", *Academy of Management Review,* v. 27, n. 3, p. 392-413, 2002; Nambisan, S. e Baron, R. "Interactions in virtual customer enviroments: implications for product support and customer relationship management", *Jounal of Interactive Marketing*, v. 21, n. 2, p. 42-62, 2007.

[3] Veja Sawhney, M. e Prandelli, E. "Communities of creation: managing distributed innovation in turbulent markets", *Califórnia Management Review*, p. 24-54, 2000.

[4] Sawhney, M.; Prandelli, E. e Verona, G. "The power of innomediation", *MIT Sloan Management Review*, v. 44, n. 2, p. 77-82, 2003.

ao Center for Research in Innovation and Technology, que Mohan dirigia na Kellogg School of Management. A KIN é um excelente exemplo do poder do cérebro global em ação. Trata-se de um fórum no qual os executivos seniores de um seleto grupo de empresas líderes reúnem-se de modo colaborativo para trocar ideias e melhores práticas relacionadas à inovação. A agenda de pesquisa da KIN surge do diálogo, da discussão e do debate entre seus integrantes. Demos início ao intercâmbio com executivos seniores de empresas como Motorola, DuPont, IBM, Kraft e Cargill. Apresentamos nossas ideias sobre inovação centrada em redes em seminários da KIN, e essa discussão revelou que nossa intuição era precisa. A maioria dos gestores indicou que eles estavam entusiasmados com as oportunidades expostas pelas redes externas de inovação e pelas comunidades, mas estavam menos convictos da sua capacidade para implementar essas iniciativas, que envolvem alcançar com sucesso as redes externas às empresas. E toda a comoção e entusiasmo da mídia sobre livre inovação, softwares de acesso livre, redes sociais e inovação na internet não estavam sendo muito úteis. Havia muito calor e poeira no ar, mas muito pouco esclarecimento no que diz respeito à implementação dessas iniciativas.

Uma pesquisa com executivos seniores conduzida em 2005 pela consultoria de gestão Bain&Co deu suporte às nossas observações. A maioria (73%) dos respondentes concordava que as companhias "poderiam ampliar drasticamente suas iniciativas de inovação com a colaboração externa", mas expressava simultaneamente uma "profunda insatisfação com seu desconhecimento sobre as estratégias apropriadas, práticas e ferramentas" para executar a inovação centrada em redes.[5]

Para que as companhias sejam bem-sucedidas, a fim de avançar da inovação *centrada na empresa* para a inovação *centrada em redes*, os gestores precisam evoluir além da prontidão sobre todo o seu potencial. Eles precisam compreender o cenário da inovação centrada em redes. Depois, devem conhecer as estratégias e as melhores práticas relevantes para o contexto de seu negócio. Sentimos, então, que havia necessidade de um livro que ajudasse os gestores a dar esses dois passos importantes para que pudessem aproveitar o ilimitado potencial criativo que está além das fronteiras da companhia.

---

[5] *Management tools and trends survey*, Bain&Co, 2005.

Quando decidimos embarcar no projeto deste livro, demos início a uma extensiva revisão da literatura acadêmica sobre o assunto, assim como de artigos orientados à prática e ainda livros sobre gestão de inovação e redes sociais. Essa revisão ofereceu o arcabouço para o desenvolvimento de nossos cenários e conceitos. A seguir, identificamos um grupo de empresas líderes em inovação externa. Essas companhias atuam em setores que vão desde produtos de consumo, como Dial, P&G, Staples e Unilever, até tecnologia de ponta, como IBM, DuPont, Boeing, 3M e Cisco. Escolhemos aprender com os líderes, conduzindo entrevistas em profundidade com os gestores à frente das iniciativas de inovação nessas companhias. Durante o período de um ano, conversamos com mais de cinquenta executivos de um grande número de empresas para desenvolver e validar nossos cenários e conceitos. Também falamos e analisamos o modelo de negócio de organizações-butique, que estão desempenhando um papel de especialista intermediário na inovação centrada em redes. São facilitadoras, como a IgnitelIP, a Eureka Ranch, a Evergreen IP e a InnoCentive. Além disso, ouvimos profissionais independentes que participaram ativamente do movimento de livre acesso ou de outros contextos da inovação centrada em redes, como as comunidades online de clientes. A diversidade de experiências e de perspectivas que nós obtivemos com essas entrevistas nos ajudou a desenvolver as ideias e os cenários relacionados à inovação centrada em redes que estruturam o conteúdo deste livro.

◎ QUEM DEVE LER ESTE LIVRO

Escrevemos este livro para dois públicos-alvo com profundo interesse no gerenciamento de inovação.

O primeiro grupo é formado pelos CEOs ou executivos seniores que têm a responsabilidade primária de fazer o negócio crescer e inovar, seja em uma unidade organizacional, seja em uma grande companhia global. Para eles, oferecemos a compreensão da natureza dos mecanismos de inovação externa que podem ser explorados em uma empresa, além do roteiro de implementação de uma estratégia de inovação centrada em redes.

O segundo são os gestores incumbidos de liderar as iniciativas de inovação de uma grande empresa. Para esses, procuramos esclarecer os tipos de redes de inovação que podem ser construídos, os papéis que a empresa deve desempenhar nessas redes de inovação e as competências necessárias para conduzir a empresa dentro dessa estratégia.

Para que setores e mercados este livro é particularmente relevante? Certamente, os cenários e conceitos apresentados são aplicáveis a uma ampla gama de setores; mas nosso livro é bastante relevante para companhias na área de tecnologia (computadores, software, telecomunicações, químicos e daí em diante) e no setor de bens de consumo. Além desses setores, os conceitos aqui apresentados também são importantes para serviços de assistência à saúde, consultorias médicas, automóveis, bens duráveis e para o setor de entretenimento, nos quais as oportunidades de inovação centrada em redes estão emergindo rapidamente.

◎ COMO ESTE LIVRO ESTÁ ORGANIZADO

Organizamos este livro em doze capítulos, distribuídos em cinco partes. Cada parte aborda um conjunto de questões fundamentais relacionadas à inovação centrada em redes:

Parte I – Da inovação interna à inovação centrada em redes (Capítulos 1 e 2).

Parte II – O cenário da inovação centrada em redes (Capítulos 3 e 4).

Parte III – Os quatro modelos da inovação centrada em redes (Capítulos 5 a 8).

Parte IV – Executando a inovação centrada em redes (Capítulos 9 e 10).

Parte V – A inovação centrada em redes e a globalização (Capítulos 11 e 12).

Começamos a Parte I respondendo a algumas questões básicas, como: por que as empresas devem inovar além das fronteiras? E o que significa adotar uma abordagem de inovação centrada em redes? Colocando ainda de forma mais simples, por que eu deveria prestar atenção nesse assunto? É descrita a necessidade de as companhias olharem para fora de suas fronteiras e evoluírem da abordagem centrada na empresa para a inovação centrada em redes. Então, definimos o conceito de "centricidade" e descrevemos os princípios da inovação centrada em redes. Utilizando uma série de exemplos, enfatizamos que existem diferentes "enfoques" de inovação centrada em redes e que as empresas precisam mapear cuidadosamente seu setor de atuação e contexto organizacional para identificar a abordagem de inovação mais apropriada.

Na Parte II, nos Capítulos 3 e 4, procuramos responder à seguinte questão: como é o cenário da inovação centrada em redes? Apresentamos uma moldura conceitual para estruturar a paisagem emergente desse tipo de inovação. Nossa moldura é baseada em duas dimensões centrais da inovação centrada em redes – a natureza do espaço de inovação e a estruturação da liderança na rede. Com base nessas dimensões, nós definimos quatro modelos básicos para a inovação centrada em redes. Também identificamos outros elementos-chave para nossa moldura conceitual – os diferentes tipos constituintes da inovação centrada em redes (ou seja, uma taxonomia dos papéis na inovação) e os diferentes tipos das atividades de gerenciamento da inovação e da infraestrutura das redes (por exemplo, sistema de governança, sistemas de gerenciamento dos direitos de propriedade intelectual e assim por diante).

Na Parte III, nos Capítulos de 5 a 8, descrevemos em detalhes os quatro modelos da inovação centrada em redes. Em cada capítulo, aplicamos a moldura conceitual desenvolvida para analisar a natureza dos papéis da inovação, as atividades de gerenciamento da inovação e a infraestrutura das redes em cada modelo particularmente. Nós utilizamos um estudo de caso "âncora" para apoiar nossa discussão sobre tópicos relevantes.

Na Parte IV, abordamos os temas relacionados à execução. Iniciamos pela questão: onde está minha empresa dentro desse cenário? No Capítulo 9, desenvolvemos uma moldura contingente que mapeia o contexto da inovação – condições do ambiente industrial e de negócios, fatores tecnológicos e mercadológicos, as metas de inovação da empresa e suas fontes internas – como alternativa às oportunidades da inovação centrada em redes. Essa moldura contingente oferece diretrizes aos gestores para que avaliem os diferentes tipos de oportunidades e identifiquem aquelas que melhor se alinham com os recursos, estratégicas e capacidades da empresa.

No Capítulo 10, são discutidas questões como: agora que conheço as oportunidades da minha empresa, como a preparo para aproveitá-las? Que tipo de capacidades são requeridas? E que tipo de métricas poderiam ser utilizadas para avaliar o desempenho de minha empresa com essas iniciativas? Descrevemos diferentes aspectos relacionados à preparação da organização para a inovação centrada em redes – prontidão cultural, prontidão estratégica, prontidão operacional e assim por diante.

Na Parte V, nos Capítulos 11 e 12, ampliamos o horizonte e consideramos as implicações da inovação centrada em redes para as economias emergentes. E perguntamos: quais oportunidades entre os diferentes tipos de inovação centrada em redes devem ser apresentadas em países como Índia, China, Rússia e Brasil? Identificamos as tendências comuns nas economias emergentes e analisamos o potencial das companhias desses países em se conectarem ao cérebro global. Oferecemos nossas conclusões no último capítulo e deixamos o leitor com um conjunto de "melhores práticas" que identificamos em nosso estudo com as empresas líderes em iniciativas de inovação centrada em redes.

Junte-se a nós nessa trajetória com foco na pergunta que talvez esteja na ponta da língua de todos os CEOs: como podemos sustentar o crescimento lucrativo e por que a inovação é tão importante para o crescimento orgânico?

Sumário

Apresentação à Edição Brasileira XXXV

Prefácio à Edição Brasileira XXXVII

Introdução à Edição Brasileira XLI

PARTE I   Da inovação interna à inovação centrada em redes **1**

CAPÍTULO 1   O poder cêntrico das redes 3

CAPÍTULO 2   Entendendo a inovação centrada em redes 27

PARTE II   O cenário da inovação centrada em redes **51**

CAPÍTULO 3   Os quatro modelos da inovação centrada em redes 53

CAPÍTULO 4   Redes de inovação: do jogo aos jogadores 71

PARTE III   Os quatro modelos da inovação centrada em redes **89**

CAPÍTULO 5   O modelo de Orquestra 91

CAPÍTULO 6   O modelo de Bazar Criativo 125

CAPÍTULO 7   O modelo de Central de Improviso 155

CAPÍTULO 8   O modelo de Estação de Modificação 177

PARTE IV   Executando a inovação centrada em redes **199**

CAPÍTULO 9   Onde e como entrar no jogo 201

CAPÍTULO 10   Como preparar a organização 223

PARTE V   A inovação centrada em redes e a globalização **247**

CAPÍTULO 11   Inovação centrada em redes globalizadas: o dragão e o tigre 249

CAPÍTULO 12   Pensamentos finais e ações para "segunda-feira" de manhã... 271

Mensagem ao leitor brasileiro 289

Apresentação à Edição Brasileira

> Vai ter presente pra Chiquinha
> ter presente pra Iaiá
> ô canoeiro puxa rede do mar.
> *(Dorival Caymmi, Pescaria)*

Redes e inovação são eixos estruturantes das economias do século XXI. Inovação centrada em redes é o tema desta obra, oportunamente apresentada a um empresariado brasileiro que se interessa crescentemente pelas promessas de que será mais competitivo, rentável, sustentável e atraente pela incorporação da inovação sistemática em sua agenda estratégica. E que está à procura de orientações consistentes sobre quais procedimentos de gestão adotar nesse novo percurso – se possível fosse, tão estruturados como os prescritos para programas de qualidade.

O texto dos experientes professores Nambisan e Sawhney, publicado originalmente em 2007, combina uma revisão de conceitos palatáveis, uma formulação clara de modelos de inovação centrada em redes e uma coleção de casos inspiradores de grandes empresas para cada um dos quatro modelos básicos.

Completa-o um conjunto de recomendações práticas para implementação imediata. Estas encontrarão mais eco nas grandes corporações do que nas empresas de porte pequeno e médio. Que, como evidenciado pelas exemplares empresas inovadoras nascentes (*start-ups*) israelenses, são importantes partícipes, efetivos ou potenciais, das redes voltadas à inovação.

Tratamento abrangente é dado pelos autores ao papel essencial dos capitalistas da inovação e dos catalisadores de inovação. Aos hábitats de inovação,

XXXVI Cérebro Global

como as incubadoras de empresas e os parques tecnológicos, é dada atenção menor.

A obra, que exala a atmosfera do *Corporate America*, dedica na parte final um capítulo à inovação centrada em redes globalizadas. Para tanto, focaliza a Chíndia, esse neologismo que busca conjuminar as duas únicas nações com população superior a 1 bilhão de habitantes.

Ao leitor brasileiro de uma obra ancorada no vibrante ambiente de inovação norte-americano poderá acometer a síndrome da desesperança, em especial ao examinar os casos. Pensará, amargurado, como o nosso sistema de inovação está distante de abrigar exemplos virtuosos de inovação centrada em redes, como o ricamente exposto desenvolvimento do modelo 787 da Boeing, cognominado *Dreamliner*.

A esses leitores oferece-se desde já um alerta e um antídoto. O primeiro é a informação, posterior à edição da obra original, de que o desenvolvimento do *Dreamliner* tem enfrentado pesadelos.

O soro para evitar a paralisia decorrente da desesperança é a lembrança de uma manifestação pública do saudoso Dr. José E. Mindlin. Ícone da inovação nacional, assim reagiu quando expressões de autodepreciação se multiplicavam por ocasião do cotejo das práticas de cooperação empresa-universidade no Brasil com as dos EUA: "Temos muito a aprender deles, mas não estamos no primeiro ano".

De fato, empresas tais como a Embraer (para ilustrar o mesmo setor da Boeing), Petrobras e Vallée (esta uma empresa de médio porte) são referências de padrão mundial na adoção de redes como estratégia para potencializar os seus processos de inovação.

Guilherme Ary Plonski
Professor da Escola Politécnica e da Faculdade de Economia, Administração e Contabilidade da Universidade de São Paulo (USP) e coordenador científico do Núcleo de Política e Gestão Tecnológica da USP. Presidente da Associação Nacional de Entidades Promotoras de Empreendimentos Inovadores (Anprotec) e ex-diretor superintendente do Instituto de Pesquisas Tecnológicas do Estado de São Paulo (IPT).

Prefácio à Edição Brasileira

Para mim foi um grande honra ter sido convidado para escrever a introdução deste livro de Satish Nambisan e Mohanbir Sawhney, *Cérebro Global*.

A importância da inovação não se discute. Aliás, inovação sempre existiu, mas o que vemos ultimamente é uma aceleração do processo. Inovar, em um ambiente econômico cada vez mais desafiador e competitivo, não é mais uma opção, mas uma necessidade de sobrevivência, não apenas para empresas mas também para as nações.

Contudo, apesar de discursos e campanhas com pôsteres nas paredes, existe um imenso *gap* entre o desejo de inovar e a efetiva implementação e realização de uma cultura de inovação. Vivemos um paradoxo: a maioria dos executivos considera a inovação como decisiva para o crescimento das companhias que comandam. Mas, em contrapartida, enfrentam muitas barreiras para inovar, sendo que uma das principais é a sua própria área comercial. Como os vendedores são cobrados por resultados de curto prazo, tendem a concentrar seus esforços nos produtos e serviços que atualmente propiciam mais receita, e não nas novidades. Introduzir uma novidade no cliente acaba afetando o ciclo de vendas, muitas vezes ultrapassando seus prazos de fechamento trimestrais. Portanto, fazer inovações, ou seja, garantir o futuro da empresa, é um jogo muito difícil, com o futuro brigando pelo curto prazo.

O livro aborda o fato de que o cenário das inovações baseadas exclusivamente em centros de Pesquisa & Desenvolvimento (P&D) internos está em transformação. O modelo tradicional de P&D, com as universidades desenvolvendo a pesquisa básica e a indústria encarregada do desenvolvimento e *go-to-market* foi criado pelo então conselheiro científico do presidente americano Franklin Roosevelt, Vannevar Bush, no fim da Segunda Guerra

Mundial. Seu documento chamado "Science, the Endless Frontier" definiu o processo de pesquisas dos EUA e serviu de modelo para todo o mundo.

Este modelo foi, indiscutivelmente, muito bem-sucedido, com inúmeras tecnologias e produtos inovadores chegando ao mercado. Mas hoje o contexto é diferente. O ritmo de expansão do conhecimento humano está se acelerando. A velocidade das mudanças está aumentando cada vez mais, e as pesquisas devem trazer retorno muito mais rapidamente que antes. Como resultado, torna-se patente que este modelo, que mantém em separado a pesquisa (em uma bolha, isolada do mundo real) e o desenvolvimento, não é mais válido.

O modelo de inovação atual deve sair do modelo tradicional e abrir janelas para a colaboração. É uma mudança radical no conceito de se fazer inovação: parte do princípio que não dá para se fazer tudo em casa e que lá fora existem conhecimentos e capacidades que podem ser aglutinados em redes de inovação.

A proposição dos autores é simples: devemos passar do processo tradicional de inovação interna para um modelo de inovação centrado em redes. Esse modelo explora o fato de que conhecimento é um recurso infinito e dinâmico, gerado e potencializado pelas atividades de colaboração, sejam elas internas ou externas à empresa. A troca de informações entre pessoas leva à inovação e à geração de novas ideias. Inovação não floresce em um ambiente isolado e fechado.

A mudança provoca uma reengenharia do *mind set* da organização. Em uma rede de inovação, parceiros, clientes e fornecedores devem ser vistos como colaboradores, e as fronteiras do que pode e o que não pode ser, debatidas abertamente, se expandem significativamente. As estruturas organizacionais devem refletir o espírito de um ambiente colaborativo.

O processo de evolução de um *mind set* isolado e individualista para um contexto colaborativo e aberto é gradual. Não se consegue dar saltos, mas evolui-se gradualmente, à medida que se amadurece na empresa o conceito de colaboração. Não se colabora por decreto. Este é um ponto importante do livro. Ele aborda os diferentes cenários da inovação centrada em redes e mostra onde e como entrar neste jogo, preparando a empresa para esse modelo.

Claro que, como em qualquer novidade, muitos veem esse modelo de inovação centrada em redes com certo receio. As empresas, mais inovadoras e abertas, se entusiasmam com a ideia, enquanto outras, mais cautelosas, preferem apenas acompanhar o que está acontecendo. O principal desafio é criar uma mentalidade que incentive os funcionários da empresa a olhar para fora e se tornarem mais receptivos às ideias externas, compreenderem que a síndrome do "isso não foi inventado aqui" não tem mais sentido e que, portanto, devem realmente pensar de forma diferente. Isso significa se sentir confortável com a quebra do paradigma de abrir e compartilhar seu conhecimento intelectual. A recompensa será significativa. Para cada mil pesquisadores que você tem dentro de casa, outros dez mil existem lá fora, e o acesso a essa rede permitirá que a empresa inove de forma mais rápida e, muitas vezes, com ideias que jamais surgiriam dentro dos limites dos pensamentos impostos pela cultura fechada.

A leitura deste livro não é opcional. É obrigatória para todos os executivos e profissionais que, de algum modo, lidam com inovação. E este leque de profissionais cresce a cada dia, pois a inovação centrada em redes é ancorada em um engajamento de toda a organização. Assim, leiam o livro e deem os primeiros passos para aplicar as ideias e os conceitos que ele discute. Inegavelmente, ele será de grande valia para a jornada em direção a um modelo de inovação centrada em rede, com resultados positivamente significativos tanto para você, como profissional, como para as empresas e a própria sociedade.

Cezar Taurion
Gerente de Novas Tecnologias/Technical Evangelist da IBM Brasil

Introdução à Edição Brasileira

◎ O MUNDO INOVA ATÉ A INOVAÇÃO

Uma imagem feliz do mundo atual é a do cérebro, que representa a massa de conhecimentos de todas as nações. Ao conectar milhões de empresas de todos os tamanhos no planeta, a internet e suas redes associadas se comportam como as redes neurais – os nervos ou neurônios do cérebro –, que não apenas podem revolucionar a gestão das empresas, mas a própria vida humana, em todos os setores.

O grande problema para as empresas é que a globalização e a internet trouxeram desafios para os quais a maioria das corporações não estava preparada. Nesse quadro de mudança radical de paradigmas, a grande saída passou a ser a inovação. "Inovar ou sucumbir" é, talvez, a frase que define como maior precisão esse sentimento de quase desespero que domina as grandes corporações mundiais de tecnologia da informação, das telecomunicações e da eletrônica de entretenimento, entre outros setores.

Prova disso é o discurso de Gary Shapiro, presidente da Consumer Electronics Association (a entidade que representa toda a indústria de eletrônica de entretenimento norte-americana), que promove há mais de 40 anos o Consumer Electronics Show, o megaevento internacional de Las Vegas. Desde janeiro de 2011, Shapiro se transformou no mais atuante evangelizador da nova revolução da inovação, não apenas citando e divulgando livros como este *Cérebro Global* – de Satish Nambisan e Mohanbir Sawhney – como também lançando o seu próprio *The Comeback* – How Innovation Will Restore the American Dream (que poderia ser traduzido por *A Virada* – Como a Inovação Restaurará o Sonho Americano).

Esse tema parece ser o fulcro dessa reação pregada por todos os evangelizadores da retomada da força inovadora nos Estados Unidos e no mundo. Em seus artigos, palestras e entrevistas, Shapiro prega a necessidade urgente e vital do retorno ao esforço sem limites da pesquisa e do desenvolvimento. Com outros líderes, Shapiro busca levantar a moral e os ânimos da grande indústria norte-americana para a necessidade de se retomar o caminho da inovação, que tem sido responsável pela reação salvadora da economia norte-americana em momentos cruciais das últimas três décadas, em sua dramática competição, de um lado, com o Japão e a Coreia do Sul, e de outro, com a Europa. Nos próximos 5 anos, um novo *player* mundial exigirá da indústria norte-americana – em especial da eletrônica – um novo esforço, novas estratégias e muita inovação: a China. Ou, como dizem os autores deste livro, Chíndia – combinação de dois gigantes: China e Índia, com uma população de 2,5 bilhões de habitantes.

O que este livro nos ensina, fundamentalmente, é que a inovação não é mais aquilo que era há 20 anos. O mundo mudou não apenas na indústria. E, como dizem os autores, a inovação não é mais produzida como até há duas décadas. Na verdade, "Organizações tradicionais, como os laboratórios da AT&T, o centro de pesquisa da IBM e da Xerox, esse último em Palo Alto, foram templos da inovação. Milhares de pesquisadores e cientistas labutaram nas vísceras das grandes companhias para criar a próxima grande inovação".

Até que surgiu a internet. Para os autores, as redes associadas à web fizeram toda a diferença: "E, com ela [a web], fenômenos como o movimento de acesso livre e gratuito a softwares, o mercado eletrônico de pesquisa e desenvolvimento, as comunidades online e todo um universo de novas possibilidades para acessar e fazer conexão com ideias inovadoras e pessoas talentosas, além das fronteiras da empresa. Até a linguagem associada à inovação mudou, com adjetivos que descrevem uma visão muito diferente de inovação – agora ela é livre, democrática, distribuída, externa, conduzida pela comunidade".

Crescer com lucro passou a ser uma exigência do ambiente competitivo do novo mundo centrado em redes. O melhor dos mundos era expandir-se e ganhar muito dinheiro, sem deixar de inovar. Até que todos buscaram a mesma estratégia. Não é preciso dizer que gigantes como IBM, Sony, Ford e 3M passam por desafios totalmente diferentes dos que enfrentaram no passado. Para encará-los, não bastarão as fusões e aquisições, mas, como diz Howard Stringer – o executivo norte-americano que comanda a Sony mundial –, as batalhas da empresa "não podem se dar na trilha da comoditização, mas na autoestrada da inovação".

É claro que este livro não é um guia para o renascimento da grande indústria de eletrônica ou de outros segmentos. O que os autores nos mostram são estratégias estudadas e provadas no mundo real das mais diversas corporações. Desse modo, as empresas podem, efetivamente, beneficiar-se da inovação centrada em redes, que comprova o poder da colaboração em escala global no mundo de hoje.

Para ilustrar esse aspecto, os autores destacam que "O poder criativo das redes e das comunidades pode ser sentido em outros domínios também. Vamos analisar o caso da enciclopédia chamada Wikipedia, desenvolvida com a contribuição da comunidade aberta". Essa incrível enciclopédia, lançada em janeiro de 2001, tem contado ao longo da última década com a colaboração de dezenas de milhares de colaboradores (contribuintes). Em língua inglesa, ela tinha mais de 3,6 milhões de artigos no início de 2011. Em português, já eram mais de 679 mil. No total, são quase 14 milhões de verbetes, em mais de 250 idiomas.

Como verdadeiro roteiro para a transformação gerencial das corporações mais diretamente afetadas pela revolução das redes, este livro fornece abundante número de exemplos, que podem ser adaptados e seguidos por quaisquer setores industriais e de serviços. O novo mundo da internet revolucionou profundamente a natureza da administração, mas, em especial, os processos de inovação.

À medida que o processo de globalização se amplia, como mostram os autores, surgem novos competidores nos mercados mundiais, entre os quais, gigantes como a Samsung, da Coreia do Sul, com seus televisores e celulares; a Tata, da Índia, com seus automóveis; e a Lenovo, da China, com seus computadores pessoais. Como mostram os autores, essas grandes corporações têm um poder de competição surpreendente, com seus produtores cada vez mais inovadores e mais baratos.

Para enfrentar os novos tempos de globalização e de emergência das redes, as corporações precisam vencer, antes de tudo, as resistências internas decorrentes de sua própria experiência. Diante desse desafio, os autores lembram um aspecto fundamental: "Ao longo dos tempos, as organizações tornam-se prisioneiras do que sabem fazer, especialmente quando obtiveram sucesso duradouro no passado. Falham em enxergar além de sua visão de mundo limitada".

O importante ao terminar a leitura deste livro, exatamente como sugere o último parágrafo deste livro, seria que as empresas se empenhassem em sua própria transformação, em dar os primeiros passos para aplicar as ideias e conceitos discutidos em suas páginas, pois "Essa é a jornada REAL para buscar o crescimento orgânico beneficiando-se do poder criativo do cérebro global".

Ethevaldo Siqueira
Escritor, consultor e jornalista especializado em telecomunicações
e tecnologia da informação, colunista do jornal
O Estado de S. Paulo e comentarista da Rádio CBN.

PARTE I
Da inovação interna à inovação centrada em redes

CAPÍTULO 1
O poder cêntrico das redes

> *O segredo é ser capaz de colaborar – atravessando cidades, países e até mesmo chegando à mesa ao lado. (...) As redes globais de inovação ajudam a fazer isso acontecer.*
> **Tony Affuso, presidente do conselho e diretor executivo da Siemens PLM Software**[1]

A inovação costumava ser algo que as empresas realizavam entre quatro paredes. Organizações tradicionais, como os laboratórios da AT&T, os centros de pesquisa da IBM e da Xerox, esse último em Palo Alto, foram templos de inovação.[2] Milhares de pesquisadores e cientistas labutaram nas vísceras das grandes companhias para criar a próxima grande inovação. As empresas entendiam suas iniciativas de inovação como secretas e proprietárias. E tentavam contratar os melhores pesquisadores e gestores para conduzir a pesquisa básica e o desenvolvimento de novos produtos. De fato, toda empresa que se prezava padecia da síndrome do "isso não foi inventado aqui" – acreditando

---

[1] "World's Best innovators are 'six times more successful' in getting better products to market faster", palestra de Tony Affuso, presidente do conselho e CEO da UGS para líderes da indústria automotiva. Disponível em: <http://www.prnewswire.com/news-releases/worlds-best-innovators-are-six-times-more-successful-in-getting-better-products-to-market-faster-ugs-chairman-ceo-and-president-tony-affuso-tells-fellow-automotive-industry-leaders-55167392.html>. Acesso em: 15 ago. 2006.

[2] O projeto dos laboratórios de P&D dessas grandes companhias, focados em pesquisa científica básica, pode ser conhecido em retrospectiva no relatório intitulado "Science, the endless frontier", escrito por Vannevar Bush, consultor científico do presidente Franklin Roosevelt, no último ano da Segunda Guerra Mundial. Para uma interessante abordagem de como as empresas começaram a mudar o foco de "pesquisa" para "desenvolvimento" e suas implicações em seus templos internos de inovação, veja: Out of the dusty labs. *The Economist*, p.74-76, 03 mar. 2007.

4 Cérebro Global

contar com as melhores pessoas e as melhores ideias. E, assim, o que não fosse criado em seus laboratórios não merecia ser sequer considerado.

Então, surgiu a internet. E, com ela, fenômenos como o movimento de acesso livre e gratuito a softwares, o mercado eletrônico de pesquisa e desenvolvimento, as comunidades online e todo um universo de novas possibilidades para se acessar e fazer conexão com ideias inovadoras e pessoas talentosas, além das fronteiras da empresa. Até a linguagem associada à inovação mudou, com adjetivos que descrevem uma visão muito diferente de inovação – agora ela é livre, democrática, distribuída, externa, conduzida pela comunidade. As mudanças ocorridas no vocabulário e em suas metáforas sugerem que a transformação da natureza e do processo de inovação é ampla e profunda. Consultores, acadêmicos e a mídia de negócios uniram-se ao coro para libertar a inovação dos muros organizacionais. Reportagens especiais e artigos em revistas de negócios com títulos como "O nosso poder", "Inovação de fonte aberta" e "A economia da inovação" imploram aos gestores para que reorientem e amplifiquem as iniciativas de inovação, aproveitando as redes externas e as comunidades.

Mas, como diziam os mineiros da época da corrida do ouro na Califórnia no século XIX, "há ouro de verdade dentro dessas colinas?", ou o que exatamente podemos esperar da inovação com foco externo? Para responder essa pergunta, primeiro precisamos olhar para os problemas enfrentados atualmente pelas empresas para continuar a fazer as receitas e os lucros crescerem.

A BUSCA PELO CRESCIMENTO LUCRATIVO

Até os poderosos podem tropeçar. Considere a Dell, a líder em vendas de computadores pessoais e acessórios. De 1995 a 2005, a empresa era o protótipo do crescimento lucrativo, impelido por um modelo de negócios com manufatura customizada e venda direta ao cliente. Durante o período entre 2000 e 2005, as receitas da Dell cresceram cerca de 16% ao ano, e os lucros aumentaram 21% anualmente. A empresa era muito admirada por sua habilidade de crescer e ampliar sua fatia de mercado, executando de modo impecável seu modelo de negócio, além de se manter focada no processo de inovação. Quando outras companhias começaram a imitar seu modelo de negócio, a Dell manteve-se à frente, refinando seus processos e tornando suas operações ainda mais eficientes. No entanto, a máquina de crescimento da companhia parou em 2005. No ano seguinte, os resultados ficaram abaixo das expectativas dos investidores por vários trimestres seguidos e suas ações perderam quase a metade do valor entre julho de 2005 e junho de 2006. Uma das razões para a queda foi que a empresa se tornou o mágico de um truque só – usando o mesmo modelo de venda direta por mais de duas décadas e sem inovar o bastante em termos de novos produtos e novos mercados. Enquanto isso, os concorrentes, incluindo a Apple Computer e a Hewlett-Packard, que deram mais ênfase a produtos inovadores e novos modelos de negócios, cresceram rapidamente e aumentaram suas fatias de mercado às custas da Dell.

A Dell não é a única grande companhia que enfrentou desafios de crescimento. Empresas como a Kraft, 3M, Sony, Ford e IBM também encararam obstáculos. Os investidores monitoram de perto a capacidade dos CEOs e dos executivos seniores para liderar o crescimento das grandes empresas de capital aberto. Não há dúvida, portanto, de que os CEOs consideram o crescimento a mais alta prioridade – até mais do que os lucros. Embora o crescimento sempre esteja na agenda dos CEOs, essa busca perene ficou ainda mais desafiadora na era da competição global e do encurtamento do ciclo de vida dos produtos.

Na tentativa de alavancar o crescimento, as empresas sempre se voltam para a expansão inorgânica, com fusões e aquisições (F&A), que são muito atraentes para os gestores seniores. As F&A geram um aumento imediato das receitas, as sinergias financeiras são bastante visíveis e o público interno (isto é, os executivos seniores) tem muito a ganhar com esses acordos. Como consequência, as fusões e aquisições tornaram-se uma febre. Em 2005, foram realizados 10.511 acordos desse tipo, envolvendo somente companhias norte-americanas, com um volume de negócios de 1 trilhão de dólares – um aumento de 24% em comparação aos 781 bilhões de dólares de 2004.[3]

No entanto, há problemas no universo das fusões e aquisições. Em termos simples: as F&A não funcionam como se alardeia. Muitos estudos e pesquisas apresentam um quadro sombrio do período pós-acordo. Entre 70%

---

[3] Fonte: FactStat MergerStat. Disponível em: <http://www.mergerstat.com/new/indexnew.asp>.

6 Cérebro Global

e 80% das fusões e aquisições terminam em fracasso – a maioria após um período de dezoito meses.[4] Juntas, as companhias geralmente funcionam muito bem nas sinergias financeiras, por exemplo, na consolidação dos créditos, na reestruturação tributária, na soma de investimentos ou aproveitando os ganhos de escala em relação aos fornecedores. As sinergias operacionais – melhoria de processos, consolidação da produção, compartilhamento de tecnologias, junção dos canais comerciais, extensão da base de clientes – raramente são concretizadas. Embora a maioria das dificuldades em F&A seja creditada às "pessoas" ou a questões de "cultura organizacional", o resultado final é que essas iniciativas falham ao tentar agregar valor aos acionistas (e, com frequência, contribuem para o declínio). Depois do fracasso, o CEO sai e é substituído por outro, que começa a desinvestir nas unidades adquiridas previamente – e a seguir passa a comprar outras! Como um rato na esteira giratória, o ciclo de aquisições e desinvestimentos segue em frente, tendo como únicos ganhadores os consultores, advogados e banqueiros de investimento.

Dada a alta visibilidade de recentes acordos de fusões e aquisições malsucedidos (lembrando a Time Warner e a AOL ou a Chrysler e a Daimler-Benz), muitos CEOs mudaram de sintonia e agora proclamam a inovação como sua trajetória preferida para o crescimento. Em uma pesquisa recente, 86% dos entrevistados indicaram que a inovação é definitivamente mais importante do que as F&A e as estratégias de corte de custos para o crescimento no longo prazo. De fato, muitos CEOs e executivos seniores passaram a ver a inovação como a única alternativa para alcançar o desenvolvimento sustentável.[5]

Como observou Howard Stringer, presidente do conselho e CEO da Sony: "Lutaremos nossas batalhas não na trilha da comoditização, mas na autoestrada da inovação".[6]

---

[4] Veja: "World class transactions: insights into creating shareholder value through mergers and acquisitions", KPMG, 2001; *Why mergers fail*, Matthias M. Bekier, Anna J. Bogardus e Timothy Oldham, *McKinsey Quartely*, 2001, n. 4; e "There's no magic in mergers", David Henry, *Business Week*, 14 de outubro de 2002, p. 60.

[5] Como relatados nas pesquisas IBM Global CEO Study, de 2006, e CEO Survey, de 2005, da Bain&Co.

[6] "Sony's revitalization in the changing CE world", palestra de Howard Stringer, CEATEC, Tóquio, em 04 de outubro de 2005. Disponível em: <http://www.sony.com/SCA/speeches/051004_stringer.shtml>. Acesso em: 15 ago. 2006.

Porém, apesar dessas declarações públicas sobre a importância da inovação, quando se trata de tomar decisões e agir, muitas empresas ainda optam pelo caminho mais fácil, isto é, focam em iniciativas de redução de custos que prometem aumento de lucro no curto prazo ou em fusões e aquisições que criam a ilusão do rápido crescimento de receitas, mesmo se o primeiro caso nem sempre seja sustentável e o segundo, em geral, termine em fracasso. Em resumo, parece existir um lapso entre o desejo de inovar e a habilidade para inovar.

◎ UMA CRISE DE INOVAÇÃO?

A habilidade das empresas para inovar está obstruída por dois fatores – o ritmo requerido da inovação para manter e aumentar o lucro está acelerado e a produtividade da inovação gerada internamente está em declínio. Esses dois fatores conspiram para gerar uma crise de inovação nas grandes companhias.

O "efeito Rainha Vermelha" na inovação

> "Bem, em nosso país", disse Alice, ainda um pouco ofegante, "se corremos bastante por um longo tempo, como estamos fazendo, geralmente, chegamos a outro lugar."
>
> "Que país lento!", respondeu a rainha. "Agora, aqui, você vê, podemos continuar correndo e vamos ficar no mesmo lugar. Se você quiser chegar a outro lugar, vai ter de correr pelo menos duas vezes mais depressa!" [7]

Apesar de contarem com centenas de cientistas e engenheiros contratados trabalhando incansavelmente em projetos de inovação, os gestores estão descobrindo que suas linhas não andam entregando os resultados necessários para sustentar o crescimento. A produtividade da inovação está em declínio, enquanto os custos de desenvolvimento de novos produtos sobem dia após dia. Investir mais dinheiro nos esforços internos de P&D não parece oferecer os

---

[7] Citação retirada do Capítulo 2 de *Through the looking glass*, de Lewis Carroll, publicado pela Millennium Fulcrum Edition, 1991, em tradução livre.

8 Cérebro Global

resultados desejados. Por exemplo, a Kraft investe cerca de 400 milhões de dólares por ano e tem 2.100 funcionários em sua unidade de P&D. Apesar dos grandes investimentos, a companhia tem descoberto que sua linha de P&D mostra-se cada vez menos efetiva para impulsionar o crescimento.[8] A história não é muito diferente em uma infinidade de outras grandes empresas nos setores de tecnologia e de bens de consumo.

Em sentido contrário, os ciclos de tempo da indústria continuam sendo rapidamente reduzidos. Por exemplo, na indústria automobilística, o padrão do ciclo de desenvolvimento era de 48 meses, e o ciclo de vida de um modelo, seis anos. Mas, atualmente, o prazo, do conceito à produção, é menor do que 24 meses e líderes da indústria, como a Toyota, já falam em um ciclo de desenvolvimento de 12 meses. Nos mercados de eletrônicos de consumo (por exemplo, telefones celulares), o ciclo de vida dos produtos passou a ser medido por semanas, não por meses.

Aliado a essa aceleração está o impacto da globalização – mercados globais geraram competidores globais. Companhias como a Samsung, da Coreia (em celulares e televisores), a Tata, da Índia (em automóveis), e a Lenovo, da China (em computadores pessoais), elevaram a aposta fabricando produtos inovadores com custos significativamente mais baixos, alavancando a comoditização em muitas categorias de produtos.

Essas forças – rápido encurtamento do ciclo de vida de produtos, declínio da produtividade interna em inovação e competição global –, juntas, estão criando o "efeito Rainha Vermelha"[9] na inovação: as empresas são obrigadas a investir mais e mais para manter a sua posição no mercado.

Consideremos uma simples simulação realizada por Dave Bayless, empreendedor e nosso amigo, para compreender o efeito assustador da redução dos ciclos de vida dos produtos sobre o crescimento. Considerando que uma

---

[8] Os números de investimento da Kraft em P&D foram consultados na apresentação de Jean Spence, vice-presidente executivo da empresa, realizada em 10 de maio de 2005. Disponível em: <http://media.corporate-ir.net/media_files/nys/kft/presentations/kft_050510e.pdf>; veja também "At Kraft, a fresh big cheese", Adrienne Carter, *BusinessWeek*, 26 jun. 2006. Disponível em: <http://www.businessweek.com/investor/content/jun2006/pi20060626_973843.htm>.

[9] O termo foi emprestado da corrida da Rainha Vermelha, presente no já citado livro de Carroll. O "efeito Rainha Vermelha" foi originalmente proposto por Leigh Van Valen, paleontologista da Universidade de Chicago, em 1973, ao explicar a constante corrida evolucionária entre espécies competidoras.

empresa tenha uma receita base de 500 milhões de dólares por ano, a simulação demonstra como um aumento de 10% na velocidade anual do relógio da indústria vai necessitar de um imediato e sustentável aumento da taxa de introdução de novos produtos em 50%, apenas para manter o nível médio da receita nos próximos dez anos.[10] E essa simulação não leva em conta o potencial impacto negativo da redução da produtividade em inovação, nem o crescente risco de mercado do surgimento de novos produtos e serviços – ambos claramente evidentes em muitos setores. Sendo assim, um único fator sozinho, o encolhimento do ciclo de vida dos produtos, coloca um desafio crítico de inovação para as organizações. Acima de tudo, se a empresa quer crescer em uma modesta taxa anual de 4% a 5%, o desafio de inovação torna-se quase insuperável.

Os limites da inovação interna

Não é apenas o "efeito Rainha Vermelha" que define o limite das iniciativas internas de inovação para as empresas. Há também o potencial efeito debilitador de uma "visão de mundo" míope que as companhias desenvolvem – particularmente, quando seu processo de inovação "bem-sucedido" e as suas estratégias de crescimento destacam-se por um período.

O modelo de negócio de venda direta ao consumidor da Dell é um bom exemplo nesse sentido. Enquanto as pressões do mercado de computadores pessoais continuavam a aumentar, a inabilidade da Dell para fazer emergir um novo modelo de negócio seguia dilapidando seu crescimento. A Dell, deve-se reconhecer, começou a considerar novos modos de fazer negócios e de lançar novas categorias de produtos e entrar em novos mercados – mas esses esforços não tiveram muito sucesso. Não há dúvida, inovação em modelo de negócio não é fácil. Mas o fato de a Dell apegar-se a perspectivas derivadas de seu modelo tradicional de negócios dobrou a sua dificuldade para a inovação. Ao longo dos tempos, as organizações tornam-se prisioneiras do que sabem fazer, especialmente quando obtiveram sucesso duradouro no passado. Falham em enxergar além de sua visão de mundo limitada.

---

[10] Dave Bayless é diretor e cofundador da Evergreen IP. Para conhecer mais detalhes sobre sua simulação, acesse seu videoblog. Disponível em: <http://www.evergrennip.com/presentations/redqueen/redqueen.html>. Acesso em: 05 jul. 2007.

Essa visão de mundo limitada – em um ambiente de negócios turbulento e dinâmico – está se tornando mais perigosa do que poderíamos supor. Em muitas indústrias, como as de bens eletrônicos de consumo, automóveis e softwares, os produtos estão cada vez mais complexos em termos de diferenciais, tecnologias incorporadas e design. Assim, o conhecimento e as capacidades exigidos para o design e o desenvolvimento de produtos e serviços estão cada vez mais diversificados e elevados. A inovação em produtos e serviços exige não apenas o domínio de um conjunto de saberes e especialidades mas também a habilidade de estabelecer conexões singulares entre diferentes áreas de conhecimento. Essa façanha é muito difícil de realizar dentro dos domínios de uma empresa, não importa quão poderosa ela seja.

Certamente, injetar mais e mais dinheiro na máquina de inovação interna não é a forma mais eficiente de lidar com a crise de inovação. Fazer mais do mesmo só pode resultar em um aprimoramento elementar da produtividade de inovação. O que é realmente necessário para superar essa crise é um aumento significativo do alcance e da produtividade de inovação da companhia – apenas um aumento desse tipo poderia traduzir-se em uma mudança radical nos resultados da inovação com um ou mais graus de magnitude. E para conquistar o aumento do alcance e da gama de inovação, as empresas precisam ampliar os seus horizontes, olhando para fora, em busca de tecnologias e ideias inovadoras.

Consideremos o caso da Kraft. Os lucros recuaram 24% entre 2003 e 2005. As receitas estagnaram e o lucro líquido em 2005 foi de 2,63 bilhões de dólares, bem abaixo dos 3,48 bilhões de 2003. A empresa que lançava produtos de enorme sucesso, como os biscoitos Oreo, o molho Miracle Whip e a pizza DiGiorno, estava agora faminta por ideias. Não foi por falta de uma infraestrutura interna de P&D. A Kraft contava com uma extensiva estrutura interna na área, com milhares de pesquisadores talentosos na equipe. Entretanto, os esforços internos de inovação não estavam proporcionando os resultados desejados. Então, a Kraft voltou-se para fora em busca de ideias: a organização convidou os clientes e todos que visitam seu site a enviarem propostas inovadoras. A iniciativa de colocar esse convite no site da empresa como uma abordagem correta pode ser discutível; o que não se pode questionar é a necessidade de começar a olhar para fora. Realmente, as limitações da inovação com foco interno estão muito bem demonstradas pela despedida radical da Kraft de suas práticas passadas. Como notou Mary Kay Haben, vice-presidente sênior: "No passado, teríamos dito: 'não, obrigado, não estamos aceitando ideias'".[11]

A necessidade de olhar para o lado de fora não se restringe ao setor de bens de consumo. Vamos analisar o caso da Merck, uma gigante da indústria farmacêutica que, tradicionalmente, sempre foi uma organização com inovação de foco interno. Depois de uma série de fracassos e da perda de brilho da área de P&D, a Merk fez a mudança estratégica de olhar para fora em busca de inovação – especialmente para parcerias com pequenas empresas dotadas de ideias inovadoras. O diretor de P&D, Peter Kim, deixou claro que os laboratórios internos não eram suficientes para renovar a linha de produtos e, por volta de 2002, passou a conduzir uma agenda mais aberta e colaborativa. Em 1999, a Merck realizou dez alianças externas, enquanto entre 2002 e 2004 realizou 141 parcerias – o que significa uma média de 47 por ano. E, em 2005, a empresa analisou mais de 5 mil oportunidades de colaboração externa.[12]

◎ SUPERANDO A CRISE: "OLHAR PARA FORA"

As oportunidades para as empresas "olharem para fora" em busca de inovação aumenta dia após dia. Como observamos anteriormente, o cérebro global é rico e diversificado – um grande número de empresas inovadoras e um manancial de profissionais talentosos estão espalhados por todo o mundo, e as empresas podem utilizar suas competências. Além disso, novos tipos de intermediários de inovação e novas plataformas tecnológicas agora permitem que essas conexões globais sejam mais bem exploradas nas redes de inventores, cientistas e agências. Portanto, a necessidade premente de buscar inovação do lado de fora combina com a rápida expansão do horizonte de oportunidades em inovação.

---

[11] "Kraft looks outside the box for inspiration", *The Wall Street Journal*, 02 jun. 2006.
[12] "Research stirs up Merck, seeks outside aid", *The Wall Street Journal*, 07 jun. 2006.

12 Cérebro Global

Bill Joy, antigo chefe-cientista da Sun, observou há alguns anos que "a maioria das pessoas mais inteligentes do mundo não trabalha para sua empresa". Pura verdade, mas ampliar a acessibilidade a essas pessoas do outro lado do mundo representa uma oportunidade global de inovação que ainda está por ser mais bem aproveitada.

Essa abordagem espelha as iniciativas de inovação de empresas, como a P&G. Tom Cripe, diretor associado de desenvolvimento de negócios externos da empresa, afirmou:

> Nós queremos crescer eficientemente. E, do tamanho que somos, não é possível fazer isso sozinhos. E mesmo que fosse possível, seria loucura tentar. Há muita gente inteligente lá fora. Se quisermos crescer na velocidade que precisamos, temos de ampliar o negócio em bilhões de dólares... Levamos cem anos para chegar até aqui e agora temos de fazer o mesmo em poucos anos. Mesmo se pudéssemos, seria muito caro. Agora somos capazes de ampliar as oportunidades de inovação enquanto reduzimos os custos porque os estamos dividindo com nossos parceiros. Portanto, a razão para 'olhar para fora' é crescer de modo efetivo, aproveitando as melhores ideias externas, em vez de tentar competir com todo mundo.[13]

Essa mensagem emergiu em diversos outros fóruns. Por exemplo, o Council on Competitiveness publicou em 2004 o relatório chamado *National Innovation Initiative*, tratando das implicações da globalização sobre a agenda de inovação dos Estados Unidos. Entre outras tendências, o comitê identificou a busca efetiva de inovação altamente colaborativa como fator de suma importância para a economia dos Estados Unidos. Como se comenta no relatório:

> A inovação por si mesma – de onde ela vem e como gera valor – está mudando:
> • Está se tornando difusa muito rapidamente.
> • É multidisciplinar e tecnologicamente complexa e irá emergir da intersecção de diferentes áreas.
> • É colaborativa e exige cooperação e comunicação entre cientistas e engenheiros e entre criadores e usuários.

---

[13] Fonte: entrevista de Tom Cripe com os autores em 30 de março de 2006.

- Os trabalhadores e consumidores estão aderindo às novas ideias, tecnologias e conteúdos e demandam mais criatividade dos inovadores.

- Está formando um escopo global – com os avanços vindos de centros de excelência em todo o mundo diante das demandas de bilhões de novos consumidores.[14]

As principais observações do comitê também refletem como a conectividade global e a escala da inovação colaborativa exigirão o desenvolvimento de uma força de trabalho mais diversificada, capaz de se comunicar e coordenar as atividades de inovação cruzando as barreiras organizacionais e geográficas da empresa.

Em 2005 e 2006, a IBM conduziu um diálogo global sobre inovação chamado de Global Innovation Outlook (GIO). Entre as mais importantes descobertas do evento, estavam o fato de a inovação ser mais global (toda e qualquer pessoa pode participar, sem barreiras geográficas), mais multidisciplinar (a inovação exige um conjunto amplo de especializações) e mais colaborativa (a inovação resulta de entidades trabalhando juntas sob novas formas).[15]

Para aproveitar os benefícios dessa rápida expansão do horizonte de oportunidades de inovação, as companhias precisam fazer uma mudança gradual, das iniciativas focadas em fontes internas para aquelas centradas em redes externas e comunidades – isto é, uma mudança *da inovação centrada na empresa para a inovação centrada em redes*. No entanto, a dúvida permanece: essa mudança será capaz de superar a crise descrita anteriormente? Em outras palavras, a estratégia da inovação centrada em redes possibilita os ganhos de magnitude necessários em alcance, amplitude e efetividade?

Para entender a promessa da inovação centrada em redes, temos antes de considerar seus fundamentos e premissas, isto é, o conceito de centricidade. Esse conceito tem raízes profundas e um leque muito amplo de possibilidades de aplicação. Antes de entrar na discussão sobre como as redes podem alavancar a inovação, vamos examinar como o poder cêntrico das redes está transformando diversos domínios.

---

[14] "Innovative America", National Innovation Initiative Report, Council on Competitiviness, dez. 2004.

[15] "IBM GIO 2.0 Report", 2006. Disponível em: <http://domino.research.ibm.com/comm/www_innovate.nsf/pages/world.gio.html#>.

O poder cêntrico das redes

A universidade em que um de nós trabalha possui uma biblioteca com cerca de 500 mil livros em suas prateleiras. Considerando o número de estudantes – cerca de 7.500 –, não é um grande acervo. No entanto, ela é parte de uma rede de 13 outras bibliotecas de universidades na região – um sistema denominado ConnectNY. O volume total de livros na rede ConnectNY é de 10 milhões. Cada membro da ConnectNY pode solicitar livros de qualquer outra biblioteca afiliada e, se o exemplar estiver disponível, a entrega é feita por um serviço privado de portador (que viaja fisicamente entre os integrantes da rede) em um prazo de três ou quatro dias úteis. Portanto, de fato, ao se tornar integrante da rede ConnectNY, a biblioteca amplia em vinte vezes seu acervo – de 500 mil para 10 milhões de títulos.

Considere outro exemplo – a tarefa de reabastecer máquinas automáticas de venda. Um funcionário em um caminhão de serviço pode visitar cada uma das máquinas e verificar se existe a necessidade de reabastecimento ou não. Esse método gera ineficiência, porque não há como a pessoa saber com antecedência quais máquinas precisam ser reabastecidas e nem quais são os produtos com estoque mais baixo. Imagine se a máquina pudesse "falar" antes com o profissional do serviço de reabastecimento por uma rede de informação, indicando qual necessita de mais produtos e quais são os itens de alimentos e bebidas que estão faltando. Isso é o que a Vendlink, um serviço de reabastecimento, fez na Filadélfia. Foi criada uma rede sem fio que integra as informações de todas as máquinas de venda na área e gera um plano de abastecimento, otimizando a logística envolvida na tarefa.

Até os brinquedos podem ficar mais inteligentes se forem conectados a uma rede. Em 1997, a Fisher Price e a Microsoft criaram o ActiMates Interactive Barney. Na aparência, o brinquedo é um boneco bonitinho, roxo e macio. A diversão começa quando o boneco é usado com dois acessórios eletrônicos: um pacote que adiciona um transmissor para o televisor do proprietário e outro que faz a conexão com um computador pessoal. O brinquedo aprimora o vocabulário e a habilidade de linguagem das crianças. A empresa também criou uma rede a partir da qual as "lições" podem ser baixadas no boneco. Enquanto a criança cresce, os pais podem conectar o brinquedo na rede, baixar os programas de interesse de acordo com a faixa etária da criança e estender o uso do boneco.

Esses exemplos sintetizam a essência do poder cêntrico das redes: a ênfase na rede como o ponto central e a oportunidade correlata de estender, otimizar e/ou aprimorar o valor de uma entidade ou atividade, tornando-a mais inteligente, adaptativa e personalizada. Não surpreende, portanto, que o conceito da centricidade em rede esteja permeando muitos aspectos da vida contemporânea – indo desde a guerra e as operações militares até movimentos em defesa de causas sociais. Vamos começar pela centricidade nas redes de computadores.

Centricidade nas redes de computadores

No campo das ciências computacionais, a mudança do processamento centrado em hospedagem única para o baseado em redes tem raízes relativamente antigas. O conceito de computação distribuída teve, entre seus pioneiros, David Farber, que, na década de 1970, na universidade da Califórnia[16], evoluiu para o que atualmente chamamos de processamento centrado em rede ou computação em grade.

A computação em grade refere-se à habilidade de resolver problemas computacionais de larga escala, aumentando a capacidade e aplicando a potência não utilizada de um grande número de computadores separados (inclusive, computadores pessoais) pertencentes a diferentes domínios administrativos, mas conectados por meio de uma infraestrutura de rede.[17] A premissa essencial por trás da computação em grade é a solução de grandes problemas com a quebra deles em pequenos problemas para, assim, resolvê-los simultaneamente em um conjunto de computadores conectados entre si. A abordagem da divisão paralela do trabalho pode resultar em uma capacidade de processamento muito mais alta, às vezes até maior que a de um supercomputador. Além disso, esse aumento de capacidade pode ser adquirido a um custo muito mais baixo, pela exploração barata dos recursos disponíveis e subutilizados em locações mais distantes. E a arquitetura computacional em rede é também bem mais flexível, porque os usuários remotos decidem, momento a momento, quanto precisam de capacidade de processamento.

---

[16] David J. Faber e K. Larson – "The architecture of a distributed computer system – an informal description", *Technical Report,* Universidade da Califórnia, Irvine n. 11, set. 1970.

[17] Foster, Ian e Carl Kesselman – *The grid:* blueprint for a new computing infrastructure, Morgan Kaufmann Publishers, ISBN 1-55860-475-8.

16 Cérebro Global

A promessa da computação em grade – alta capacidade de processamento combinada a um baixo custo e grande flexibilidade operacional – está estimulando muitas aplicações comerciais e não comerciais, incluindo a modelagem financeira, a previsão do tempo, a estrutura das proteínas e a exploração do espaço.[18]

Centricidade nas redes de guerra

A Network-Centric Warfare (NCW) é uma teoria ou doutrina relativamente nova de guerra, desenvolvida inicialmente pelo Departamento de Defesa dos Estados Unidos[19]. Essa teoria emergente propõe uma mudança militar radical, de uma abordagem centrada em plataforma para outra centrada em rede.

A premissa básica da NCW é a de que a conexão consistente entre as forças militares geograficamente dispersas, em vez de apresentar vantagem de informação, pode se transformar em vantagem de guerra.[20] O alto volume de informação compartilhado entre as unidades reforça a extensão da "prontidão situacional compartilhada". Em outras palavras, compartilhando informações, todo grupo – da infantaria à força aérea da Marinha, até os

---

[18] O principal objetivo do SETI (Search for Extraterrestrial Intelligence) é detectar a existência de transmissões "inteligentes" de outros planetas. Essa não é uma tarefa trivial e requer uma significativa capacidade de processamento computacional para analisar a enorme quantidade de sinais simultaneamente. A SETI@Home, lançada na Universidade de Berkeley em maio de 1999, envolve a utilização da potência de computadores conectados à internet para analisar esses sinais de rádio e contribuir para as metas do programa. Qualquer pessoa pode participar do projeto baixando o pacote de software da SETI@Home, que passará a analisar sinais gravados em uma central com banda larga de 2,5 MHz e enviar o resultado automaticamente de volta para a universidade. Mais de 5,4 milhões de pessoas em 225 países já se afiliaram à SETI@Home e contribuem coletivamente com mais de 24 bilhões de horas de capacidade de processamento (as estatísticas atuais da SETI estão disponíveis em: <http://seticlassic.ssl.berkeley.edu/totals.html>). Acesso em: 05 jul. 2007.

[19] A NCW é também chamada de Network-Centric Operations (NCO) em alguns centros militares. Na Grã-Bretanha, os especialistas referem-se a Network Enabled Capability. O vice-almirante Arthur Cebrowski, da Marinha norte-americana, é sempre citado como o "patrono" do conceito de guerra centrada em rede. Outros contribuidores notáveis para o desenvolvimento desse conceito incluem o Dr. David S. Alberts, que propôs o comando universal e a integração à teoria das comunicações com os conceitos de superioridade da informação e das redes de guerra; e John J. Garstka, do escritório de transformação das forças do Departamento de Defesa dos Estados Unidos.

[20] "Network Centric Warfare", relatório do Departamento de Defesa dos Estados Unidos para o Congresso, em 27 de julho de 2001. Disponível em: <http://cio-nii.defense.gov>.

centros de comando – "vê" a totalidade do que "veem" todas as unidades. Essa prontidão compartilhada facilita a autossincronização das forças, a colaboração virtual e outras formas de operações flexíveis. A proposta de valor para a ação militar é a de redução dos riscos de combate, melhor efetividade das ordens de comando e operações com custo mais baixo.[21] Embora ainda haja debates sobre em quanto tempo e em qual extensão os benefícios da NCW poderão ser observados, diversos países, incluindo a Austrália e a Grã-Bretanha, já adotaram os princípios básicos da guerra centrada em rede.

Centricidade nas redes operacionais

O termo *Network-Centric Operations* (NCO) foi originalmente aplicado no campo da logística e do gerenciamento da cadeia de suprimentos em empreendimentos comerciais. A expressão "rede de valor", ou "cadeia de valor", também foi usada primeiro nesse contexto. No entanto, mais recentemente, a NCO passou a receber uma interpretação mais abrangente e tem sido aplicada com frequência como sinônimo de NCW nas áreas de defesa e militar.

No contexto do gerenciamento da cadeia de suprimentos, NCO significa estabelecer conexões dinâmicas entre empresa, fornecedores, clientes e outros parceiros para entregar o máximo valor a todas as partes interessadas.[22] Trata-se de integrar os sistemas de informações da empresa (por exemplo, sistemas ERP e CRM) aos dos parceiros externos a fim de aprimorar o fluxo de dados e as capacidades de "percepção e resposta". Enquanto as cadeias tradicionais de suprimentos enfatizavam as conexões lineares e inflexíveis, a NCO, ou cadeia de valor, foca o estabelecimento de conexões dinâmicas que imprimem eficiência e agilidade ao empreendimento. Os programas desenvolvidos pelas empresas de tecnologia para o gerenciamento da cadeia de suprimentos, como SAP, i2 Technologies e IBM, foram adaptados a esses conceitos para criar aplicativos que suportem as operações centradas em rede.

---

[21] Veja também *Network centric warfare*, de David Albert, John Garstka e Frederick Stein, publicado pela CCRP, segunda edição, 1999.

[22] "The future of supply chain management: network-centric operations and the supply chain". Terry Tucker em *Supply & Demand Chain Executive 2004*. Disponível em: <http://sdcexec.com/article_arch.asp?article_id=7285>.

Centricidade nas redes empresariais

O *Network-Centric Enterprise* (NCE) deve sua origem ao conceito de ecossistema de negócios e organizações virtuais. Trata-se do estabelecimento de uma "infoestrutura" que conecta os diferentes parceiros do ecossistema de negócios de uma companhia e dá suporte a diversos processos para a geração de valor. Dessa forma, o conceito de NCE está também estritamente relacionado ao de NCO.

Walmart, Cisco e Toyota, por exemplo, possuem experiência considerável na implementação e operação de empresas centradas em rede. A Cisco avançou para o que se denomina *Networked Virtual Organization* (NVO) nas suas operações de manufatura.[23] Igualmente, a Toyota aplicou o modelo NCE para aprimorar o gerenciamento *just-in-time* dos estoques. O modelo NCE ou NVO tem três princípios básicos.[24] Primeiro, coloca o cliente no centro da cadeia de valor e enfatiza a premência de responder rapidamente às suas demandas. Segundo, conclama a empresa a focar suas operações e processos centrais, que adicionam mais valor, e destinar os demais a múltiplos parceiros. E, finalmente, o modelo requer padrões de dados, processos e tecnologias para possibilitar a comunicação em tempo real e a sincronização por meio das fronteiras organizacionais. Acima de tudo, as empresas centradas em rede aumentam sua habilidade para prosperar em mercados altamente dinâmicos.

Centricidade em rede nos movimentos sociais

O conceito de centricidade em rede também está se evidenciando no domínio dos movimentos sociais em defesa de causas comuns. Esses grupos perceberam que os princípios básicos da centricidade em rede podem ser adotados para ampliar o alcance, a velocidade e a efetividade dos movimentos sociais.[25]

---

[23] Para uma descrição detalhada da experiência da Cisco e do conceito de NVO, veja *Pronto para a web*, de Amir Hartman e John Sifonis, Campus, 2000.

[24] "The networked virtual organization: a business model for today's uncertain environment", de John Sifonis, *iQ Magazine*, mar./abr. 2003.

[25] Existem diversos sites e blogs abordando o tópico da centricidade em rede nos movimentos sociais. Um dos melhores está disponível em: <http://www.network-centricadvocacy.net>.

A expressão *Network-Centric Advocacy* (NCA) traz uma mudança radical nos modelos de envolvimento direto dos movimentos populares em favor de causas sociais. Atualmente, o modelo possibilita a participação individual como parte de uma rede coordenada.[26] Na NCA, as pessoas e grupos que integram a rede rapidamente trocam informações sobre tópicos emergentes e identificam "oportunidades maduras de campanha". A capacidade da rede em ampliar recursos, *expertises* e, acima de tudo, o apoio público oferece foco mais preciso para as ações e aumenta a visibilidade da campanha. Os movimentos sociais centrados em rede contam com vantagens: velocidade da campanha, habilidade para buscar ações com poucos recursos e capacidade de abandonar esforços improdutivos. Todas essas vantagens dão um caráter imprevisível a esses movimentos, tornando mais difícil o oferecimento de uma resposta contrária efetiva.

Na Tabela 1.1, sintetizamos as promessas dos conceitos da centricidade em rede. Esses exemplos sugerem que a centricidade em rede encontrou aplicações em diversos domínios e que todas têm em comum os seguintes resultados: ampliação do poder, velocidade, flexibilidade e capacidade operacional com custos mais baixos pela utilização de recursos dispersos geograficamente. Esses benefícios são aqueles que buscaremos ao examinar o apelo da inovação centrada em redes.

Tabela 1.1 ⊛ Evidência da centricidade em rede em diferentes domínios

Domínio	De	Para	Implicações
Computação	Processamento central	Processamento em rede	Maior potencial de processamento a custo reduzido
Operações militares	Centrada em plataforma	Centrada em rede	Maior poder de combate com menos unidades e custos mais baixos
Cadeia de suprimentos	Cadeias lineares	Cadeias de valor	Maior capacidade de "percepção e resposta"
Empreendimentos	Organização isolada	Organização conectada	Mais agilidade estratégica e operacional
Movimentos sociais	Engajamento direto	Engajamento coordenado	Campanhas mais eficazes com menos recursos

---

[26] "Network-centric advocacy", de Marty Kearns. Disponível em: <http://activist.blogs.com/networkcentricadvocacypaper.pdf>. Acesso em: 20 ago. 2006.

◎ CENTRICIDADE EM REDES E INOVAÇÃO

Para aplicar uma perspectiva centrada em redes à inovação, nós formalmente definimos a *Network-Centric Innovation* (NCI) como uma abordagem da inovação com foco externo, que se baseia no aproveitamento dos recursos e das capacidades das redes externas e das comunidades para amplificar ou aprimorar o alcance, a velocidade e a qualidade dos resultados em inovação.

A inovação centrada em redes apresenta princípios análogos aos exemplos mencionados em outros domínios. Definiremos esses princípios no próximo capítulo. Mas, antes, analisaremos a evidência do poder das redes para aprimorar a inovação em uma variedade de setores e mercados.

Talvez o mais aclamado exemplo de inovação em rede seja o movimento de acesso aberto nos softwares e o seu mais famoso produto, o Linux, sistema operacional de livre acesso que continua a ser desenvolvido e aprimorado por uma comunidade em rede de programadores. O primeiro lançamento do Linux Kernel, versão 0.01, ocorreu em setembro de 1991 e consistia em 10.239 linhas de programação. Em abril de 2006, a versão 2.6.16.11 entrou em circulação com estonteantes 6.981.110 linhas de programação. Nesse período de 15 anos, milhares de programadores espalhados pelo mundo contribuíram para o desenvolvimento e lançamento de mais de uma centena de versões do Linux Kernel. De fato, em um ano – entre 1993 e 1994 –, 15 versões aprimoradas do Linux Kernel foram lançadas. A rapidez desse cronograma jamais foi registrada no universo comercial de softwares, e isso reflete o poder de inovação da comunidade global do Linux.

Uma comparação mais formal dos esforços de desenvolvimento entre a versão 7.1 do Red Hat Linux e um produto proprietário similar foi realizada em 2001.[27] O Red Hat Linux 7.1 continha mais de 30 milhões de linhas de código, o que representa aproximadamente o tempo de desenvolvimento de 8 mil pessoas/ano. Se essa versão fosse desenvolvida de uma maneira proprietária (ou seja, dentro de uma organização como a Microsoft ou a Oracle)

---

[27] Wheeler, David A. "More than a gigabuck: estimating GNU/Linux's size", de 29 de julho de 2002. Disponível em: <http://www.dwheeler.com/sloc/redhat71-v1/redhat71sloc.html>. Acesso em: 16 ago. 2006.

nos Estados Unidos, custaria cerca de 1,08 bilhão de dólares (em dólares norte-americanos, na cotação média de 2000).

Para oferecer mais evidências do grandioso poder dessas comunidades de inovação, considere a versão 6.2 do Red Hat Linux, que foi lançada somente um ano antes, em 2000 – tinha apenas 17 milhões de linhas de programação, o que equivale a um trabalho de 4.500 pessoas/ano (600 milhões de dólares de custo comparativo). Portanto, a versão 7.1 era aproximadamente 60% maior em termos de tamanho e desenvolvimento. Em um ano, a comunidade aberta de inovação deu uma contribuição que mudou toda a magnitude do programa – um feito impossível em uma iniciativa convencional de desenvolvimento de software proprietário.

O poder criativo das redes e das comunidades pode ser sentido em outros domínios também. Vamos analisar o caso da enciclopédia chamada Wikipedia, desenvolvida com a contribuição da comunidade aberta. Essa enciclopédia foi lançada em janeiro de 2001 e, com os esforços de colaboração de dezenas de milhares de contribuintes, se tornou rapidamente um dos maiores sites de referência da internet. Em julho de 2007, a Wikipedia contava com mais de 75 mil colaboradores ativos, trabalhando em mais 7.704.000 verbetes em mais de 250 idiomas. O debate prossegue quando se trata da confiabilidade e da exatidão da Wikipedia (por exemplo, um estudo acadêmico publicado na prestigiada *Nature* aponta que a Wikipedia é comparável à endeusada Enciclopédia Britânica em termos de exatidão[28], enquanto outros trabalhos indicam justamente o oposto). É inegável, porém, o poder criativo da comunidade que alimenta o crescimento exponencial da Wikipedia.

Outro exemplo no mundo do livre acesso é o jornalismo cidadão. O primeiro jornal aberto à colaboração é o *OhmyNews* – uma publicação online da Coreia do Sul criada em fevereiro de 2000. A maioria dos textos publicados é escrita por seus leitores – uma comunidade com aproximadamente 41 mil cidadãos-repórteres. Como um jornal feito por cidadãos, o *OhmyNews* exerceu um considerável poder de influência durante as eleições presidenciais da Coreia do Sul em 2002.[29] Uma edição em inglês da

---

[28] "Internet encyclopedia go head to head", publicado na *Nature*, v. 438, p. 900-901, 15 dez. 2005.
[29] "Online newspaper shakes up korean politics", de Howard French, *The New York Times,* 06 mar. 2003.

publicação foi lançada em fevereiro de 2004, com 1.500 cidadãos-repórteres de mais de 100 países.

As redes globais também estão turbinando a pesquisa acadêmica nas ciências da vida e no desenvolvimento de materiais. Um exemplo conhecido de rede eletrônica é a InnoCentive, uma comunidade global de cientistas que auxilia grandes empresas a buscar soluções para seus problemas de P&D, oferecendo propostas de profissionais em todo o mundo. A InnoCentive mantém uma comunidade de cientistas em campos bastante diversos, que vão desde petroquímica e plásticos até biotecnologia e agronegócio, atuante em 170 países. Para entender o poder dessa rede, vamos avaliar o caso da Eli Lilly, que passava por uma dificuldade relacionada a pequenas moléculas: depois de trabalhar no assunto por mais de 12 meses, sua área interna de P&D falhou em encontrar uma solução para o problema. A Eli Lilly colocou a questão no site da InnoCentive em junho de 2003 e, em menos de 5 meses, tinha em mãos uma resposta. Um cientista aposentado da Alemanha encontrou a solução que havia driblado a equipe de P&D da empresa.[30] Com a InnoCentive, a Eli Lilly efetivamente ampliou o alcance de sua inovação para cerca de 30 mil cientistas e pesquisadores, que integram o fórum da comunidade em rede. Outros exemplos da InnoCentive e de "inomediações" semelhantes sugerem que o poder das comunidades pode se traduzir em notáveis melhorias na velocidade, no custo e na qualidade da inovação.

Talvez nenhuma outra companhia ilustre tão bem o poder da centricidade das redes quanto a P&G. A parceria agressiva da empresa com as redes externas de inovação tem trazido resultados louváveis. A produtividade da área de P&D aumentou cerca de 60%, a taxa de sucesso em inovação mais do que dobrou e o custo caiu significativamente.[31]

Esses e outros exemplos dispersos do poder criativo do cérebro global têm encorajado mais e mais empresas a reorientar suas iniciativas de inovação para uma abordagem mais colaborativa e centrada em redes. No entanto,

---

[30] Sawhney M., E. Prandelli e G. Verona – *The power of innomediation*, publicado na *MIT Sloan Management Review*, v. 44, n. 2, p. 77-82, 2003.

[31] Huston, L. e N. Sakkab. "Connect and develop: inside P&G's new model for innovation", *Harvard Business Review*, mar. 2006.

como muitos CEOs e executivos seniores prontamente admitem, aproveitar esse poder de inovação é algo "teoricamente fácil", mas "difícil de realizar na prática".[32]

Vamos examinar a seguir esses grandes desafios.

OS DESAFIOS DE "OLHAR PARA FORA"

As organizações que aderem à estratégia da inovação centrada em redes são logo colocadas diante de diversos tipos de redes e comunidades com diferentes tipos de oportunidades de inovação. Os três grupos de desafios que serão enfrentados são os seguintes: *desafios culturais e de mentalidade organizacional*; *desafios de contextualização;* e *desafios de implementação*.

Desafios culturais e de mentalidade organizacional

A maioria das grandes empresas conta com uma experiência considerável de intercâmbio com um pequeno e cuidadosamente selecionado grupo de parceiros, realizando *joint-ventures*, acordos tecnológicos ou de licenciamento de marca, entre outros. Porém, quando se trata da colaboração em inovação de grande escala – por exemplo, um grande número de parceiros bastante dispersos geograficamente –, a maioria das companhias tem uma experiência limitada. O primeiro tema crítico com o qual os executivos seniores terão de lidar refere-se às amplas implicações da adoção da abordagem de inovação centrada em redes. Como a organização encarará esse tipo de oportunidade colaborativa? Como os executivos seniores podem assegurar a existência de um conjunto coerente de estratégias de inovação para capturar igualmente as oportunidades externas e as capacidades internas? Que tipo de quadro geral ou mentalidade deve ser estimulada para refletir a intenção da organização em colaborar com entidades externas e definir os principais parâmetros dessa colaboração? E como os executivos seniores devem se comunicar para encorajar entre os demais integrantes da organização a adoção dessa mentalidade?

---

[32] *IBM Global CEO Study*, 2006.

Para companhias como 3M, DuPont e Kodak, com uma história significativa de conquistas internas e uma vasta equipe residente de cientistas e especialistas técnicos, a principal ameaça é o sentimento de que "nós conhecemos tudo e todo mundo". Essa síndrome do "isso não foi inventado aqui" é uma séria barreira contra a aceitação de novas ideias vindas de fora da empresa. Uma mudança cultural é necessária e significativa para superar a síndrome e adotar uma mentalidade mais colaborativa.

A IBM reconheceu como fato que a parceria com as comunidades abertas e outros tipos de comunidades de criação requer que a empresa abdique de controles que tradicionalmente exerce sobre as iniciativas de inovação. Realmente, o livro de Linda Sanford, uma das executivas seniores da IBM, sintetiza esse espírito desde o título: *Let go to grow* (Para crescer, deixe acontecer).[33] Embora a necessidade de uma mudança cultural seja fácil de identificar, realizá-la na empresa – especialmente em grandes organizações com uma longa história de sucesso – é realmente algo muito desafiador.

Desafios de contextualização

O segundo conjunto de questões envolve a compreensão do cenário da inovação centrada em redes e se relaciona com o contexto exclusivo da empresa nesse panorama geral.

É evidente que companhias como IBM e P&G foram bem-sucedidas em diferentes graus no aproveitamento das redes de inovação. Por exemplo, a IBM adotou o modelo aberto e investiu recursos significativos para alinhar a ele suas iniciativas de inovação nas áreas de produtos e serviços. Igualmente, a P&G arrebanhou bastante visibilidade com sua iniciativa Connect+Develop, estabelecendo parcerias com redes externas de inovação, como a InnoCentive e a NineSigma.

Embora esses exemplos apontem abordagens específicas da inovação centrada em redes, elas não são as únicas. A multiplicidade de abordagens levanta muitas questões: existe um modo sistemático para identificar e avaliar as diferentes abordagens (ou modelos) da inovação centrada em redes?

---

[33] *Let go to grow*, de Linda Sanford e Dave Taylor, publicado pela Prentice Hall em 2005 e ainda sem tradução no Brasil.

Quais são essas diferentes abordagens? Como uma organização avalia e seleciona a abordagem mais apropriada *vis-à-vis* seu contexto empresarial particular? Mais ainda, a organização deve assumir uma posição de liderança ou de não liderança nessas ações colaborativas? Todas essas questões referem-se à contextualização das oportunidades oferecidas pelas redes externas de inovação ou situam a oportunidade dentro do contexto organizacional e particular de mercado.

Desafios de implementação

Finalmente, o terceiro conjunto de desafios relaciona-se à real implementação de projetos de inovação colaborativa. Quando uma oportunidade apropriada de inovação centrada em redes é identificada, como a organização pode executá-la? Como a empresa prepara a si própria para a inovação centrada em redes? Quais são as capacidades e competências de que a organização deve dispor? Como a companhia pode integrar seus processos de inovação internos e externos? Que tipo de licenciamento ou outro sistema de apropriação de valor pode ser utilizado? Quais são as métricas adequadas para avaliar o desempenho de projetos de inovação colaborativa?

Esses três conjuntos de desafios – culturais e de mentalidade, contextualização e implementação – representam as principais questões que serão enfrentadas pela maioria dos CEOs e executivos sêniores para encaminhar, com sucesso, a execução de iniciativas de inovação centrada em redes. Como esses desafios originam-se na riqueza e variedade presente no cenário da inovação centrada em redes, nós continuaremos nossa discussão examinando os diferentes "enfoques" dessa inovação.

CAPÍTULO 2
Entendendo a inovação centrada em redes

O Projeto Genoma Humano (PGH) é um exemplo clássico do fabuloso poder de inovação das comunidades interconectadas. O PGH foi uma iniciativa internacional de pesquisa que objetivou identificar e sequenciar os cerca de 20 a 25 mil genes que formam o DNA humano. Esse projeto reuniu um grande número de pesquisadores e cientistas ao redor do mundo em uma ação colaborativa, que começou em 1990 e completou-se em 2003, pelo menos um ano antes do programado.[1]

O PGH é notável não somente pelo ponto de vista científico, pelo mapeamento do DNA humano, mas também pela forma de organização dos esforços de inovação. O projeto ilustra, de modo exemplar, dois temas distintos que sustentam a inovação centrada em redes. Primeiro, uma rede de colaboradores, centralizando e distribuindo recursos e capacidades, pode alcançar resultados extraordinários. Segundo, a perspectiva sociológica da criação de conhecimento – ou seja, a noção de "construir sobre as ideias dos outros" por meio de interações – é fundamental para o contexto contemporâneo da inovação, que frequentemente envolve um conjunto de *expertises* altamente complexas e diversificadas.[2]

A confluência desses dois aspectos está transformando a natureza da inovação. Por um lado, as operações empresariais estão se tornando cada vez mais interconectadas. Por outro, o software livre e gratuito e outras iniciativas similares exemplificam os benefícios da criação "social" do conhecimento.

---

[1] Veja: <http://www.ornl.gov/sci/techresources/Human_Genome/home.shtml>.
[2] Veja: "Communities of creation: managing distributed innovation in turbulent markets", de M. Sawhney e E. Prandelli, *California Management Review*, v. 4.292, p. 24-54, 2000.

Nesse capítulo, abordaremos mais profundamente esses temas e traçaremos as raízes filosóficas e culturais da inovação centrada em redes.

Como qualquer outro fenômeno novo e emergente, a evolução da inovação centrada em redes também se caracteriza pela sua rápida especiação. As empresas experimentam, adotando diferentes modelos de inovação colaborativa. Como resultado, constatamos um número crescente de abordagens. Nós examinamos esses vários "enfoques" da inovação centrada em redes para destacar a riqueza e a diversidade presente nessa paisagem emergente. Esse cenário apresenta muitas novas oportunidades e também coloca as organizações diante de uma pergunta difícil: qual, entre tantas alternativas, é a melhor abordagem? Para responder a essa questão, nós estruturamos o cenário da inovação centrada em redes dentro de um quadro geral sistemático, como será apresentado adiante.

AS RAÍZES HISTÓRICAS E FILOSÓFICAS DA INOVAÇÃO CENTRADA EM REDES

Modos de produção (de ideias)

Em seu cerne, a inovação centrada em redes é uma abordagem para organizar a produção de novas ideias. Dessa forma, suas raízes filosóficas podem ser traçadas na literatura como uma analogia da produção de bens de consumo.

Os economistas sustentam há muito que existem dois modos primários de produção de ideias ou de novos produtos: os *mercados* e as *hierarquias*. Ronald Coase, em seu trabalho clássico, *A natureza da firma* (1937), estabeleceu os fundamentos para a existência da empresa (o modo de produção de "hierarquia"), usando o conceito de *custos de transação*, associados a transações de mercado, que incluem os custos de identificar um parceiro de mercado e os de definir e respeitar os direitos de propriedade e contrato. Coase (e, mais tarde, Oliver Williamson, de forma mais rigorosa) argumenta que, quando os custos de transação elevam-se além de um limite, torna-se mais lucrativo conduzir e coordenar internamente as atividades de produção na empresa, em vez de usar o modo de produção baseado no mercado. Em outras palavras, considerando os custos totais de produção, que incluem os custos de transação com o mercado ou os custos da organização, o empreendedor deve decidir se o mais apropriado é a firma ou o mercado. Até o surgimento da comunidade do software livre e gratuito, as firmas e os mercados eram os modos de produção dominantes.

No entanto, o desenvolvimento bem-sucedido do Linux e de outros softwares livres a partir da década de 1990 implicou a existência de um terceiro modo de produção de novas ideias e novos produtos – um que não é apenas um híbrido dos mercados e das firmas. Yochai Benkler, professor de direito na universidade de Yale, escreveu uma série de artigos sugerindo que o software livre e gratuito (e outras comunidades de acesso livre) representa um terceiro modelo, que chamou de modelo colaborativo de produção entre pares. Usando a mesma lógica da transação de custos, Benkler afirma que, quando "o custo de organizar uma atividade entre pares é menor que usar o mercado e quando o custo da colaboração é menor que o da organização hierarquizada", acaba por emergir o modelo colaborativo de produção entre pares, como ocorreu no caso do software.[3]

O modelo colaborativo de produção entre pares é particularmente relevante em contextos nos quais o objeto da produção é baseado em informações (como softwares, música e filmes, entre outros) e quando o capital físico necessário para essa produção (por exemplo, computadores) está bastante distribuído e o custo de agir entre pares é reduzido pela tecnologia de comunicação (internet, entre outros).

Um desses contextos é o editorial. Por exemplo, a editora desse livro nos Estados Unidos, a Wharton School Publishing, ingressou em um projeto de inovação que emprega os princípios do modelo colaborativo de produção entre pares para criar um novo livro na área de gestão de negócios. O livro, *Nós somos mais inteligentes do que eu*, envolveu a colaboração de milhares de profissionais de negócios, professores, estudantes e ex-alunos da MIT Sloan School of Management e da Wharton School.[4] O resultado desse esforço colaborativo foi inicialmente publicado nos Estados Unidos com todos os colaboradores recebendo o devido crédito.

---

[3] Veja: "Coases's penguin or Linux and the nature of the firm", Y. Benkler, *Yale Law Journal*, v. 112. Veja também *The wealth of networks*, de Y. Benkler, MIT Press, 2006.

[4] Para mais detalhes do projeto, visite o site: <http://wearesmarter.org>.

Nós sintetizamos abaixo as diferenças chave entre os três modelos de produção:

Tabela 2.1 ⊛ Os três modos de produção de ideias

Produção hierarquizada	Produção de mercado	Produção entre pares
Produtores organizados como empregados nas firmas	Produtores organizados como entidades individuais no mercado	Produtores organizados como integrantes de uma mesma comunidade
Fluxo de materiais e coordenação das atividades sob controle da alta hierarquia	O mercado coordena o fluxo entre fornecedores, as forças de demanda e os indicadores de preço	Atividades colaborativas coordenadas de acordo com motivações diversas e indicadores sociais
Exemplo: a famosa unidade da Ford em Rouge River	Exemplo: instrumentos do mercado financeiro e outros intangíveis	Exemplo: desenvolvimento do software livre e gratuito

Está claro que o mercado, a hierarquia e o bem comum (entre pares) são também três modos de produção de inovação. O desenvolvimento do Windows pela Microsoft é um exemplo de inovação organizado dentro da empresa (isto é, usando hierarquias gerenciais). De forma semelhante, a inovação também pode ser organizada pelo mercado – rotineiramente as companhias adquirem *startups* inovadoras para ter acesso a novas ideias e tecnologias. E, finalmente, o desenvolvimento do Linux, do Apache e de outros produtos de softwares abertos são exemplos do modelo de bem comum na organização da inovação.

Os modelos emergentes no cenário da inovação centrada em redes, no entanto, não refletem apenas as abordagens de mercado ou de bem comum, mas, em vez disso, revelam a combinação ou a intersecção desses três modelos de produção – por exemplo, a combinação do modelo de bem comum com o de gestão hierarquizada ou o modelo baseado em mercado em intersecção com o de bem comum. Para entender as origens desses modos de produção híbridos, precisamos compreender, antes, a história da inovação centrada em redes.

A história da inovação centrada em redes

A manifestação no mundo real da inovação centrada em redes pode ser traçada em retrospectiva a partir de dois movimentos distintos que se enraizam na década de 1990: o movimento do software livre e gratuito (criação social de conhecimento) e o conceito de redes de negócios ou ecossistemas.

O movimento de livre acesso

O conceito de acesso aberto, em geral, relaciona-se com o desenvolvimento e a produção de ideias, artefatos e sistemas de maneira a oferecer livre acesso às fontes e possibilitar a sua livre distribuição com as licenças apropriadas.[5] Isso se baseia no princípio de que os usuários podem ser codesenvolvedores e que esse conhecimento é criado por "uma dinâmica sinérgica entre contribuições individuais e interações sociais".[6] A filosofia essencial por trás do livre acesso existia de uma forma ou de outra já na década de 1980 (por exemplo, a criação da Fundação para o Software Livre), mas o surgimento da internet e o modo com que as comunidades foram estimuladas a se unir para desenvolver e produzir colaborativamente tiveram seu auge a partir da década de 1990.

O setor de softwares é o mais proeminente entre os diferentes campos e domínios nos quais o acesso aberto se evidencia. O software de código aberto pode ser definido simplesmente como um programa de computador cujo código-fonte está disponível para uso, aprimoramento, modificação e distribuição de todos e para todos.[7] Existem diversos formatos de licenças que definem os tipos e extensão dos direitos assegurados para uso, alteração e/ou distribuição do produto. A Open Source Initiative (OSI – entidade não lucrativa formada em 1998 pelos visionários Eric Raymond e Bruce Perens) assumiu a tarefa de promover o movimento de livre acesso pela certificação de produtos e a sua distribuição de acordo com os esquemas definidos pela OSI.[8] O número de produtos certificados pela OSI tem aumentado consideravelmente nos últimos anos.[9] O rápido crescimento de produtos com livre acesso indica a saúde desse movimento e a sua ampla aceitação na comunidade de negócios de softwares.

O movimento de livre acesso hoje é visível em muitos outros domínios também. Por exemplo, o conceito de inteligência de livre acesso – que se refere à soma de informações de fontes públicas e abertas (como blogs,

---

[5] Uma definição mais formal de livre acesso pode ser encontrada em Open Source Initiative. Disponível em: <http://www.opensource.org/docs/definition_plain.php>.

[6] Sawhney & Prandelli, 2000, p. 28.

[7] O termo "código aberto" (*open source*) tem sido atribuído a Christine Peterson do Foresight Institute. Para mais informações, visite: <http://www.opensource.org/docs/history.php>.

[8] Veja: <http://www.opensource.org>.

[9] Disponível em: <http://www.sourceforge.net>. Acesso em: set. 2006.

32 Cérebro Global

websites e outros) para analisá-las e produzir conhecimento utilizável – conquistou muito destaque recentemente. O jornalismo de livre acesso (também denominado jornalismo-cidadão) é outro excelente exemplo. Outras áreas em que os princípios do movimento de livre acesso começaram a ser aplicados são a indústria farmacêutica e a pesquisa e descoberta de drogas (por exemplo, a Tropical Disease Initiative), o hardware computacional (como o hardware de livre acesso), a educação (currículo de livre acesso) e os filmes de livre acesso.[10]

Ecossistemas de negócios

As raízes do conceito de ecossistema de negócios derivam dos campos da biologia e dos sistemas sociais. Em um artigo publicado em 1993, na *Harvard Business Review*, James Moore descreveu um ecossistema de negócios como:

> uma comunidade econômica suportada por um alicerce de organizações em interação... os 'organismos' do mundo dos negócios. Os integrantes da comunidade também incluem fornecedores, concorrentes, líderes e demais partes interessadas. Ao longo do tempo, eles codesenvolvem seus papéis e capacidades e tendem a se alinhar espontaneamente com as diretrizes emanadas por uma ou mais entidades centrais.[11]

Um conceito próximo relacionado a esse é o de constelação de alianças. Ele descreve o conjunto de parceiros de uma empresa que se juntam, formando uma rede ou constelação. Nesse tipo de constelação, os participantes, unidos, perseguem uma série de metas estratégicas, entre elas, a interligação de mercados, a redução de custos operacionais, o compartilhamento de riscos e a complementaridade de competências.[12] Um bom exemplo de constelação

---

[10] Para uma lista extensiva de aplicações do livre acesso, consulte: <http://en.wikipedia.org/wiki/Open_source>.

[11] A definição saiu do livro de James Moore, de 1996, *The death of competition*: leadership and strategy in the age of business ecosystems, publicado pela Harper Business. Seu artigo, anteriormente mencionado na *Harvard Business Review,* intitula-se "Predators and prey: a new ecology of competition", 1993.

[12] Veja "Constellation strategy: managing alliance groups", de Benjamin Gomes-Casseres, publicado em maio de 2003 no *Ivey Business Journal*. Do mesmo autor, veja também "Competitive advantage in alliance constellations", *Strategic Organization*, v. 1, ago. 2003.

de alianças é a Star Alliance, no setor de companhias aéreas. Esse grupo possibilita que as empresas compitam e sejam bem-sucedidas em seus mercados, utilizando os recursos e as competências de sua rede de parceiros.

A contribuição chave dos conceitos de ecossistema de negócios e de constelação de alianças tem sido forçar as companhias a ampliar suas perspectivas enquanto elaboram suas estratégias corporativas de negócios. Mais especificamente, a aplicação dessa perspectiva ecológica auxilia as grandes empresas, como Walmart, Intel, Microsoft e SAP, a perceber a importância de construir robustos ecossistemas de negócios para promover seus próprios projetos futuros. A perspectiva ecológica também evidencia a natureza mutante da competição – da competição entre empresas individuais para a competição entre ecossistemas de negócios ou constelações de alianças.[13]

Embora o ecossistema de negócios e a constelação de alianças não sejam termos familiares para a maioria dos gestores, esses conceitos têm sido bastante utilizados para analisar e elaborar estratégias operacionais e de mercado. No entanto, esses conceitos servem também para ilustrar como as companhias têm liderado e orquestrado as iniciativas de inovação em seus setores, com a formação e a liderança de redes de parceiros. Por exemplo, o domínio da Intel na indústria de semicondutores nas décadas de 1980 e 1990. Isso pode ser explicado, em grande parte, por sua habilidade de estabelecer, nutrir e liderar uma rede de parceiros que contribuiu coletivamente e aprimorou o valor da plataforma tecnológica da Intel.[14] E, mais recentemente, a batalha entre o DVD de alta definição, do consórcio liderado pela Sony, e a tecnologia blue-ray, do consórcio liderado pela Toshiba, será vencida – ou perdida – com base na capacidade de uma ou de outra de aproveitar o cérebro global, atraindo também para seu ecossistema geradores de conteúdo, fabricantes de aparelhos e varejistas.

A confluência da inovação de livre acesso com o ecossistema de negócios

Recentemente, a fronteira entre esses dois movimentos – as comunidades de acesso aberto e as redes de negócios (ou ecossistemas) – começou a se dissipar.

---

[13] Gomes-Casseres, Benjamin. "Group versus group: how alliance networks compete", *Harvard Business Review*, p. 72-74, jul./ago. 1994.

[14] Para uma excelente revisão dessa estratégia, veja o livro de Gave e Cusumano, *Plataform leadership*, HBS Press, 2003.

Por um lado, as empresas estão buscando as comunidades de acesso aberto e outras comunidades de criação (por exemplo, comunidades de inventores e comunidades de consumidores) como parceiras de inovação. Por outro, as inovações surgidas nas comunidades de acesso aberto começaram a transitar no mundo comercial (por exemplo, o acesso aberto comercial). Então, a distinção exata entre as formas "puramente aberta" e "puramente proprietária" da organização da inovação está se transformando em um cenário mais complexo e repleto de nuances. Uma ampla gama de redes, participantes e papéis está emergindo: ecossistemas de negócios, constelação de alianças, comunidades de acesso aberto, comunidades de inventores, comunidades de consumidores, comunidades de *experts* e outras comunidades de criação desse tipo.

O conceito de inovação centrada em redes engloba esses diferentes tipos de comunidades e seus integrantes. E vai além. Também captura a abordagem diferenciada de organização da inovação que deriva da combinação dos diferentes tipos de redes e da interação das empresas com os diferentes tipos de redes de inovação.

Essas abordagens da organização da inovação também se caracterizam pelos modos de produção híbridos mencionados anteriormente. Em outras palavras, mercado, hierarquia e bem comum congregam-se no cenário da inovação centrada em redes e impulsionam os modos de produção híbridos de inovação que subjazem às abordagens alternativas da inovação centrada em redes. Nós descreveremos esses modos de produção híbridos com mais detalhes nos capítulos subsequentes em termos de arquétipos ou de modelos de inovação centrada em redes.

Com essa compreensão das raízes históricas e filosóficas da inovação centrada em redes, agora nos voltaremos aos princípios centrais que alicerçam nossas abordagens do tema.

PRINCÍPIOS DA INOVAÇÃO CENTRADA EM REDES

O conceito de inovação centrada em redes tem quatro princípios definidos: *metas compartilhadas*, *"visão de mundo" compartilhada*, *criação social do conhecimento* e *arquitetura da participação*. Esses princípios são consistentes com as raízes históricas da inovação centrada em redes no movimento de

Entendendo a inovação centrada em redes **35**

acesso aberto e no ecossistema de negócios. Nós descrevemos brevemente e sintetizamos esses quatro princípios na Tabela 2.2. Mais adiante neste livro, retornaremos a esses princípios ao descrever os diferentes modelos de inovação centrada em redes.

Tabela 2.2 ❖ Princípios da inovação centrada em redes

Princípios da inovação centrada em redes	Descrição	Exemplos
Metas e objetivos compartilhados	Uma ou mais metas capazes de mobilizar os integrantes da rede e canalizar seus diversos recursos e atividades	*Comunidade de consumidores*: identificar as falhas do produto e contribuir para seu aprimoramento
"Visão de mundo" compartilhada	Pressupostos em comum e modelos mentais relacionados à inovação e ao ambiente externo	*Comunidade de acesso aberto*: compreensão compartilhada sobre as ligações do programa com outras tecnologias e produtos
Criação "social" do conhecimento	Enfatizar as interações entre os membros da rede como base para a criação de valor e da natureza cumulativa da criação de conhecimento	*Rede de inventores*: interações entre inventores individuais, inomediação e grande empresa para desenvolvimento do conceito de novos produtos
Arquitetura de participação	Define um conjunto de sistemas, mecanismos e processos criados para facilitar a participação na criação e apropriação de valor	*Comunidade de software de acesso aberto*: arquitetura modular e licença livre e gratuita

Metas e objetivos compartilhados

Para que um grupo de pessoas mobilize-se para contribuir com uma iniciativa de inovação, é essencial que haja em comum um conjunto de metas e objetivos, que mantém unida a comunidade, dá direção, possibilita a coordenação das atividades e facilita a construção de normas e valores. Por exemplo, uma comunidade de consumidores pode oferecer ao fabricante ideias inovadoras para aprimorar a qualidade e o valor das características do produto. Essas metas e objetivos compartilhados surgem de diferentes maneiras – em algumas redes, uma entidade central pode elaborar e promover as metas, enquanto em outras elas emergem da própria interação entre os participantes.

Prontidão e "visão de mundo" compartilhadas

Os integrantes de uma rede também precisam compartilhar uma "visão de mundo" e a prontidão em relação ao ambiente externo. Isso precisa incluir os pressupostos de negócios, os métodos de avaliação e os cenários. A prontidão compartilhada é essencial para a rede capitalizar as sinergias entre as diversas especialidades e capacidades dispersas. Por exemplo, no caso da comunidade de desenvolvimento de softwares de código aberto, a visão de mundo compartilhada deve incluir o conhecimento sobre produtos e tecnologias concorrentes e complementares e a maneira como os programas em desenvolvimento podem se relacionar ou se integrar com aqueles já existentes.

A visão de mundo em uma rede de inovação é dinâmica. Evolui continuamente, em resposta às mudanças no ambiente. A conectividade da rede facilita o rápido compartilhamento de informações, o que, por sua vez, permite a manutenção de uma prontidão compartilhada em relação ao ambiente no qual a rede opera.

Criação "social" de conhecimento

O volume de conhecimento criado a partir das interações entre os diferentes tipos de integrantes das redes está crescendo significativamente. Por exemplo, as comunidades de acesso aberto acreditam que todos os usuários podem ser codesenvolvedores e que os conceitos inovadores evoluem sobre a construção e a contribuição de um após o outro. Esse conceito de criação "social" de conhecimento também está evidente nas comunidades de consumidores, nas quais o diálogo entre os participantes torna-se um contexto para o surgimento de ideias de aprimoramento dos produtos já existentes ou para o desenvolvimento de novos produtos.

Embora empreguemos aqui o termo "social", ele não está necessariamente limitado às comunidades de livre acesso. Ao contrário, esse princípio reflete os aspectos colaborativos e cumulativos da criação de conhecimento, existentes em muitos outros tipos de redes de inovação. Até mesmo no modelo centrado no mercado, as ideias inovadoras evoluem pelas interações sucessivas dos participantes das redes. Por exemplo, nas redes de inventores, são as interações entre o inventor individual, a agência intermediária (inomediação) e a grande companhia que oferecem o contexto para o surgimento de novas ideias e para sua transformação em produtos comercializáveis. A ideia chave é simples – o conhecimento é criado e aprimorado socialmente enquanto as pessoas constroem umas sobre as contribuições das outras. Por isso, uma infraestrutura social ou de rede precisa estar disponível para facilitar a criação social do conhecimento.

Arquitetura de participação

O quarto princípio da inovação centrada em redes refere-se ao modo como o trabalho é distribuído entre os integrantes e o modo com os "direitos" são repartidos. Esse princípio vai além da identificação das tarefas centrais e não centrais como na inovação terceirizada. Em vez disso, ele se relaciona ao desenvolvimento de uma "arquitetura da participação" – um termo cunhado por Tim O'Reilly[15] – que constitui um roteiro para que os diferentes integrantes da rede juntem-se às tarefas de inovação. A arquitetura da participação oferece os mecanismos e os métodos para que a contribuição dos participantes seja coordenada, integrada e sincronizada de modo coerente.

Dois aspectos chave da arquitetura da participação são a modularidade do sistema de inovação e a capilaridade (tamanho ou escala) das tarefas de inovação. Enquanto a modularidade possibilita a distribuição e a coordenação dos processos de inovação, a capilaridade assegura que um grupo diversificado de participantes (isto é, integrantes com diversos tipos de recursos, capacidades e compromissos) possa contribuir para a inovação. A arquitetura da participação também define como os participantes serão "recompensados" por suas contribuições. Essa recompensa objetiva incentivar a participação em algumas redes (por exemplo, comunidades de consumidores) e pode ser também uma nova forma de apropriação de valor entre os seus integrantes (por exemplo, patentes compartilhadas ou o uso do Creative Commons[*], entre outros).

---

[15] Veja o artigo de O'Reilly. Disponível em: <http://tim.oreilly.com/articles/paradigmshift_0504.html>.

[*] Creative Commons (CC) – projeto global, atuante em mais de quarenta países, para um novo modelo de gestão dos direitos autorais. No Brasil, é coordenado pela Escola de Direito da Fundação Getulio Vargas, no Rio de Janeiro. O CC possibilita que autores e criadores de conteúdo permitam que a sociedade use ou aplique seus trabalhos na criação de outras obras. Mais informações disponíveis em: <http://www.creativecommons.org.br/index.php?option=com_content &task=view&id=42&Itemid=80>. Acesso em: 16 dez. 2010 (N.T.).

OS DIFERENTES "ENFOQUES" DA INOVAÇÃO CENTRADA EM REDES

Se olharmos para a história do automóvel, fica claro que o período de meados até o final do século XIX foi a "era da efervescência" da indústria – o estágio que precede o surgimento de um ou mais designs que se tornaram dominantes.[16] Uma era de efervescência é caracterizada pela experimentação prolífica. Na indústria automobilística, os inventores experimentaram diferentes tipos de combustível (madeira, álcool, gasolina e eletricidade), diferentes tipos de motores, diferentes tipos de estrutura de chassi e daí por diante. Algumas dessas invenções funcionaram, outras, não. Mas todas elas contribuíram para a evolução do design que se tornou o modelo dominante no início do século XX.

Da mesma forma, o cenário da inovação centrada em redes passa por um momento de considerável experimentação. Os novos modelos e abordagens emergentes caracterizam-se por uma grande variedade de arranjos estruturais, atividades de inovação e resultados. Vamos analisar alguns desses modelos de inovação centrada em redes, utilizando um exemplo para cada um.

As comunidades de código aberto e a IBM

No começo da década de 1990, quando o fenômeno do código aberto era ainda incipiente, a IBM realizou mudanças chave para se alinhar e se aproximar do movimento do Software de Código Aberto. Um excelente exemplo dessa mudança foram as Olimpíadas de Atlanta de 1996, quando a IBM foi responsável pela construção e implantação do primeiro website olímpico – no qual o resultado de todas as competições era disponibilizado em tempo real. A IBM escolheu o Apache, uma solução de código aberto, apesar de a empresa contar com um programa proprietário concorrente de aplicação em sites. Mais recentemente, a IBM adotou decisões conscientes para promover e alinhar suas próprias estratégias, ampliando o poder das comunidades de

---

[16] Sobre a discussão da era de efervescência e dos ciclos tecnológicos, veja "Technological discontinues and dominant designs: a cyclical model of technological change", P. Anderson e M. Tushman, *Administrative Science Quartely*, v. 35, p. 604-633, 1990.

código aberto – em mercados que vão desde servidores web até a linguagem de sistemas operacionais e o desenvolvimento de ferramentas.

A postura da IBM em relação ao código aberto não é uma abordagem filantrópica; é, em vez disso, uma decisão de negócio. Nas palavras de Irving Wladawsky-Berger, ex-vice-presidente técnico da IBM, essa foi uma decisão tomada "depois de uma considerável análise das tendências tecnológicas e mercadológicas, do alto nível de comprometimento da comunidade... e da qualidade de suas ofertas".[17]

Trabalhando com as comunidades de código aberto, a IBM persegue uma estratégia de inovação centrada em redes que integra a empresa em uma vasta rede global de desenvolvedores, que oferecem diferentes tipos de contribuições inovadoras. A IBM não define a agenda da comunidade de código aberto e nem tampouco se beneficia diretamente dos produtos desenvolvidos pelos programadores. Em vez disso, a companhia desempenha o papel de patrocinadora, cujo principal interesse é sustentar a saúde e a energia do movimento de código aberto. Certamente, como observou Wladawsky-Berger, essa é uma "decisão de negócio" – a IBM se beneficia indiretamente das ofertas da comunidade. Por exemplo, as receitas da IBM relacionadas a serviços para o Linux cresceram exponencialmente desde 2001, quando a companhia começou a investir em negócios referentes ao código aberto. Em 2004, por exemplo, essas receitas foram de 2 bilhões de dólares.[18]

As comunidades de consumidores e a Ducati

O engajamento e o relacionamento da Ducati com sua comunidade de clientes apresentam outro enfoque da estratégia de inovação centrada em redes. A Ducati Motor é uma renomada fabricante de motocicletas, com sede na Itália. As motocicletas são produtos de estilo de vida, e os mais bem-sucedidos fabricantes mundiais focam a construção de um relacionamento

---

[17] Irving Wladawsky-Berger em entrevista com os autores, em 07 de abril de 2006.

[18] Veja: <http://www.infoworld.com/article/05/12/14/HNnovellibm_1.html> e veja também o gráfico sobre o crescimento de receitas da IBM na página 47 do livro *The wealth of networks*, de Yochai Benkler.

40 Cérebro Global

intenso com os clientes para estimular a percepção de pertencimento comunitário que complementa a aquisição do produto físico.

No entanto, a Ducati não encara sua relação com a comunidade de clientes somente como uma iniciativa de *Customer Relationship Management* (CRM), e sim como parte de sua estratégia de inovação – a empresa considera os clientes como parceiros em inovação. No início de 2000, ela definiu uma divisão para coordenar as iniciativas de colaboração centradas na internet.[19] A Ducati emprega diferentes tipos de ambientes virtuais para os clientes (todos integrantes do site), a fim de engajá-los em todas as etapas do processo de inovação, desde a ideação e conceito do produto até o seu design e teste (Figura 2.1). Os clientes da empresa têm profundo conhecimento técnico, e alguns deles já apresentaram ideias técnicas complexas e soluções para o aprimoramento do design – tudo isso pode ser traduzido (e tem sido) em características reais dos produtos. Além disso, na etapa final, os clientes também podem participar dos testes de produtos no ambiente virtual.

Figura 2.1 ⊛ A iniciativa da comunidade de clientes da Ducati

	Aplicabilidade por estágio do processo de desenvolvimento de um novo produto	
	Etapa inicial (ideação e conceito)	**Etapa final** (design e teste)
Profundo/alta riqueza	• Tech Café • Serviço de consultoria com suporte de engenheiros de produto • Serviços Ducati • Fórum técnico e chat	• Faça o design da Ducati dos seus sonhos • Concursos focados • Desafio da Garagem da Ducati • Equipes virtuais
Amplo/longo alcance	• Pesquisa online para melhorar o site • Questionários e sessões de feedback • Minha Ducati • Cenários virtuais	• Customização em massa do produto • Teste do produto via web

(eixo vertical: **Natureza da colaboração**)

Fonte: Mohanbir Sawhney, Gianmario Verona e Emanuela Prandelli – *Collaborating to create: the internet as a plataform for customer engagement*, publicado no *The Journal of Interactive Marketing*, p. 8, v. 19, n. 04, outono de 2005. © 2005 Wiley Periodicals, Inc. and Direct Marketing Educational Foundation, Inc. Reproduzido sob permissão.

---

[19] Sawhney, M, Verona, G. e E. Prandelli. "Collaborating to create: the internet as a plataform for customers engagement in product innovation", *Journal of Interactive Marketing*, p. 4-17, 2005.

A Ducati, portanto, pratica a estratégia de inovação centrada em redes ao acolher, facilitar e promover uma comunidade ativa de clientes. Além disso, coordena as iniciativas de inovação e seus recursos (especializações e ideias dos clientes) para alavancar sua agenda de inovação.

As redes de inventores e a Staples

A Staples, líder em materiais para escritórios, a partir de 1990 começou a colocar no mercado produtos genéricos embalados com a sua marca. Essa estratégia foi eficiente no passado – a contribuição de receita dos produtos com a marca Staples representou 18% do total das vendas de 16 bilhões de dólares em 2005.[20] Porém nos últimos anos, com a entrada de novos concorrentes no mercado de suprimentos para escritórios, a empresa deu início a uma mudança de estratégia. A Staples não queria mais limitar a sua oferta a produtos de baixo custo, comoditizados. Em vez disso, começou a buscar o desenvolvimento de produtos inovadores – que pudessem posicionar a companhia como inovadora e com marca reconhecida nacionalmente.

Como uma empresa sem uma grande equipe interna de desenvolvimento de produtos poderia perseguir essa agenda ambiciosa de inovação? A Staples considerou que as novas ideias estavam em circulação no mercado. Como comenta Jevin Eagle, vice-presidente sênior da empresa: "Nossa tarefa era vasculhar o mundo das ideias".[21] E para caçar essas ideias, a Staples teve a "ideia" de criar um concurso chamado de InventionQuest – os inventores individuais foram convidados a submeter suas propostas à companhia e as vencedoras seriam comercializadas com 8% da receita revertendo como royalties aos criadores (Figura 2.2). A empresa também utilizou agências terceirizadas, como a PDG LLC, para ingressar nas comunidades de inventores e buscar ideias inovadoras com potencial de comercialização.

Ao perseguir essa estratégia de inovação centrada em redes, a Staples passou a se relacionar com as comunidades de inventores, aumentando significativamente a possibilidade de gerar ideias de valor. Em um concurso no

---

[20] "Staples turns to inventors for new products ideas", matéria de William Bulkeley para o *The Wall Street Journal*, 13 jul. 2006.

[21] Jevin Eagle em entrevista com os autores, em junho de 2006.

ano de 2008, cerca de 10 mil inventores individuais enviaram novas propostas à empresa. Ron Sargent, CEO da Staples, viu essa estratégia de inovação – centrada em redes externas de inventores – como a principal arma para impulsionar o crescimento da companhia no futuro. Isso já possibilitou que a companhia ultrapassasse seu maior competidor, a Office Depot, em receitas, tornando-se a maior varejista do mercado de materiais de escritório.

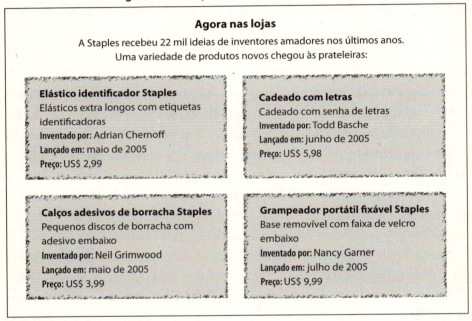

Figura 2.2 Staples e as redes de inventores

Fonte: *The Wall Street Journal* online, 13 jul. 2006.

As redes de programadores e a Salesforce.com

Outro enfoque de inovação centrada em redes é a criação de um ecossistema de programadores que podem inovar em uma plataforma comum. Vejamos como a Salesforce.com, líder em soluções de CRM, alavancou o poder dos programadores independentes de software. Fundada em 1999 pelo ex-executivo da Oracle, Marc Benoiff, a Salesforce.com oferece programas de CRM que permitem que uma empresa siga e analise em tempo real todas as interações realizadas com seus clientes. O aspecto exclusivo e diferencial é o de que a companhia entrega soluções exclusivamente *on demand* – em outras palavras, a empresa cliente da Salesforce.com acessa o aplicativo de CRM pela internet continuamente, de acordo com suas próprias demandas.

Mais recentemente, a companhia criou uma abordagem diferenciada para explorar a criatividade dos programadores independentes no aprimoramento de suas soluções. Em 2005, lançou o AppExchange, um fórum para programadores externos, com o objetivo de criar aplicativos adicionais que podem ser ligados ou integrados ao sistema principal da Salesforce. com. Mais de 600 aplicativos adicionais estão disponíveis, desde ferramentas de e-mail marketing até soluções de relatórios e análises de vendas e programas financeiros.

Diferentemente de outras grandes empresas de software, como a Microsoft e a Oracle, a Salesforce.com não proporcionou somente um fórum externo para que os programadores desenvolvam aplicativos na plataforma. Ao contrário. A empresa participa ativamente, colocando à venda as ferramentas criadas no AppExchange, oferecendo-as a seus clientes e adequando o valor dos produtos aos programadores externos. Em muitos casos, também proporciona orientação e diretrizes para os esforços de inovação, canalizando as ideias dos clientes para os programadores externos. A empresa também faz o papel de patrocinadora, promovendo e facilitando as interações entre os programadores, assim como oferece infraestrutura para que as soluções customizadas sejam formalizadas e compartilhadas.

Então, com o AppExchange, a Salesforce.com conduz uma estratégia de inovação centrada em rede, cujo papel primário é oferecer a visão geral e a base (isto é, a plataforma tecnológica) para a inovação e orquestrar as atividades e interações entre seus parceiros globais. O que a Salesforce.com ganha com isso? Duas coisas. Primeiro, as ferramentas e soluções oferecidas pelo AppExclange claramente adicionam valor ao software básico que a companhia entrega aos clientes. Segundo e mais importante, a comunidade de programadores do AppExchange aprimora e amplia o alcance e a amplitude da inovação da Salesforce.com. A empresa não dispõe da gama completa e integrada de soluções, como a Oracle e a SAP. Mas, com o AppExchange, agora a Salesforce.com pode estender seus serviços para outras áreas mais lucrativas, como recursos humanos e finanças, assim como para mercados como o

44 Cérebro Global

de assistência à saúde. Seguindo uma estratégica de inovação centrada em redes, a Salesforce.com obtém ganhos de magnitude em inovação que seriam impossíveis com seus recursos internos limitados.

As redes eletrônicas de P&D e a 3M

Há alguns anos, começou a surgir um número considerável de redes eletrônicas de Pesquisa & Desenvolvimento (P&D), como a InnoCentive (www.innocentive.com) e a NineSigma (www.ninesigma.com), emergindo como outro interessante enfoque dos mecanismos de inovação centrada em redes. Essas redes desempenham o papel de "casamenteiras" entre os "buscadores" de soluções para problemas científicos (em geral, grandes empresas com áreas de P&D atuantes) e os "solucionadores" desse tipo de questão (em geral, cientistas individuais ou pequenos laboratórios de pesquisa espalhados pelo mundo). Grandes companhias costumam ter questões técnicas específicas ou problemas de P&D que são incapazes de se resolver em um horizonte aceitável de tempo e custo. Quando as possíveis soluções internas começam a escassear, eles utilizam as redes eletrônicas de P&D como canal para olhar para fora e buscar essas respostas, explorando o potencial global de cientistas e engenheiros.

Vejamos o problema de P&D enfrentado há alguns anos pela 3M – a empresa queria um adesivo que fosse capaz de grudar duradouramente um filme de poliéster sobre uma pedra lapidada ou cerâmica vitrificada.[22] O adesivo precisava ser resistente a óleos, limpezas químicas, detergentes com PH alto e água parada. O sistema adesivo também deveria se manter intacto, grudado à superfície, por, pelo menos, 18 meses. Sendo incapaz de encontrar internamente uma solução para esse problema, a 3M voltou-se para a NineSigma, uma rede eletrônica de P&D. A NineSigma, que hospeda uma comunidade global de cientistas e tecnólogos com profundo conhecimento em diversos campos, preparou uma solicitação de pesquisa baseada nas necessidades da 3M. Milhares de cientistas importantes viram a solicitação e cinco soluções potenciais foram oferecidas pelo site da NineSigma. A 3M avaliou as propostas e selecionou aquela que lhe pareceu a mais apropriada.

---

[22] Entrevista dos autores com Dr. Robert Finocchiaro, diretor técnico da 3M, em 26 de julho de 2006.

No cenário da inovação centrada em redes, uma parte relevante do cérebro global reside em um conjunto de cientistas e tecnólogos não contratados diretamente. Nesse caso, a 3M desempenhou o papel da empresa buscadora de uma solução e a NineSigma representou a figura da agência operadora no mercado.

DIFERENTES REDES, DIFERENTES ABORDAGENS E DIFERENTES RESULTADOS

Os exemplos anteriores retratam as diferentes formas que podem ser assumidas pela inovação centrada em redes – os diferentes tipos de redes ou diferentes tipos de Cérebro Global envolvidos, os diferentes papéis desempenhados pelas empresas, os diferentes tipos de relacionamento estabelecidos entre os integrantes das redes e os diferentes tipos de resultados ou retornos em inovação (Tabela 2.3).

Tabela 2.3 ◉ Os diferentes enfoques da inovação centrada em redes

Exemplo de inovação centrada em redes	Natureza da rede	Papel da empresa na rede	Natureza do retorno em inovação para a empresa
Comunidade de código aberto e IBM	Rede global de programadores de softwares	Patrocinadora e promotora do movimento de código aberto	Sinergias com as soluções de código aberto
Comunidade de clientes e Ducati	Comunidade de clientes com ação de coinovação	Facilita e coordena a participação de clientes na inovação	Ideias inovadoras para aprimorar os produtos
Rede de Inventores e Staples	Rede de inventores individuais	Busca e comercializa produtos com conceitos inovadores	Ideias de novos produtos ou serviços
Comunidade AppExchange e Salesforce.com	Rede global externa de programadores de software	Orquestra e comercializa aplicativos adicionais dos desenvolvedores externos	Estende o alcance e a amplitude da plataforma (software) de inovação
NineSigma e 3M	Rede global de cientistas	Compradora de soluções para problemas de P&D	Soluções para problemas técnicos claramente definidos pela empresa

Essas diferenças têm implicações importantes para as empresas que buscam a estratégia de inovação centrada em redes. Por isso, vamos analisar algumas dessas implicações.

Implicações em alcance e gama de inovação

Os diferentes enfoques da inovação centrada em redes apresentam diferentes níveis de *alcance* dentro do cérebro global e de *gama* de ideias inovadoras que podem ser encontradas nele. Por exemplo, a Ducati tem relacionamento direto com a rede de clientes coinovadores, enquanto a 3M e a Staples interagem com redes muito maiores (integradas respectivamente por cientistas e inventores individuais) por meio de organizações intermediárias.

Da mesma forma, a gama de ideias inovadoras também difere nos exemplos anteriores. No caso da 3M, o foco era um problema técnico de nicho que precisava ser solucionado. A natureza do problema foi claramente definida pela 3M, ou seja, havia pouca dúvida de que a solução poderia ser encontrada.

No caso da Staples, o espaço de inovação era muito mais ambíguo. Tudo o que a empresa tinha em mente eram conceitos de produtos inovadores que estivessem bem alinhados com sua marca e seus canais já existentes. Em contrapartida, a Salesforce.com definiu a plataforma básica de inovação e os parâmetros gerais de design (isto é, sua aplicação principal como software de CRM), enquanto a rede de parceiros é responsável por trazer propostas inovadoras ou programas adicionais que possam aumentar o valor da plataforma básica – desde que se integrem aos parâmetros estabelecidos pela empresa.

Então, diversas perguntas importantes podem ser colocadas: onde estão situadas as ideias inovadoras? A qual tipo de rede a empresa deve "se conectar"? Qual é o alcance da empresa nessa rede? E qual é a gama de inovação que pode ser buscada e obtida colaborativamente?

Implicações em capacidades organizacionais

É também evidente que as empresas desempenham diferentes papéis ou participam em diferentes tipos de atividades na inovação centrada em redes, além de terem também diferentes tipos de relacionamento com os integrantes das redes. Esses diferentes papéis e relacionamentos implicam diferentes tipos de capacidades organizacionais.

Por exemplo, enquanto a Salesforce.com tem de oferecer liderança para os parceiros de sua rede global, a 3M desempenha o papel de buscadora de inovação e alavanca soluções com a *expertise* disponível na rede de cientistas. Em contrapartida, a IBM promove e patrocina o movimento de código aberto e não coordena abertamente as atividades de desenvolvimento de programas. Da mesma forma, considere as capacidades relacionais. As capacidades requeridas para que a Salesforce.com interaja com um grupo de parceiros globais são diferentes daquelas exigidas da Staples ou da Ducati, quando se relacionam com uma grande rede de inventores (ou de clientes, conforme o caso).

Em suma, diferentes tipos de participantes na inovação centrada em redes requerem diferentes tipos de capacidades. É importante compreender a natureza do papel que sua empresa planeja desempenhar na inovação centrada em rede para definir as capacidades e competências organizacionais que precisam ser estimuladas e desenvolvidas.

Implicações em riscos e retornos de inovação

Os diferentes exemplos também implicam diferentes tipos de riscos e retornos resultantes da inovação. Por exemplo, certas abordagens parecem ser formatadas para reduzir os riscos do negócio, do mercado ou tecnológicos assumidos por uma empresa. Avaliemos a iniciativa da Salesforce.com. Ao conquistar programadores externos dispostos a investir no desenvolvimento de produtos complementares e integráveis à plataforma básica de CRM, a companhia compartilha alguns riscos da inovação com seus parceiros. Em contrapartida, algumas abordagens são estruturadas para buscar conceitos realmente novos e criativos – por exemplo, a Staples assume ideias relativamente "cruas" da rede de inventores para comercializar e, ao fazer isso, troca um mercado de alto risco e ultracompetitivo por um portfólio de produtos mais inovadores.

Portanto, está claro que diferentes formas de inovação centrada em redes implicam diferentes tipos de riscos e retornos, colocando algumas questões interessantes para a empresa: que tipo de retorno é esperado da inovação colaborativa? Qual é o limite desse risco? Ou que tipo de riscos a companhia está disposta a assumir?

COLOCANDO UM MÉTODO NA LOUCURA

Como ficou evidente em nossa discussão nesse capítulo, a variedade de abordagens da inovação centrada em redes implica diferentes oportunidades com diferentes resultados. Naturalmente, a questão, então, é a seguinte: como uma empresa consegue decidir o que é mais adequado em uma oportunidade de inovação centrada em redes?

Para responder essa questão, as empresas precisavam seguir adiante, simplesmente experimentando diferentes abordagens e verificando o que funcionava ou copiando o que já dera certo em outras companhias. Em vez disso, nós recomendamos uma abordagem mais sistemática, que começa por uma sólida compreensão da estrutura geral das oportunidades de inovação centrada em redes. Com esse conhecimento em mãos, os gestores poderão, então, estreitar o foco para selecionar um ponto no cenário que seja o mais relevante para o contexto de inovação de sua empresa.

O que queremos dizer com "contexto de inovação" de uma empresa? O contexto inclui o setor, a tecnologia, o mercado e as características organizacionais internas que, em conjunto, definem a moldura com a qual a companhia perseguirá sua agenda de inovação.

Por exemplo, consideremos os atributos tecnológicos e mercadológicos. Quão dinâmicas são as principais tecnologias de produto da empresa? Quão diversificada é a base de conhecimento em produtos e tecnologias? Qual é a natureza da base de clientes? A infraestrutura necessária para a ideação no setor da empresa é complexa e cara? A comercialização do produto requer utilização intensiva de capital? Da mesma forma, avalie os atributos organizacionais. Qual é a natureza da inovação que a organização espera obter colaborativamente? Qual é a infraestrutura de inovação já existente na empresa? Qual é a experiência em iniciativas de colaboração? Que tipo de habilidades relacionais a empresa já desenvolveu? Que tipo de contribuições de inovação a companhia espera obter lá fora? Com quais tipos de sistemas de direitos de propriedade e de apropriação de valor a companhia fica mais confortável?

As respostas para essas e outras questões de contexto indicarão que tipo de rede de inovação será mais apropriado à participação da empresa; que tipos de papel a companhia pode desempenhar nelas; que capacidades devem ser aprimoradas para esses papéis; e, o mais importante, como o retorno dessas iniciativas de inovação colaborativa contribuirá para o atingimento das metas e dos objetivos da empresa.

Entretanto, antes de começarmos a olhar para o contexto de inovação da empresa, precisamos desenvolver uma compreensão mais profunda da estrutura geral do cenário da inovação centrada em redes. No próximo capítulo, faremos isso com a definição dos quatro modelos fundamentais ou arquétipos da inovação centrada em redes.

PARTE II
O cenário da inovação centrada em redes

CAPÍTULO 3
Os quatro modelos da inovação centrada em redes

Da última vez que viu um filme ou documentário na TV, você imaginou como ele foi feito? Provavelmente não, porque consideramos que todos os filmes são produzidos mais ou menos do mesmo jeito. Existe, de fato, um processo típico nesse processo de produção: um estúdio produtor de cinema, como o Miramax, adquire os direitos sobre um roteiro e decide fazer o filme. Então, o estúdio procura um diretor e também alguém para escalar o elenco. Depois que essas pessoas chave são selecionadas, os principais atores começam a ser definidos. Paralelamente a isso, o estúdio escolhe outros especialistas: a equipe de iluminação, o pessoal da alimentação; seleciona as locações e daí por diante. Quando a produção tem início, esses fornecedores especializados são chamados conforme a demanda. O papel do estúdio é coordenar as atividades de todos esses participantes. Embora o roteiro do filme seja largamente utilizado para definir o tema e o orçamento do filme, existe a tendência de deixar bastante margem para a contribuição da criatividade da equipe de especialistas, incluindo, o diretor, os atores, o fotógrafo, os maquiadores, a equipe de efeitos especiais e o editor de imagens. Depois que o filme é concluído, o estúdio contrata uma distribuidora (por exemplo, a Sony Pictures), que, por sua vez, lida com as redes de salas de exibição para fazer o marketing e distribuir a fita. O estúdio também se assegura de que a receita produzida pelo filme nos cinemas nacionais e internacionais, pelas cópias em vídeo, exibição a cabo e outros canais, seja repartida entre os participantes da produção e distribuição, de acordo com o que foi estabelecido em contrato.

Esse é o modelo convencional para a produção de um filme – quando um participante central (o estúdio) define o contexto do filme e orquestra as atividades da produção. No entanto, essa não é a única forma de se fazer cinema. Recentemente, surgiram diversos modelos novos, bastante interessantes, para a produção de um filme.

Uma das abordagens é a antítese da produção tradicional – um modelo em que não existe um participante central dominante, como o estúdio produtor de cinema. Em vez disso, todos os participantes reúnem-se para dar direção e coordenar a produção do filme. Esse roteiro poderia ser chamado de "Quando o livre acesso encontra Hollywood". Vejamos o caso do projeto do filme denominado *A swarm of angels*, cujo objetivo era atrair 50 mil pessoas para trabalhar colaborativamente em um filme de 1 milhão de dólares.[1] Um roteiro preliminar foi postado em um fórum online. Todos os integrantes do fórum foram convidados a contribuir para o desenvolvimento do roteiro, a produção e a distribuição do filme. O diretor do projeto, baseado em Brighton, um pioneiro do cinema digital, Matt Hanson, foi quem concebeu a ideia. O projeto tinha três etapas: os recursos (a coleta inicial de fundos entre os membros); o filme (desenvolver o roteiro e executar a pré-produção, produção e pós-produção) e o fluxo (fazer o marketing, distribuir e criar a logística de materiais, além de outras atividades). Por meio de um fórum online dedicado (chamado de Nine Orders), os participantes foram convidados a contribuir com 25 dólares cada, tornando-se oficialmente colaboradores do projeto. Por que as pessoas iriam contribuir com dinheiro para um projeto "aberto" como esse? Um colaborador poderia se envolver no processo criativo de realização do filme – desde a redação do roteiro até as ações de marketing e distribuição. O filme foi feito com técnicas digitais e a produção finalizada foi compartilhada ou distribuída mundialmente com uma licença do Creative Commons. Isso possibilita o download gratuito para assisti-lo, compartilhá-lo sem custos ou reeditá-lo. Atualmente, dois roteiros de ficção científica, chamados *Unfold* e *Glitch*, estão sendo produzidos.[*]

Há ainda outro modelo de produção de cinema que apresenta um participante central, como um estúdio, mas cuja colaboração criativa deriva de uma comunidade de contribuintes. Nesse modelo, a entidade central faz o

---

[1] Visite o site do projeto: <http://www.aswarmofangels.com>.
[*] À época do lançamento da edição norte-americana da obra, em 2008 (N.R.).

marketing e distribui o conteúdo, mas o roteiro emerge organicamente de uma comunidade. Diferentemente do modelo tradicional de produção de cinema, não há tema predefinido, roteiro ou diretor. De fato, a produção ocorre ao reverso – a audiência produz o conteúdo, em vez do estúdio produzir o filme e distribuí-lo ao público.

Um excelente exemplo de produção "reversa" é a *startup* de cinema chamada Current TV (www.current.tv), criada a partir da inspiração do ex-vice--presidente dos Estados Unidos Al Gore. Ele e seu parceiro de negócios, Joel Hyatt, fundaram uma empresa de comunicação chamada INdTV, com o objetivo de dar uma voz diferente para um público-alvo na faixa etária entre 18 e 34 anos – uma audiência bastante valorizada no setor do entretenimento. A intenção original era estruturar um fórum no qual esse público-alvo pudesse "aprender sobre o mundo a partir de uma voz e de uma visão de mundo próprias".[2] A INdTV adquiriu um canal da rede canadense NewsWorld International (uma parte da Vivendi Universal) por divulgados 70 milhões de dólares.[3] Em abril de 2005, Gore e Hyatt trocaram o nome da rede de INdTV para Current TV. A programação foi lançada em 1º de agosto daquele mesmo ano nos Estados Unidos (em julho de 2007, estava disponível para aproximadamente 30 milhões de residências norte-americanas) e, em março de 2007, na Inglaterra e na Irlanda.

A maioria da programação da Current TV é formada por vídeos curtos, ou "pods", com duração entre 3 e 7 minutos. Os vídeos são produzidos pelos próprios usuários, e a Current TV denomina esse tipo de programação de Viewer Created Content ou VC² (Conteúdo Criado pelo Usuário). A audiência é convidada a enviar os vídeos que produz, e a companhia decide quais deles serão transmitidos por seu canal a cabo. Depois que um filme é selecionado para exibição, a Current TV compra os direitos de exibição com uma tabela escalonada, que varia entre 500 e 1.000 dólares. A empresa engaja os usuários na escolha dos vídeos, pedindo que votem em seus preferidos. Essa lista dos mais votados é que decide se o vídeo será exibido novamente ou não.

---

[2] Para mais informações, veja o verbete da Wikipedia sobre a Current TV. Disponível em: <http://en.wikipedia.org/wiki/Current_TV>.

[3] Disponível no artigo "Uncle Al wants you", *East Bay Express*, 26 jan. 2005, em: <http://www.eastbayexpress.com/issues/2005-01-26/news/feature.html>.

Mais recentemente, a Current TV estendeu esse processo de colaboração para o processo de criação de anúncios para os patrocinadores do canal. Esses anúncios cocriados também envolvem uma remuneração acima de 1.000 dólares. Caso o comercial seja bom o suficiente para ser exibido em outras mídias e canais, os usuários criadores podem receber até 50 mil dólares da empresa patrocinadora.

No modelo de produção da Current TV, o resultado criativo dos colaboradores independentes são comprados e comercializados, utilizando a infraestrutura proprietária (o canal a cabo da Current TV), e a companhia detém os direitos sobre o conteúdo. Os incentivos para os colaboradores são de três naturezas, de acordo com a empresa – dinheiro, fama e liberdade criativa.[4]

Outro modelo de produção de cinema tem abordagem diferente dos exemplos anteriores, assim como a propriedade sobre o resultado criativo. Nesse outro modelo, os participantes recebem uma estrutura em blocos para realizar um filme e, então, podem criá-lo e distribuí-lo, vendo o resultado da obra que conceberam.

Para entender como esse modelo de inovação funciona na prática, vejamos o exemplo da MOD Films, uma empresa de cinema da nova geração fundada por Michela Ledwidge, uma produtora inglesa, em 2004. O modelo de negócio da companhia envolve a produção de um filme comum para, então, oferecê-lo à audiência global pela internet em um formato bastante maleável, que permita a modificação do material e a reedição ao sabor do usuário. A revista *Wired* observou que a MOD Films oferece "um filme online multiparticipativo em massa".[5] O primeiro filme desse tipo foi *Sanctuary* – uma história de ficção científica em realidade virtual rodada na Austrália em 2005. O filme é sobre uma garota, seu computador e um misterioso assassino. A história original, distribuída sob uma licença do Creative Commons, disponibiliza uma estrutura central de roteiro com a qual a audiência pode brincar – a pessoa pode decupar e reeditar o material, dando sua própria interpretação.[6]

---

[4] Visite: <http://current.tv>.

[5] Reportagem "Hack this film", Jason Silverman, *Wired*, jan. 2006. Disponível em: <http://wired.com/wired/archive/14.01/play.html?pg=2>.

[6] Veja o artigo *MOD Film* no site do Creative Commons. Disponível em: <http://creativecommons.org/vídeo/mod-films>.

O resultado final também ficará disponível por uma licença do Creative Commons. *Sanctuary* foi distribuído como DVD e também no formato de alta definição ao lado de um vasto material de acervo: especificamente, são mais de 9 horas de produção e 90 minutos de efeitos sonoros e diálogos, com roteiros e fotos, que são disponibilizados aos assinantes online do fórum mantido pela MOD Films.[7] Os usuários podem brincar com esses elementos cinematográficos, baixando uma ferramenta de software chamada Switch, que a companhia oferece. Mais filmes estão para ser lançado com esse modelo de produção, entre eles, *The Watch* (drama) e *Extra Fox* (comédia).[*]

Esses quatro modelos para a produção de cinema são bem diferentes em termos de organização, processo e propriedade do resultado criativo. Mas têm algo em comum – a colaboração entre uma rede de participantes para criar um produto inovador. O mais importante, ainda, é que esses exemplos do setor de entretenimento apresentam os modelos de inovação resultantes da confluência entre os métodos de produção social e aqueles centrados no mercado e/ou na hierarquia. Dessa forma, são os arautos da abordagem de inovação centrada em redes que gostaríamos de ver aplicados no dia a dia do mundo dos negócios.

Realmente, o setor de entretenimento sempre foi definidor de tendências no gerenciamento e na organização da criatividade. Em um artigo clássico, publicado em 1977 na *Harvard Business Review*, Eileen Morley e Andrew Silver descreveram a abordagem de gerenciamento da criatividade por um diretor de cinema e elencaram um conjunto de paradigmas para os gestores de negócios.[8] Ao longo das três décadas seguintes ou mais, diversos desses conceitos e práticas, baseados em bem-sucedidos projetos de Hollywood, encontraram ressonância no mundo dos negócios.[9] E, como os exemplos precedentes indicam, os setores do cinema e da TV continuam a pavimentar a trajetória em gestão da inovação e da criatividade.

---

[7] Disponível em: <http://modfilms.com>.

[*] À época do lançamento da edição norte-americana da obra, em 2008 (N.R.).

[8] Morley, E. e A. Silver – "A film director's approach to managing creativity", *Harvard Business Review*, p. 59-70, mar./abr. 1977.

[9] Para aprendizados mais recentes sobre a gestão de criatividade em Hollywood, veja "Hollywood: a business model for the future?", de Charles Grantham, na SIGCPR Conference (2000) ACM.

A moldura do cenário de inovação centrada em redes

Com a inspiração do setor de entretenimento, vamos analisar os temas comuns que emergem dos diferentes modelos de produção de cinema e como eles podem nos ajudar a desenhar uma moldura em torno do cenário da inovação centrada em redes naquele setor e em muitos outros.

Ao comparar o modelo tradicional de produção de filmes e aquele seguido pela Current TV, observamos que não há tema ou roteiro predefinido para a realização do filme. Mesmo que a companhia ainda decida o que vai ser transmitido, o conteúdo dos filmes não é controlado previamente. Em vez disso, o conteúdo nasce da contribuição dos usuários. Embora os filmes e documentários com base em roteiros predefinidos ainda sejam a maioria das produções do setor, exemplos como o da Current TV sugerem o crescimento dos conteúdos definidos pela audiência, no qual os consumidores assumem o papel de produtores.

Iniciativas como o projeto *Swarm of angels*, nas quais o estúdio desempenha um papel cada vez menor, vão além de viabilizar e facilitar a colaboração entre os indivíduos. Nesse modelo, os usuários exercem grande influência em todos ou em alguns aspectos da produção cinematográfica. Outro exemplo desse tipo de iniciativa é o *Echo Chamber Project*, um experimento na produção de documentários. O *Echo Chamber Project* é um documentário investigativo sobre "como o noticiário da televisão tornou-se uma câmara de eco acrítica do grupo executivo que comandou a guerra no Iraque."[10] O projeto, liderado por Kent Bye, um diretor de documentários baseado em Winterport, no Maine, envolvia um processo colaborativo de edição no qual o criador-líder disponibilizava um conjunto preliminar de segmentos de imagens e os outros colaboradores ajudavam a categorizar e criar as sequências, que, depois de editadas, eram enviadas à produção final.

As tendências e os modelos emergentes da indústria do cinema ilustram duas dimensões chave do desafio criativo presentes nas mudanças que vemos ocorrer. A primeira dimensão refere-se à própria natureza do filme – ou seja, como toda a história e o conteúdo do filme foram definidos e como

---

[10] Disponível em: <http://www.echochamberproject.com>.

se desenvolvem. A segunda dimensão está relacionada à estrutura da rede de colaboradores do projeto; isto é, como os talentos se reúnem e dividem as atividades de produzir, fazer o marketing e distribuir o filme.

Generalizando essas dimensões para o contexto amplo da inovação, podemos pensar em duas dimensões chave para organizar os esforços de inovação – a *natureza da inovação* e a *natureza da liderança na rede*. Essas duas dimensões nos auxiliam a estruturar o cenário da inovação centrada em redes – e vamos explorá-las a partir de agora.

As dimensões da inovação centrada em redes

A estrutura do espaço de inovação

Diferentes tipos de projetos podem ser realizados de forma colaborativa em redes de inovação. Como vimos no Capítulo 2, alguns dos projetos envolvem muito bem definidas modificações ou aprimoramentos de produtos, serviços ou plataformas tecnológicas já existentes. Em outros, o espaço de inovação tende a ser menos definido, e os resultados esperados dos esforços não são bem compreendidos desde o início.

Baseados nisso, podemos pensar o espaço de inovação como um *continuum* que vai de "definido", em um extremo, a "emergente", na ponta oposta (Figura 3.1). No extremo "definido", essa definição pode ocorrer em torno de uma plataforma tecnológica ou de padrões tecnológicos. Esse é o caso do AppExchange, a plataforma de desenvolvimento criada pela Salesforce.com para aproveitar os esforços criativos de desenvolvedores independentes de softwares. O espaço de inovação também pode ser definido pela dependência gerada por processos ou produtos já existentes. Por exemplo, a Ducati engaja seus clientes no processo de inovação basicamente para que gerem ideias de aprimoramento das motocicletas que já existem. Analogamente, quando se envolveu com a rede NineSigma.com, a 3M tinha muito bem definidas as propriedades que precisava criar para o adesivo inovador. Em todos esses exemplos, os esforços de inovação são definidos e limitados por produtos, processos ou tecnologias previamente existentes.

Na outra ponta do *continuum*, a estrutura do espaço de inovação pode ser menos definida e mais incerta. Embora o contorno geral do espaço de

inovação tenha de ser especificado ou conhecido – por exemplo, o público-
-alvo de um produto ou serviço ou a estrutura de comercialização existente
–, podem haver poucas restrições na natureza ou no processo de inovação.
Vejamos: quando a Staples busca globalmente ideias inovadoras, está procurando, com certeza, novos conceitos para produtos e suprimentos de escritório. Da mesma forma ocorre no setor de softwares de código aberto, em
que muitos dos projetos referem-se a desenvolver totalmente um novo aplicativo de software – seja criando uma nova ferramenta de desenvolvimento
ou desenvolvendo um novo sistema operacional.

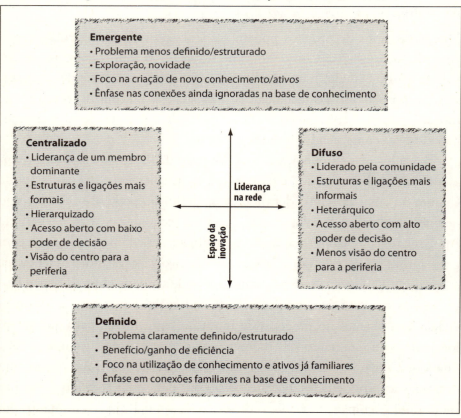

Figura 3.1 As dimensões da inovação centrada em redes

Outro modo de compreender esse *continuum* é refletir acerca de suas
implicações sobre as capacidades e o conhecimento. Quanto mais bem definido for o espaço de inovação, maior o foco em relação à *exploração* de uma

base de conhecimento já existente ou ao aprimoramento das tecnologias previamente desenvolvidas. Em contrapartida, quanto mais emergente for o espaço de inovação, maior será a ênfase na *exploração* de oportunidades e na realização de conexões criativas entre os domínios de conhecimento ainda não interconectados.

Agora, vamos analisar a segunda dimensão – a estrutura da liderança na rede.

A estrutura da liderança na rede

Uma rede de inovação – seja uma comunidade de acesso aberto, uma intermediária eletrônica de Pesquisa & Desenvolvimento (P&D), como a NineSigma, ou um ecossistema tecnológico, como no caso da Salesforce.com – consiste em um conjunto de atores independentes, com diversificadas metas e aspirações, diferentes fontes e capacidades e diversos modelos de negócios.

Para que essas entidades todas reúnam-se em torno de uma iniciativa de inovação, deve haver um mecanismo que assegure alguma coerência entre as atividades, capacidades e aspirações. O mecanismo pode ter nomes diferentes – liderança na rede, governança ou gerenciamento. Seja qual for o termo, a essência é a necessidade de que esse mecanismo ofereça a visão e as diretrizes para a inovação e estabeleça o ritmo das atividades de inovação.

Então, o nome que demos a essa segunda dimensão – liderança na rede – captura esse aspecto de governança.

A liderança na rede pode ser pensada como um *continuum* de centralização, que oscila entre duas pontas, de *centralizada* à *difusa*. Na ponta centralizada do *continuum*, a rede é liderada por uma empresa dominante, que a controla. A liderança pode ser exercida de diferentes maneiras – dando a visão e estabelecendo a arquitetura da inovação, tomando as decisões críticas que afetam e formatam a natureza e o processo de inovação e definindo a natureza e a adesão à rede de colaboração em si mesma. Por exemplo, em seu ecossistema, a Salesforce.com oferece a liderança, estabelecendo e promovendo a plataforma tecnológica e ainda facilitando as atividades de seus desenvolvedores externos.

No lado "difuso" do *continuum*, a liderança tende a ser aleatoriamente distribuída entre os membros da rede. Todos os integrantes da rede compartilham a responsabilidade de liderar. Por exemplo, muitos projetos de software de código aberto têm uma estrutura democrática de liderança na qual os diferentes membros da comunidade dividem o poder de tomada de decisões.

Para compreender melhor as distinções entre esses dois extremos, pense nos conceitos de *centro* e *periferia* nas redes. O centro pode ser considerado como um ou mais integrantes, conectados uns aos outros de modo mais próximo, formando o núcleo da rede. A periferia consiste naqueles integrantes que têm laços mais frouxos entre si e estão mais distantes do núcleo.[11] Por exemplo, considere a sua própria rede social. Um pequeno grupo de pessoas forma o núcleo de sua rede social. Essas pessoas devem incluir sua família, seus amigos mais próximos e seus colegas. Então, existem as conexões mais casuais, os parentes e os familiares mais distantes, as pessoas do ambiente de trabalho que interagem com você e daí por diante: são essas pessoas que formam a periferia da sua rede social.

Ao nos movermos da esquerda para a direita no *continuum* da liderança na rede, pensamos tanto em redes de inovação, que têm um núcleo bem definido com uma única empresa dominante, quanto em outras, nas quais o núcleo e a periferia são pouco definidos ou nas quais o núcleo consiste em todos ou na maioria de seus integrantes. Por exemplo, no extremo esquerdo, podemos considerar redes de empresas como a Microsoft ou a Intel – contextos nos quais uma única empresa forma o núcleo da rede, oferece liderança e toma todas as decisões chave em inovação. Quando nos movemos em direção ao centro, pensamos em redes como a aliança de inovação da IBM (www.power.org), na qual a empresa forma o núcleo da rede, mas divide o processo decisório com outros participantes. Seguindo mais à direita, o núcleo pode consistir em mais de um integrante e, na ponta extrema, o núcleo inclui a maioria ou até mesmo todos os membros da rede. Por exemplo, os projetos de software com código aberto desfrutam de estruturas de liderança que oscilam entre diferentes pontos da parte direita do *continuum*.

---

[11] Essa é certamente uma definição bastante limitada e breve dos conceitos de centro/periferia das redes. Para uma definição mais rigorosa e para a discussão de suas implicações, veja "Models of core/periphery structure", S. Borgatti e M. Everett, *Social Networks*, v. 21, p. 375-395, 1999.

APRESENTANDO OS QUATRO MODELOS DE INOVAÇÃO CENTRADA EM REDES

As duas dimensões – espaço de inovação e liderança de rede –, quando intercruzadas, definem quatro modelos arquetípicos, que auxiliam a estruturar o cenário da inovação centrada em redes. Com a inspiração do setor de entretenimento, nós os denominamos modelo de *Orquestra*, *Bazar Criativo*, *Central de Improviso* ou *Estação de Modificação* (Figura 3.2).

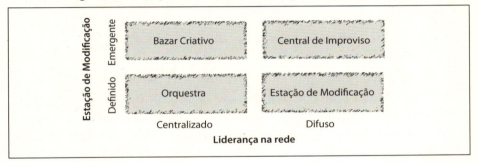

Figura 3.2 Os quatro modelos da inovação centrada em redes

Agora, traçamos um quadro das características que definem cada modelo, buscando paralelos com o universo da música e do entretenimento. Detalharemos profundamente cada modelo nos capítulos 5 a 8 desse livro.

O modelo de Orquestra

Quando pensamos em uma orquestra, visualizamos um maestro com a batuta nas mãos, conduzindo um grupo de músicos – cada um deles especialista em um instrumento musical específico. Os músicos reunidos tocam seguindo a partitura de uma música (em geral, clássica). A partitura – não importa se a Heroica de Beethoven ou uma sinfonia de Mozart – oferece uma estrutura bem definida para o desempenho individual dos músicos. Embora cada um deles possa ter alguma liberdade para interpretar a música criativamente, em geral, todos devem seguir a partitura. E uma grande extensão da responsabilidade da coordenação dos músicos recai sobre o maestro. Ele se comunica com os músicos individualmente (por gestos) e isso determina se o que a audiência ouve é somente uma apresentação mecânica da música ou uma interpretação

64 Cérebro Global

dinâmica e elegante da partitura. Como observou em 1880 o crítico musical Eduard Hanslick, o melhor maestro é capaz de controlar e sintonizar "cada nota e inflexão emanada dos músicos sob seu comando".[12]

O modelo de Orquestra da inovação centrada em redes assemelha-se bastante à organização e estrutura de uma orquestra sinfônica (Tabela 3.1). Nesse contexto, a estrutura do espaço de inovação é bem definida, e a liderança de rede é centralizada em uma única entidade dominante. O contexto de inovação oferece uma base clara para a estruturação das atividades dos atores individuais na rede. E assim como cada instrumento musical de uma orquestra deve ressoar em conjunto com cada um dos demais, as contribuições inovadoras de todos os integrantes de uma rede no modelo Orquestra também são complementares umas às outras.

Da mesma forma, a orquestra é conduzida pelo maestro, responsável por coordenar o desempenho individual dos músicos e criar uma sinfonia coerente. No contexto da inovação centrada em redes, a liderança exercida pela entidade dominante é crucial para assegurar que as contribuições individuais dos integrantes da rede sejam complementares e formem um todo com valor agregado.

Tabela 3.1 ⊛ O modelo de Orquestra da inovação centrada em redes

Orquestra sinfônica	Modelo de Orquestra da inovação centrada em redes
Formada por diferentes tipos de músicos, cada qual especialista em um diferente instrumento	Formada por um conjunto diversificado de parceiros, cada um responsável por diferentes atividades de inovação (ou componentes)
A partitura oferece a estrutura para os desempenhos musicais	A arquitetura de inovação oferece a estrutura para a contribuição dos integrantes da rede
O maestro conduz a orquestração dos desempenhos individuais	A entidade dominante ou líder coordena as atividades de inovação de seus integrantes
Relações hierárquicas existem entre os subgrupos de instrumentos	Relações formais existem entre os integrantes da rede de inovação

Além disso, em uma orquestra, existe sempre uma hierarquia de liderança ou um conjunto de relações ou vínculos geralmente aceita (formalmente) entre os músicos. Por exemplo, cada grupo de instrumentos ou seção tem um líder designado (principal ou solista), que é responsável por todos.

---

[12] Citado em "Measure for measure: exploring the mysteries of conducting", de Justin Davidson, publicado na *The New Yorker*, p. 60-69, 21 ago. 2006.

Frequentemente, existe também uma hierarquia entre os grupos de instrumentos. Ou seja, os violinos são divididos em dois grupos, os primeiros e os segundos violinos. O músico líder do grupo de primeiros violinos é considerado responsável pela seção inteira. Esse líder é também o segundo em comando da orquestra e encarregado de conduzi-la na ausência do maestro. Igualmente, o trombone principal é o líder da seção dos metais graves (trombones, tuba e os demais), e o principal trompete é, geralmente, responsável por toda a seção de metais.[13] Mesmo que essas relações hierarquizadas não fiquem transparentes no contexto da inovação centrada em redes, a analogia permanece nas relações e nos vínculos formais entre os integrantes da rede de inovação.

O modelo de Orquestra da inovação centrada em redes descreve a situação na qual um grupo de atores reúne-se para se beneficiar de oportunidades de mercado, com base em uma arquitetura explícita de inovação que é definida e formatada por uma entidade dominante. Essa arquitetura de inovação geralmente enfatiza a eficiência sobre a novidade e, portanto, há um grande destaque na modularidade da arquitetura de inovação.

Os processos de inovação tendem a ser altamente organizados e coordenados com investimentos significativos em infraestrutura para dar suporte aos papéis e atividades dos integrantes da rede.

Os exemplos do modelo de Orquestra vão desde a iniciativa Microsoft. NET e a rede AppExchange da Salesforce.com até o desenvolvimento, pela Boeing, do Dreamliner 787, com algumas variações. No Capítulo 5, examinaremos o modelo de Orquestra e suas variações em detalhes.

O modelo de Bazar Criativo

Quando você ouve o seu novo músico favorito, já imaginou como foi que ele conseguiu ser notado em meio a uma multidão de artistas em luta para aparecer e acabou lançando um disco com o selo de uma grande gravadora? De muitas formas, os gestores dos selos procuram por "diamantes brutos". Eles têm de buscar talentos promissores, mas ainda desconhecidos, entre agências e concursos como o American Idol ou optar por experimentar e confiar em

---

[13] "Orchestra: a users manual", de Andrew Hugill. Disponível em: <http://www.mti.dmu.ac.uk/-ahugill/manual/>. Veja também o verbete Orquestra na Wikipedia. Disponível em: <http://en.wikipedia.org/wiki/Orchestra>.

artistas que têm um novo disco ou música para lançar para um público já consolidado. Nas duas situações, a gravadora especifica somente a categoria geral de interesse – o gênero de música e o segmento de clientes objetivado –, e não a letra da música ou a coreografia do artista no palco. No entanto, o gestor do selo dá a palavra final na seleção, no desenvolvimento e na comercialização da música. Em outras palavras, embora o selo exerça o papel de entidade dominante, é necessária uma abordagem mais aberta e flexível do gestor na busca de talentos e deixar que eles apresentem as canções inovadoras. Na verdade, o selo da gravadora atua e interage em um bazar de talentos.

Esse modelo de produção musical é o que consideramos como analogia para o segundo modelo de inovação centrada em redes – o modelo de Bazar Criativo (Tabela 3.2). Esse modelo descreve o contexto no qual uma entidade dominante busca por inovação em um bazar global de novas ideias, produtos e tecnologias e utiliza a sua infraestrutura de comercialização proprietária para desenvolvê-los e colocá-los no mercado. A infraestrutura de comercialização pode incluir capacidade de design, marcas, recursos financeiros e acesso aos canais de distribuição.

Tabela 3.2 ✹ O modelo Bazar Criativo e a inovação centrada em redes

Selo de grande gravadora	Modelo de Bazar Criativo em inovação centrada em redes
O estúdio é a entidade dominante e toma as decisões mercadológicas e técnicas críticas	A companhia é a entidade dominante e toma as decisões críticas em relação à comercialização da inovação
As músicas são adquiridas a partir de uma grande variedade de fontes – da caça ao talento às canções feitas para determinado segmento de público	As ideias inovadoras (produtos, serviços ou tecnologias) são obtidas em uma diversificada rede de inventores e em vários estágios de maturidade – desde ideias brutas até concepções já testadas pelo mercado
Ampla variedade de mecanismos de busca – desde agências e disputas até caçadores de talentos	Um conjunto de intermediários (inomediários) é a fonte de inovação
A natureza específica da música é mais ampla – a única condição é que atenda à estratégia de marketing do selo	A natureza da inovação é ampla – a única restrição é a de que deva atender o segmento de atuação e o portfólio de marca da empresa

Da mesma forma como as gravadoras e seus selos buscam novas composições em uma variedade ampla de artistas e seus agentes, as empresas que adotam o modelo de Bazar Criativo aplicam uma grande variedade de mecanismos para encontrar novas ideias e tecnologias dos inventores. Por exemplo, os caçadores e os agentes de patentes identificam produtos e tecnologias promissores e apresentam às grandes empresas para que estas os desenvolvam melhor e os comercializem. As companhias também podem procurar produtos já prontos para o mercado (isto é, conceitos de produtos e tecnologias que já estão em fase de protótipo e já foram testadas no mercado) e adquiri-los de incubadoras ou de sociedades de capital de risco. Sem considerar de onde vem a inovação, a empresa desempenha o papel dominante na rede de inovação ao oferecer sua infraestrutura para o desenvolvimento e a comercialização da novidade. No entanto, a natureza do espaço de inovação não está muito bem definida, porque os mercados-alvo ou as áreas tecnológicas são predeterminadas com bastante amplitude. Não fica claro de onde a ideia surgirá ou com o que ela vai se assemelhar.

Em resumo, o modelo de Bazar Criativo objetiva buscar e trazer para aproveitamento as oportunidades de inovação que se coadunem com o espectro de mercado e a agenda de inovação da entidade dominante. O termo "bazar" significa um amplo, confuso e variado leque de ofertas, que oscila da ideia bruta até patentes relativamente maduras ou novos conceitos de produtos prontos para o mercado, bem como a presença de diferentes comerciantes com os quais a empresa pode negociar – caçadores de ideias, agentes de inventores, incubadoras e investidores em sociedades de capital de risco, entre outros.

O modelo de Central de Improviso

Considere uma reunião de músicos dispostos a tocar e improvisar; são as chamadas *jam sessions*, muito comuns no jazz. Geralmente, esse evento envolve um grupo de músicos que se reúne para tocar sem muito ensaio e também sem a intenção de seguir um padrão musical muito específico, uma partitura ou um arranjo. O improviso é a chave para uma boa *jam session*. Os músicos seguem um padrão de diálogo – ou seja, há uma sucessão de notas ou frases musicais entre eles na qual "a segunda frase é ouvida como um comentário direto ou como uma resposta à primeira".[14]

---

[14] Leia "Call and response in music". Disponível em: <http://en.wikipedia.org/wiki/Call_and_response_%28music%29>.

O termo "improviso" pode ser remetido a 1929, quando era utilizado para se referir a "uma passagem curta e improvisada tocada por toda a banda".[15] O termo sintetiza dois pontos chave: é uma atividade grupal e é de improviso. O grau pode variar desde as frases criadas em torno de uma base de progressão até o mais absoluto improviso. Além disso, diferentemente de uma orquestra ou de outro contexto musical, geralmente, não há um só líder em uma *jam session*. Todos os músicos compartilham a responsabilidade de manter o tempo e o ritmo.

A *jam session* é nossa inspiração para o terceiro modelo de inovação centrada em redes – o modelo de Central de Improviso (Tabela 3.3). Esse modelo envolve contribuintes individuais reunindo-se para colaborar na visão e no desenvolvimento de uma inovação. O espaço de inovação, em geral, não é bem estruturado, e os objetivos e as diretrizes tendem a surgir organicamente da interação entre os membros da rede. Não existem integrantes dominantes e a responsabilidade pela liderança e coordenação das atividades é difusa entre eles. Mesmo que a liderança não seja compartilhada igualmente entre todos, as decisões chave que formatam o processo de inovação e seus resultados costumam emergir da interação dos membros da rede.

Tabela 3.3 ⊛ O modelo Central de Improviso da inovação centrada em redes

Músicos em uma *jam session*	Modelo de Central de Improviso da inovação centrada em redes
O grupo de músicos reúne-se para tocar de modo improvisado	Os integrantes da rede de inovação reúnem-se para inovar de modo improvisado
A natureza e a forma da música resultam do "diálogo" entre os músicos	A estrutura da inovação (metas, arquitetura e processos, entre outros) é emergente; isto é, surge da contínua interação entre os integrantes da rede
Todos os participantes da *jam session* compartilham a responsabilidade de coordenar a música	A liderança da rede de inovação é difusa entre todos ou um grupo de integrantes da rede

Em suma, o modelo de Central de Improviso é caracterizado pela exploração compartilhada de uma arena de inovação por um grupo de contribuintes pares, que divide a responsabilidade de dirigir e coordenar os esforços de inovação.

---

[15] Veja o verbete para *jam* (improviso) no Online Etymology Dictionary. Disponível em: <http://www.etymonline.com/index.php?search=jam&searchmode=none>.

O modelo de Estação de Modificação

O termo "MOD" originou-se no modernismo e era usado para se referir a um estilo de vida jovem, baseado em moda e música, que surgiu e cresceu em Londres, no final da década de 1950.[16] Mas a expressão ressurgiu na indústria de jogos para computadores no início da década de 2000. Os jogos de computadores que eram modificações de outros já existentes passaram a ser também chamados de "mods". Ou seja, MOD deriva de modificação. E essa é a perspectiva que usamos aqui quando adotamos o termo "Estação de Modificação" para um de nossos modelos de inovação centrada em redes.

Ao ofertar um videogame como fonte para uma comunidade de jogadores, uma empresa possibilita a criação de variações. Essas modificações podem se relacionar à inclusão de novos personagens, novos cenários ou novos enredos, entre tantas outras. Dependendo da extensão das modificações, elas podem ser "conversões parciais" ou "conversões totais". As conversões totais acabam, geralmente, por dar origem a jogos totalmente novos, com base em algum conteúdo ou estrutura do original. As modificações são realizadas por aficcionados em jogos chamados de modificadores (*modders*), e as companhias do setor começaram a incentivá-los, oferecendo ferramentas e documentações. Depois de prontas, as modificações são distribuídas e utilizadas por meio da internet. Uma das modificações mais populares chama-se *Counter-Strike*, originada de outro jogo denominado *Half-Life*, produzido pela Valve Corporation, uma empresa sediada em Bellevue, Washington.

Baseados nessa ideia de modificação, nós definimos o quarto modelo de inovação centrada em redes – a Estação de Modificação (Tabela 3.4). Esse modelo tem duas características chave. A primeira é basicamente uma modificação ou aprimoramento de uma inovação já existente (produto, serviço ou tecnologia), ou seja, atividades realizadas dentro dos limites de um espaço de

---

[16] MOD (ou, para usar a palavra completa, Modernismo ou Modismo) foi um movimento de estilo de vida que teve seu auge entre o início e o meio da década de 1960. As pessoas que seguiam esse estilo de vida, chamadas de mods, eram encontradas principalmente no sul da Inglaterra. Tome como exemplo a série de televisão *Mod Squad*, que foi lançada no final da década de 1960. O filme de 1979, *Quadrophenia*, baseado no álbum de 1973 de mesmo nome do grupo The Who, celebrava o mod e inspirou um renascimento parcial do movimento na Inglaterra no final da década de 1970. Para saber mais sobre o assunto, leia *Mod, a very British phenomenon*, de Terry Rawlings, 2000, Omnibus Press.

inovação predefinido, que tem como meta ampliar, aprimorar ou adaptar produtos ou serviços preexistentes. A segunda ocorre em uma rede na qual as normas e valores que governam a inovação são estabelecidos pela comunidade, e não por alguma entidade dominante.

Tabela 3.4 ● O modelo de Estação de Modificação na inovação centrada em redes

Fóruns de modificação na indústria de jogos para PCs	Modelo de Estação de Modificação na inovação centrada em redes
Envolve a modificação de jogos com base na fonte original disponibilizada pela empresa	A inovação baseia-se em uma arquitetura preexistente bem definida
As modificações são criadas pela comunidade pública de jogadores	A inovação é desenvolvida por uma comunidade de usuários e *experts*
A coordenação da inovação é difusa dentro da comunidade de jogadores	A liderança é difusa entre os membros da rede de inovação

Em resumo, o modelo de Estação de Modificação é focado no aproveitamento de inovação ou conhecimento previamente existentes, solucionando questões mercadológicas ou tecnológicas com as atividades desenvolvidas por uma comunidade de inovadores (usuários de inovação, consumidores, cientistas e especialistas, entre outros). Os exemplos desse tipo de inovação centrada em redes variam desde as comunidades comerciais de acesso aberto, como a SugarCRM, até projetos de código aberto como o OpenSPARC, no qual uma rede de cientistas e especialistas inova com os limites definidos por uma arquitetura de produto ou um processo já existente.

DO JOGO AOS JOGADORES

Esses quatro modelos nos ajudam a estruturar o cenário da inovação centrada em redes. Mas nossa moldura ainda está incompleta. Em cada um dos quatro modelos de inovação centrada em redes, as empresas podem desempenhar um diferente tipo de papel. O que é um papel de inovação? E qual é a categorização geral desses papéis de inovação? Além disso, todas as redes de inovação requerem alguma infraestrutura operacional básica para criar e capturar valor. Isso inclui os mecanismos para gerenciar os direitos de propriedade intelectual e os sistemas de compartilhamento de conhecimento. Quais são os elementos gerais da infraestrutura operacional da rede? No próximo capítulo, trataremos dessas questões.

CAPÍTULO 4
Redes de inovação: do jogo aos jogadores

Pense no último grande projeto de reforma em sua casa que você levou adiante. Sua concretização, provavelmente, envolveu um grupo de atores – o mestre de obras, o agente de mão de obra, os subcontratados, o arquiteto, a empresa de hipoteca ou o banco, os pedreiros e os fornecedores de materiais de construção. Cada um desses atores, incluindo você, desempenha um papel bastante claro no projeto. E, para gerenciar as obras, você tem de descobrir como se comunicar e coordenar todos eles. Isso significa também definir os termos dos contratos, determinar as regras de engajamento e se certificar que a ideia segue a melhor trajetória. Um projeto de reforma, como qualquer outra atividade colaborativa, reúne um conjunto de "jogadores" independentes com papéis claramente definidos, que operam dentro do sistema de gerenciamento da obra.

Da mesma forma, a inovação centrada em redes requer que os participantes desempenhem papéis específicos. Esses papéis de inovação são caracterizados pelos tipos de atividades envolvidas ou pelo tipo de contribuição inovadora solicitada. Compreender a natureza desses diferentes papéis de inovação é importante porque eles determinam as capacidades que os jogadores devem trazer para o projeto de inovação.

Um projeto de colaboração também requer um sistema que facilite e coordene as atividades em rede. Alguém precisa decidir como o projeto será gerenciado ou governado. E alguém precisa gerenciar o conhecimento gerado e resolver quem tem sua propriedade intelectual.

Nesse capítulo, consideraremos os diferentes tipos de jogadores em uma rede de inovação e os diferentes tipos de atividades que precisam ser desempenhadas para gerenciar a rede. Nós identificamos três papéis distintos nas

72 Cérebro Global

redes de inovação: os arquitetos, os agentes e os adaptadores. E enfatizamos os três elementos chave do gerenciamento de uma rede: governança da rede, gerenciamento do conhecimento e gestão da propriedade intelectual. Refletimos sobre as diferenças entre esses papéis e atividades, com base no tipo de modelo de inovação centrada em redes.

OS JOGADORES NA INOVAÇÃO CENTRADA EM REDES

Mesmo que uma rede de inovação possa ser bastante complexa, existem apenas três categorias chave de papéis que os integrantes (entre eles, empresas e indivíduos), podem desempenhar: arquitetos, adaptadores e agentes (Tabela 4.1).

Tabela 4.1 Tipos de jogadores nas redes de inovação

Tipo de jogador na inovação	Natureza das atividades	Exemplo	Características
Arquiteto	Dispara e catalisa a inovação Dá a visão e direciona a inovação Mantém a coesão da rede de inovação	Líder de plataforma, portal de inovação ou assistente de inovação	Situa-se, geralmente, no centro ou próximo à parte central da rede; assume alto risco e obtém grandes retornos da inovação
Adaptador	Oferece conhecimento especializado, serviços e infraestrutura de serviços	Complementar, inovador, *expert*	Geralmente situado fora da parte central da rede, exerce limitada influência direta sobre a inovação
Agente	Faz a mediação das interações, transfere conhecimento e inovação	Buscador de ideias, negociador de patentes, investidor em inovação	Ligado a diversos tipos de integrantes da rede; geralmente assume baixos riscos e obtém pequenos retornos da inovação

Arquitetos

Para construir uma casa, a primeira pessoa que você precisa contratar é um arquiteto. Ele coloca sua visão na planta da casa e define como os elementos chave estarão dispostos em um desenho lógico. O *arquiteto* é o personagem central (ou um conjunto de integrantes da rede) que formata e influencia a evolução da rede de inovação. Ele tem lugar de destaque no jogo da inovação porque é responsável e influencia as atividades que são cruciais para a agenda de inovação da rede. Isso inclui determinar a arquitetura e os padrões da inovação e decidir como serão comercializados os resultados obtidos na rede de inovação. Em outras palavras, o arquiteto tem a visão e implementa a "arquitetura de participação" da rede.

Os integrantes que fazem o papel de arquitetos, geralmente, encontram-se posicionados no centro ou próximos à parte central da rede, tendo ligações diretas com outros jogadores relevantes. Em virtude da natureza de suas atividades e contribuições, os arquitetos assumem riscos mais altos que os demais e também obtêm retornos melhores por sua participação.

Os arquitetos desempenham três tipos de atividades: disparar e catalisar a inovação; dar visão e diretrizes às atividades de inovação; e manter a coesão da rede de inovação.

O primeiro conjunto de atividades, "disparar e catalisar a inovação", está relacionado à disponibilidade do ímpeto inicial para a criação da rede e à definição da agenda de inovação. Também inclui ações de apoio e catálise para modelar o sucesso do projeto de inovação. Por exemplo, quando o Projeto Genoma Humano (PGH) foi lançado, além do envolvimento de autoridades governamentais e de agências científicas dos Estados Unidos, uma entidade que se tornou muito importante no programa foi a britânica Welcome Trust. Durante o início da década de 1990, a Welcome Trust desempenhou um papel central para disparar as atividades de pesquisa de genoma na Inglaterra. Em outubro de 1993, a entidade fundou e copatrocinou o Sanger Institute, que depois veio a se tornar o maior laboratório sequenciador no consórcio internacional. Enquanto o projeto seguia adiante, a Welcome Trust continuou a desempenhar seu papel catalisador, financiando, reunindo, mantendo a coesão e facilitando as interações de outros parceiros relevantes, principalmente na Inglaterra.

O segundo conjunto de atividades, "dar visão e diretrizes de inovação", refere-se ao fornecimento de estrutura e à manutenção da coerência das atividades dos participantes da rede de inovação. Isso significa desde o estabelecimento e a manutenção da arquitetura de inovação até a tomada de decisões essenciais para a evolução ou a comercialização da inovação. Por exemplo, a IBM e a Microsoft desempenham esse papel nas muitas redes de inovação que lideram – não importa que seja na arquitetura do IBM Power ou na da Microsoft.NET. No setor de produtos de consumo, companhias como a P&G e J&J desempenham um papel semelhante com suas capacidades de comercialização – na verdade, oferecendo sua infraestrutura de comercialização como um portal para levar ao mercado as ideias inovadoras e as tecnologias desenvolvidas externamente.

O terceiro conjunto de atividades, "manter a coesão da rede de inovação", envolve a manutenção e o apoio à rede de inovação como um todo. Considere as atividades realizadas por um jardineiro. Ele decide que plantas devem ser cultivadas no jardim e qual posição devem ocupar para se desenvolverem melhor. O jardineiro também aduba e fomenta o crescimento das plantas e assegura que as ervas daninhas, que podem prejudicar a saúde do jardim, sejam identificadas e prontamente removidas. Além disso, um bom jardineiro também deve conhecer os méritos das "plantas companheiras" – plantas que são complementares e devem ser cultivadas próximas umas das outras. Por exemplo, em uma horta, o manjericão e o tomate devem ser plantados próximos. O manjericão atua como um repelente natural para fungos, moscas, pulgões e outras pequenas pragas que costumam atacar os tomateiros, prejudicando seu crescimento e o sabor dos frutos.

De modo similar, o papel de "jardineiro" desempenhado pelo arquiteto em uma rede de inovação envolve o gerenciamento dos integrantes e a oferta de um ambiente nutritivo para que a rede cresça e floresça. As responsabilidades incluem a definição de um conjunto de normas e valores compartilhados, a comunicação de uma "visão de mundo" comum, a remoção de integrantes que prejudicam a saúde da rede e a atração de outros que tenham capacidades complementares. Essas atividades de jardinagem estruturam o sucesso do projeto de inovação como um todo.

Algumas das atividades descritas anteriormente podem sobrepor-se ou parecerem um pouco diversas em diferentes redes. Além disso, um jogador pode assumir responsabilidades de mais de um dos papéis descritos antes. Portanto, podemos identificar diferentes tipos de arquitetos, dependendo da natureza das atividades que desempenham em determinada rede de inovação. Na Tabela 4.1, apresentamos alguns exemplos desses jogadores, mas identificaremos e descreveremos os diferentes tipos de arquitetos mais adiante, nos Capítulos 5 a 8 deste livro, quando trataremos em detalhes dos quatro modelos de inovação centrada em redes.

Adaptadores

Toda abelha rainha necessita de um grupo de operárias, que recebem ordens dela e desempenham tarefas específicas para fazer a colmeia funcionar. Da mesma forma, todo arquiteto precisa de um conjunto de atores sob sua coordenação que contribuem para a rede. Nós chamamos esses jogadores de *adaptadores*, porque eles se adaptam às diretrizes do arquiteto e desempenham um papel menos central, mas não menos valioso, na rede. Os adaptadores geralmente estão posicionados fora do núcleo da rede e mantêm um número limitado de ligações com os demais integrantes.

As atividades dos adaptadores podem ser agrupadas em torno de dois temas específicos: a oferta de conhecimento especializado e a oferta da infraestrutura de serviços.

Alguns adaptadores trazem conhecimento altamente especializado e *expertise* aos programas de inovação para a solução de problemas específicos de P&D ou para a criação de novos componentes e serviços que estendam, complementem ou aprimorem uma inovação. Por exemplo, a Intacet desempenha esse papel na rede da plataforma de CRM da Salesforce.com; a empresa desenvolveu e publicou um programa de gestão financeira que roda naquela plataforma. Da mesma forma age o cientista que utiliza seus conhecimentos especializados para resolver um problema postado por uma companhia em um mercado eletrônico. Ou, em uma comunidade de software de código aberto, uma pessoa pode desempenhar o papel de adaptador ao escrever um código para atender a um diferencial específico ou protocolo do produto.

Os adaptadores também podem oferecer outros serviços em uma rede. Pensemos nas redes de inovação da indústria de semicondutores. Nelas, com frequência, uma das empresas de manufatura oferece design e bibliotecas de testes como infraestrutura de serviços e suporte às atividades de outros integrantes. Por exemplo, a TSMC (Taiwan Semiconductor Manufacturing Company), uma das maiores manufaturas de semicondutores do mundo, disponibiliza uma biblioteca de design de circuitos em sua rede[1] para consulta das desenvolvedoras. De modo semelhante, em uma rede de inventores individuais, empresas como a Eureka Ranch desempenham uma função de suporte ao oferecer serviços de validação de mercado para novos conceitos de produtos.

A Tabela 4.1 apresenta alguns exemplos do papel de adaptador. Nós iremos detalhar esses e outros tipos de papéis assumidos pelos adaptadores nos Capítulos 5 a 8.

Agentes

As redes de inovação requerem grupos diversificados de atores. Em vez de acreditar em milagres ou confiar na sorte para reunir todos eles, faz sentido contratar um negociador ou intermediário. Nós chamamos essas entidades de *agentes*.

Um agente é um intermediário que faz a mediação das interações e das atividades de inovação em uma rede.[2] Os agentes servem de negociadores, erguem pontes e preenchem os espaços entre os nós de uma rede. No entanto, eles podem desempenhar papéis mais sutis, que vão além da simples negociação.

Os agentes assumem três tipos de atividades na inovação centrada em redes: fazem a ligação entre os integrantes ou a *mediação das interações*; distribuem a tecnologia ou a *mediação da transferência de conhecimento*; e realizam a transformação da inovação ou a *mediação da inovação*.

O primeiro grupo de atividades relaciona-se ao papel tradicional de um intermediário – fazer a ligação entre dois integrantes da rede que, de outra forma, não estariam interconectados. Quando se trata da corretagem de um imóvel ou do recrutamento de um executivo, os agentes sempre ajudam a "buscar e filtrar" a melhor proposta no mercado. Por exemplo, os caçadores de ideias são agentes que vasculham as comunidades de inventores, buscando e filtrando novos conceitos de produtos que possam interessar a uma grande

---

[1] Veja *The keystone advantage*, de M. Iansiti e R. Levien, publicado na *Harvard Business School Press*, 2004, p.94.

[2] Leia "The Power of innomediation", de Sawhney M., E. Prandelli e G. Verona, *MIT Sloan Management Review*, p. 77-82, inverno de 2003.

Redes de inovação **77**

empresa cliente. Quando encontram uma ideia promissora, eles fazem a conexão entre o inventor e a companhia cliente.

Os agentes também podem facilitar ou mediar a transferência de conhecimento relacionado à inovação de um integrante da rede para outro; isto é, podem desempenhar o papel de transferir conhecimento ou fazer corretagem de tecnologia. Essa atividade envolve não somente fazer a conexão entre dois integrantes da rede mas também estabelecer contato entre diferentes tipos de conhecimento (ou tecnologias) disponíveis entre os parceiros e capitalizar o resultado dessas conexões.

Um corretor de conhecimento bastante conhecido é a IDEO, uma empresa líder em consultoria de design. Vejamos o trabalho da IDEO como agente na transferência de tecnologia no caso de um "tecido inteligente", desenvolvido por uma empresa chamada ElekSen, para aplicação em uma nova área.[3] A ElekSen é líder mundial em tecidos interativos sensíveis ao toque, que são criados com uma combinação das tecnologias de malha condutiva e de microchips. O principal desenvolvimento tecnológico da empresa é o ElekTex, um "tecido inteligente" exclusivo com capacidade de eletrocondução, flexível, durável e rugoso. Apesar da tecnologia ter diversas aplicações, sua entrada no mercado de computadores foi agenciada pela IDEO, que uniu a ElekSen e a Logitech (desenvolvedora do mouse, teclado e outros acessórios para PCs) e facilitou a transferência de tecnologia do ElekTex para sua utilização no mercado de computadores. Usando a tecnologia do ElekTex, a Logitech criou a KeyCase, uma bolsa de tecido para PDAs que se transforma em um teclado. Então, nesse caso, o papel da IDEO como agente não foi só o de fazer a ponte entre os dois integrantes da rede, mas serviu também como fio condutor da transferência de tecnologia.

O terceiro conjunto de atividades, a "mediação da inovação", refere-se à inomediação, não somente fazendo a mediação das interações ou da transferência de conhecimento mas também mediando a inovação em si mesma. Por exemplo, considere um agente que adquira uma ideia inovadora de um integrante da rede, desenvolva seu conceito e, então, repasse a ideia transformada

---

[3] Para outros exemplos do papel da IDEO como agente de corretagem de tecnologia, veja o livro de Andrew Hargadon, *How breakthroughs happen*. HBS Press, 2003.

78 Cérebro Global

para outro membro da rede para que seja aprimorada. Comparada às atividades anteriores, ao realizar essa atividade, o agente assume uma posição muito mais próxima da inovação – e, em parte, se torna um inovador também, mais do que um simples intermediário. Nós trataremos de um dos papéis do agente, chamado de *capitalista da inovação*, no Capítulo 6.

As implicações dos papéis na inovação

"O que está em jogo?", você pode perguntar. Ou "por que é importante compreender a natureza dos diferentes papéis na inovação centrada em redes?". Um papel na inovação é uma *oportunidade* de participar da inovação centrada em redes. Portanto, entender os diferentes papéis na inovação possibilita que as empresas se coloquem diante de duas questões. Primeira: nós dispomos do que é necessário para desempenhar esse papel? Segunda: que papel devemos assumir para maximizar nossos ganhos na rede de inovação?

Para responder à primeira pergunta, a empresa precisa compreender os recursos e capacidades relevantes para desempenhar o papel. Como discutiremos no Capítulo 10, preparar a companhia para a inovação centrada em redes requer a identificação e o desenvolvimento das competências e capacidades organizacionais relacionadas a cada papel.

Para encaminhar a segunda resposta, as companhias precisam avaliar os riscos e os retornos associados a cada papel. Compreender a natureza dos riscos e dos retornos é vital para que a empresa analise se a inovação centrada em redes é uma oportunidade a ser perseguida e, até mesmo, se dispõe das capacidades para se tornar um integrante das redes de inovação.

Somada a essas questões, existe uma terceira razão para que a empresa compreenda os papéis na inovação. Às vezes, as companhias podem assumir diferentes papéis em diferentes redes. Tomemos como exemplo a IBM. Na aliança Power.org, a empresa assume um papel de liderança. Em contrapartida, na comunidade de código aberto do Linux, ela tem um papel mais secundário, de incentivadora. Esses múltiplos papéis conduzem a novas perguntas: precisamos do mesmo conjunto de competências para exercer os diferentes papéis? Existem sinergias entre os papéis das quais podemos nos beneficiar?

Nos Capítulos 5 a 8, quando trataremos de cada um dos quatro modelos arquetípicos da inovação centrada em redes, identificaremos o conjunto de papéis aplicáveis a cada modelo e discutiremos suas implicações. Essa discussão permitirá uma análise posterior, no Capítulo 9, colocando a estratégia de inovação centrada em redes *vis-à-vis* aos tipos de papéis possíveis naquele espaço.

ELEMENTOS DE GERENCIAMENTO DE REDES

Para fazer uma rede funcionar, seus integrantes necessitam de uma série de sistemas e mecanismos para dar suporte e facilitar a inovação colaborativa. Os três elementos para o gerenciamento de redes são: governança de rede, gestão do conhecimento e gerenciamento dos direitos de propriedade intelectual (Tabela 4.2).

Tabela 4.2 Os elementos de gerenciamento de redes de inovação

Elementos de gerenciamento de redes de inovação	Objetivo	Tipos de sistemas	Critério para a seleção do sistema apropriado
Governança de rede	Assegurar padrões ou comportamentos entre os membros e coordenar o intercâmbio de conhecimento e recursos	Mecanismos formais (contratos e acordos, regras e procedimentos padrão) Mecanismos informais ou sociais (restrição de acesso à rede; macrocultura; sanções coletivas e sistemas reputacionais)	Natureza da interdependência entre os membros da rede; natureza do espaço de inovação
Gestão de conhecimento	Facilitar a geração, codificação e utilização do conhecimento pela rede	Mecanismos que facilitam o diálogo entre os membros; oferta de um vocabulário comum; facilitar a transferência, interpretação e integração de conhecimento	Grau de redundância de domínio de conhecimento; "distância" tecnológica ou de domínio entre os integrantes da rede
Gerenciamento dos direitos de propriedade intelectual	Capacitar os inovadores (ou criadores) a controlar o uso de suas ideias e de suas derivações	Instrumentos legais tradicionais como patentes, marcas registradas, direitos autorais, entre outros; esquemas de licenciamento mais flexíveis, como os do Creative Commons ou do General Public License, entre outros	Natureza da inovação; natureza da relação entre os membros da rede; estrutura da rede

Governança da rede

A palavra *governança* costuma ser sempre associada a policiamento ou controle. A governança de rede certamente envolve o monitoramento e o controle de comportamentos individuais dos integrantes das redes que possam ser prejudiciais ou oportunistas em relação a outros integrantes e, principalmente, em relação à agenda da rede de inovação como um todo. Mas governança é mais do que simplesmente policiar. Trata-se também de criar um ambiente estimulante para a interação e o intercâmbio de informações e recursos. Os sistemas e os mecanismos de governança formatam o padrão das interações entre os membros, assim como o fluxo de recursos entre eles.[4]

Considere a sua rede pessoal no ambiente de trabalho – a rede de colegas e de parceiros de negócios. Seus relacionamentos, interações e intercâmbios nessas redes são governados simultaneamente por mecanismos formais e informais. Por exemplo, a estrutura organizacional pode especificar ou formatar a natureza de seu relacionamento com outros membros da empresa. Seu contrato de trabalho, algum acordo de confidencialidade que você tenha assinado e as regras e procedimentos de seu departamento também podem governar suas interações com os outros empregados – até fora da companhia.

Em contrapartida, os ampla e informalmente aceitos "sims e nãos" também têm o poder de moldar seus relacionamentos e intercâmbios na rede. Você se lembra da cena da série de tevê *Senfield*, quando o personagem George Costanza é flagrado fazendo amor com a faxineira no escritório? Ao ser perguntado a respeito de seu questionável *tête-à-tête*, a resposta dele foi a seguinte: "Estava errado? Eu não poderia ter feito aquilo? Vou lhe dizer, eu alego ignorância sobre isso, porque se alguém tivesse me dito algo sobre a proibição, logo que comecei a trabalhar aqui, eu não teria infringido a regra...". Como George logo veio a entender quando foi demitido, algumas coisas não estão escritas e nem são explicitadas, mas ainda assim regem as relações e os intercâmbios entre os integrantes de uma organização ou de

---

[4] Veja o artigo "A general theory of network governance: exchange conditions and social mechanisms", de Candace Jones, William Hesterdy e Stephen Borgatti, *Academy of Management Review*, v. 22, n. 4, p. 911-945, 1997. Além desse artigo, há um volume significativo de pesquisas realizadas sobre o tema geral de governança de rede.

uma rede. E, então, existe a ameaça potencial de sanções ou de perda de credibilidade para quem realiza atividades que podem lhe trazer benefícios individuais, mas que não beneficiam a organização como um todo. Esses são os mecanismos mais informais ou sociais de governança.

Nas redes de inovação, os mecanismos formais e informais são relevantes, mas sua importância relativa depende do modelo específico de inovação centrada em redes adotado. Os mecanismos formais de governança incluem contratos, acordos de parceria, acertos para o cumprimento de regras e procedimentos e o conjunto compartilhado de padrões, entre outros. Por exemplo, as redes de inovação lideradas por empresas como Intel ou Cisco sempre têm uma carta de direitos e responsabilidades que os novos integrantes têm de assinar antes de ser aceitos na rede. Da mesma forma, no setor de softwares, os padrões e métricas especificados pelo Capability Maturity Model, desenvolvidos e promovidos pelo Software Engineering Institute, é adotado como um mecanismo para coordenar e governar projetos de codesenvolvimento de larga escala.

Quando se trata de mecanismos de governança de rede formais ou informais, existem diversas escolhas. Elas incluem a restrição de acesso à rede, desenvolvimento e estabelecimento de uma macrocultura, imposição de sanções coletivas e o uso de critérios reputacionais. Uma das opções é restringir o acesso à rede aos membros que já tenham demonstrado sua competência em parcerias anteriores ou que tenham capacidade reconhecida na indústria ou em uma área de conhecimento. Por exemplo, muitos clubes de campo utilizam um critério de "portão de rede". Eles restringem a associação ao clube àquelas pessoas que já são bastante conhecidas de outros sócios mais antigos (ou a pessoas que sejam socialmente influentes). Se a rede de relacionamentos é baseada em um critério desse tipo, é mais provável que os sócios tenham mais expectativas e atributos em comum. Sendo assim, monitorar e/ou coordenar todos e cada intercâmbio na rede será muito mais fácil e menos necessário. Ou seja, a própria natureza da associação serve como um mecanismo de governança.

Uma alternativa é estabelecer e promover uma cultura que reflita a agenda de inovação da rede como um todo. Isso pode variar desde conceitos compartilhados de inovação e negócios até normas e valores que sustentem um nível de coerência nas ações e decisões individuais dos integrantes da rede. Por exemplo, como os membros deveriam fazer críticas às contribuições de outros em uma comunidade de acesso aberto? A cultura da rede emerge das repetidas interações entre seus integrantes, conduzindo a uma definição do que são os comportamentos "aceitáveis" e das normas.

Sanções coletivas e sistemas reputacionais formam outro conjunto de mecanismos de governança. Vejamos o caso do eBay. A habilidade dos mercadores do eBay (isto é, seus membros) para classificar uns aos outros com base na natureza e qualidade das interações realizadas entre eles serve como mecanismo para governar as futuras interações na rede. As classificações que rebaixam a credibilidade e a reputação de um integrante podem se mostrar prejudiciais no longo prazo. Além disso, podem ser impostas sanções aos membros do eBay que operarem em desacordo com os valores e normas aceitos na rede. Essas sanções coletivas vão desde a exclusão temporária dos quadros do eBay até a perda completa dos privilégios de comprar e vender na rede.

A ameaça das sanções coletivas encoraja os membros a aderir a comportamentos aceitáveis. Quando mais eficiente for o fluxo de informações sobre o comportamento dos membros na rede, mais alto será o custo para aquele que destruir sua reputação com comportamentos decepcionantes.

Quais entre os mecanismos de governança mencionados até aqui são os mais apropriados para uma rede específica de inovação? Depende do tipo de interdependência existente entre os integrantes da rede – em outras palavras, da natureza do modelo de inovação centrada em redes. Além disso, a maioria das redes requer um portfólio de mecanismos formais e informais. Nos Capítulos 5 a 8, identificaremos o portfólio de mecanismos de governança mais adequado para cada um dos quatro modelos de inovação centrada em redes.

Gestão do conhecimento

Vejamos o caso da Ducati Motors e da sua comunidade de clientes para a inovação, descrita por nós no Capítulo 2. Quando a empresa engajou seus consumidores em uma comunidade de inovação para o design e o desenvolvimento de novas motocicletas, fez isso com base em três aspectos relacionados à inovação e à criação de conhecimento:

1. Primeiro, a Ducati se deu conta de que as interações e o diálogo entre a comunidade de clientes formam a base da criação de conhecimento. Sendo assim, a companhia passou a facilitar esse diálogo entre os clientes, estabelecendo diferentes tipos de fóruns online e offline para reunir os consumidores e acolher suas interações.

2. Segundo, a Ducati também percebeu que, para que esse diálogo seja produtivo – ou que leve a um resultado coerente de novas ideias – os consumidores têm de "entender" uns aos outros. Isso exige um vocabulário comum. Para conquistar essa coerência, a empresa passou a oferecer um conjunto de slides de design e padrões para a comunidade de clientes.

3. A Ducati também entendeu que, com o objetivo de converter as ideias dos consumidores em produtos, o conhecimento dos clientes precisa ser transferido para a organização para ser interpretado e integrado a outros conhecimentos de design. Para isso, a empresa estabeleceu novos papéis organizacionais, assim como criou novos programas supervisionados por engenheiros de produtos para possibilitar a efetiva e apropriada utilização da inovação gerada pelos clientes.

Três questões de gestão do conhecimento subjazem à iniciativa da Ducati baseada na inovação centrada em rede de clientes: diálogo, vocabulário comum e transferência e interpretação de conhecimento.

Esses três aspectos precedentes, no entanto, não são exclusivos do contexto de inovação da Ducati. Eles são aplicáveis igualmente bem a todos os contextos de inovação centrada em redes. De fato, os três aspectos refletem as três principais atividades de gestão do conhecimento que devem ser incentivadas em toda rede de inovação: geração, codificação e utilização do conhecimento.[5]

Os sistemas e mecanismos estabelecidos na rede de inovação para gerenciar o conhecimento devem dar apoio a essas três atividades. Por exemplo, enquanto as crescentes interações entre os integrantes da rede pavimentam

---

[5] Davenport, T.H. & Prusak, L. *Information ecology*: mastering the information and knowledge enviroment, New York, Oxford University Press, 1997. Leia também "Managing organizational knowledge", de M. Alavi, publicado em *Framing the domains of IT management*. Cincinnati, OH. Pinnaflex Educational Resources, 2000.

a avenida para a geração de conhecimento, os sistemas e mecanismos que "conectam" os membros e facilitam as interações mais rápidas e frequentes ganham importância. Essa comunicação realizada nas interações não precisa ser, necessariamente, online ou por meio de alguma plataforma tecnológica. Por exemplo, a Intel conduz oficinas de conformidade (chamadas de *Plug-Fests*) que reúnem os fornecedores de diversos produtos e componentes de hardware, baseados na plataforma de tecnologia Intel.[6] Essas oficinas propiciam o contexto para que ocorra o diálogo entre essas empresas (isto é, os integrantes da rede da Intel) e assegura que os diversos produtos (ou protótipos) sejam compatíveis entre si e interoperáveis. O conhecimento gerado nessas interações é levado de volta para as empresas individualmente e incorporado ao processo de modificação de design.

Igualmente, a necessidade de codificar (ou de tornar explícito) o conhecimento gerado possibilita o compartilhamento e a construção sobre a base original. Essa codificação torna-se viável pelo uso de um vocabulário comum, que vai dos padrões e arquitetura tecnológica até as métricas padronizadas no mercado.

Finalmente, para que os integrantes da rede possam utilizar o conhecimento gerado, são imprescindíveis os sistemas e mecanismos para a transferência desse conhecimento aos membros adequados da rede – isto é, os integrantes têm de saber onde está disponível o conhecimento e como acessá-lo. Mais: depois que o conhecimento é transferido por um integrante da rede, ele tem de ser interpretado e integrado ao contexto específico daquele membro. No caso da Staples, que discutimos no Capítulo 2, a companhia adquiriu novos conceitos de produtos de inventores individuais por meio de uma ampla gama de mecanismos, que incluiu caçadores de ideias e campeonatos de inovação. E depois que cada projeto foi comprado, a Staples teve de interpretar e integrá-lo ao seu próprio contexto – um contexto que é definido por público--alvo, portfólio de marca já existente e infraestrutura de comercialização.

Facilitar a geração e a circulação de conhecimento é um papel essencial no gerenciamento da inovação centrada em redes. Como o número de

---

[6] Para mais informações sobre as oficinas de conformidade da Intel, veja *Plataform leadership*, de A. Gawer e M. Cusumano, publicado pela HBS Press, 2002, p. 57-60.

participantes da rede e a diversidade de suas especializações (ou base de conhecimento) são crescentes, então, amplia-se também a complexidade e a importância dos mecanismos e sistemas para facilitar a gestão do conhecimento em rede.[7]

Existem diversos mecanismos e sistemas de gestão do conhecimento, e sua adequação depende de muitos fatores, entre eles, a "distância" entre os membros, a natureza e a extensão da sobreposição do conhecimento intercambiado e a natureza da inovação. Nos Capítulos 5 a 8, nós identificaremos e discutiremos os mecanismos de gestão do conhecimento que se aplicam a cada um dos quatro modelos da inovação centrada em redes.

Gerenciamento dos direitos de propriedade intelectual

A história da propriedade intelectual (PI) remonta à Grécia, em 700 a.C., quando os líderes sibaritas (uma colônia grega onde hoje é a Sicília) garantiam um ano de monopólio sobre uma receita "nova ou de um prato delicioso".[8] Outros elementos dos modernos direitos de propriedade intelectual, como patentes, marcas registradas e segredos comerciais, são evidentes na Roma Antiga, assim como no Renascimento. Por exemplo, em Roma, em 100 a. C., foram promulgadas leis para proteger as marcas registradas de roupas, lâmpadas, vidros e rebanhos. Da mesma forma, a primeira patente concedida para uma invenção técnica foi garantida a Filippo Brunelleschi, o arquiteto da catedral de Florença, por um novo método para transportar mármore com barcos em 1421.[9] Esse e outros exemplos demonstram que os motivos econômicos e sociais para proteger e gerenciar os direitos associados à criatividade e à invenção têm uma longa história.

Embora esses sistemas e mecanismos de gerenciamento de propriedade intelectual tenham evoluído consideravelmente em forma e conteúdo ao

---

[7] Leia "Learning, knowledge management and strategic alliances: so many studies, so many unanswered questions", de Andrew Inkpen, *Cooperative strategies and alliances,* Pergamon, Londres, 2002.

[8] Para mais informações sobre a história da propriedade intelectual, leia "Intellectual property – the ground rules", de James Conley e David Orozco, *Kellogg School of Management Technical Note,* ago. 2005.

[9] Veja *The economics and management of intellectual property*, de Ove Grandstrand, Edward Elgar Publishing, 2000.

longo dos séculos, a base fundamental tem permanecido inquestionada – quer dizer, até recentemente. Com o surgimento do "software livre" e do "software de código aberto" nas décadas de 1980 e 1990, abriram-se novas perspectivas e interpretações em torno do gerenciamento da propriedade intelectual. E a motivação primária para essas novas perspectivas tem sido o nível crescente de inovação colaborativa.

De fato, um dos mais complexos temas que as empresas têm enfrentado nos projetos de inovação colaborativa é a partilha dos direitos intelectuais. Em outras palavras, quem é dono do quê? Ou quem fica com que parte dos lucros sobre a inovação? Como os numerosos casos jurídicos relacionados a patentes e direitos intelectuais têm demonstrado, esse gerenciamento é delicado, mesmo quando a empresa só conta com dois ou três colaboradores. E se nós contamos com mais colaboradores, o tema torna-se proporcionalmente mais desafiador. Sendo assim, os sistemas e mecanismos para facilitar o gerenciamento dos direitos intelectuais adquirem suma relevância para todos os participantes de uma estratégia de inovação centrada em rede.

Em determinados contextos, nos quais os instrumentos legais surtem efeitos limitados, a natureza da tecnologia e o conhecimento que subjazem à inovação podem servir como um regime mais apropriado e prático para a questão da PI. Por exemplo, na indústria de equipamentos para surf, um conhecimento chave na manufatura de pranchas relaciona-se à espuma rígida que forma o núcleo do produto. A empresa líder nessa área, até recentemente, era a Clark Foams. A empresa era bastante inovadora e aperfeiçoou tanto o núcleo de espuma rígida que a maioria dos fabricantes de pranchas dependia dela, que chegou a deter quase 90% do mercado norte--americano no setor. A empresa é dirigida por Gordon "Grubby" Clark, chamado de "Howard Hughes do surf". O sucesso da empresa nunca foi protegido por patentes ou segredos comerciais; apesar disso, o conhecimento envolvido do processo de expansão da espuma rígida foi mantido tacitamente. Como observou um analista do mercado de acessórios para surf: "Expandir espuma rígida é magia negra."[10] O que significa que, no

---

[10] Para mais informações sobre a Clark Foams e a indústria de pranchas, leia "Black Monday: will surfing ever be the same?", *The New Yorker*, p. 36-43, 21 ago. 2006.

caso da Clark Foams, a natureza da tecnologia (ou a base de conhecimento) serviu como elemento principal para seu regime de apropriação. Em resumo, a disponibilidade, a consistência e a efetividade dos mecanismos de apropriação – não importa se legais, formais, informais ou de outro tipo – variam entre indústrias e setores.

Outra limitação do regime tradicional de propriedade intelectual torna-se óbvia com o surgimento das estruturas de inovação colaborativa e das emergentes tecnologias digitais para a aquisição, acesso, modificação e distribuição de conhecimento inovador. Essas mudanças radicais nos contextos de inovação trazidas pelas novas tecnologias tendem a enfraquecer os controles que podem ser exercidos pelos instrumentos legais.

A comunidade do software de código aberto assumiu a liderança no encaminhamento de demandas sobre novos regimes de propriedade intelectual e introduziu diversos esquemas inovadores de licenciamento, que possibilitam que os desenvolvedores de software divulguem o código de seu produto e permitam que os outros usem e modifiquem o programa. Por exemplo, o General Public License (GPL) é um dos pioneiros e talvez o mais utilizado esquema de licenciamento na área do software de código aberto. Uma licença do GLP assegura ao destinatário os direitos de usar, modificar, improvisar e redistribuir o produto. E, o mais importante, o GPL procura garantir que os direitos antes mencionados sejam extensivos também aos produtos derivados do original; isto é, essa é uma licença de copyleft[11]. Bem diferente disso, a licença do tipo BSD possibilita o uso, a modificação e a distribuição do software e também dos produtos derivados como programas proprietários (ou seja, é um centro de copyrights). Além desses dois principais esquemas de licenciamento, inúmeras alternativas foram desenvolvidas – por exemplo, a licença do Mozilla Public, a do Common Public, a do Código Aberto, a do OpenSSL e a licença do Eclipse Public –, seja referindo-se a um produto em particular ou a uma parte específica da comunidade de acesso aberto.

---

[11] Copyleft é um esquema geral de licenciamento que torna um programa ou outro trabalho disponível gratuitamente e exige que todas as versões e extensões sejam também gratuitas. Para mais detalhes, veja: <http://www.gnu.org/copyleft>.

Esses esquemas alternativos de licenciamento pavimentaram a trilha para o desenvolvimento de regimes de propriedade intelectual fora dos domínios do setor de softwares. As mais notáveis nessa área são as iniciativas do Creative Commons e a Science Commons, que estenderam muitos desses conceitos inovadores de gerenciamento de direitos de propriedade intelectual para os universos das artes, entretenimento, ciências e daí por diante. Por exemplo, o Creative Commons pegou a noção de copyleft e a introduziu em seis diferentes esquemas de licenciamento, que variam sobre a natureza da atribuição e os direitos assegurados até as receitas de trabalhos derivados e do uso comercial.[12]

Como a aplicação das licenças do Creative Commons e de outros esquemas emergentes de licenciamento está se expandindo rapidamente para outros domínios – da música às artes, do jornalismo até os trabalhos acadêmicos e à medicina –, as opções para o gerenciamento de direitos de propriedade intelectual na inovação centrada em redes também estão se ampliando. Nesse livro, consideramos um amplo leque de alternativas para o gerenciamento de sistemas de PI – dos instrumentos legais mais tradicionais aos mais novos e flexíveis sistemas de licenciamento – e identificamos e descrevemos o portfólio apropriado de mecanismos para os diferentes modelos de inovação centrada em redes.

◎ CONCLUSÃO

Neste e no capítulo anterior, apresentamos uma moldura para propiciar a análise da estrutura e das oportunidades proporcionadas pelo cenário da inovação centrada em redes. Definimos, primeiro, as duas dimensões da inovação centrada em redes e identificamos seus quatro modelos arquetípicos. Em seguida, disponibilizamos uma tipologia dos papéis na inovação e também indicamos os três elementos da infraestrutura do gerenciamento de redes – governança de rede, gestão de conhecimento e gerenciamento dos direitos de propriedade intelectual. Nos capítulos subsequentes, aplicaremos essa moldura para nos aprofundarmos nos diferentes modelos de inovação centrada em redes.

---

[12] Disponível em: <http://creativecommons.org>.

PARTE III
Os quatro modelos da inovação centrada em redes

CAPÍTULO 5
O modelo de Orquestra

Pense no último jantar colaborativo entre amigos para o qual você foi convidado. A anfitriã, certamente, escolheu um motivo ou tema para a noite – por exemplo, um churrasco ou um jantar italiano – e pediu a cada pessoa que levasse um prato, uma sobremesa ou acessórios que combinassem com a decoração como um todo. E a anfitriã, provavelmente, contribuiu com um prato principal, enquanto a colaboração das outras pessoas foi complementar à escolha do tema.

Agora, vamos relembrar a história da "sopa de pedras". A lenda fala de um soldado que chegou, em meio à guerra, a um vilarejo com muita gente faminta e, por isso, as pessoas eram sovinas com seus alimentos. A princípio, o soldado pensou em seguir adiante porque não havia nada ali para comer, mas depois decidiu tentar uma estratégia mais criativa para conseguir uma boa refeição. Ele anunciou que tinha tudo de que precisava para fazer uma deliciosa sopa e começou a encher o caldeirão com água. Colocou uma pedra dentro do caldeirão e fez um bom fogo embaixo dele. Curioso, um morador aproximou-se e perguntou o que o soldado estava fazendo. Ele respondeu que estava fazendo uma sopa de pedras, que ficaria maravilhosa, embora ainda precisasse de um pouco de repolho para melhorar o sabor. Logo, um morador veio e lhe ofereceu um pouco de repolho. O soldado aproveitou para dizer que, talvez, fosse melhor ter também um pouco de batata e cebola. Em poucos minutos, outro morador apareceu trazendo esses ingredientes. E assim a sopa foi sendo enriquecida de sabores, com vegetais, temperos e carnes. Finalmente, todos se deliciaram com uma sopa suculenta.

Esses dois cenários têm similaridades e diferenças. Os dois envolvem uma entidade central (a família anfitriã ou o soldado em viagem), que define o tema básico para o jantar, que vai determinar as contribuições dos demais membros da comunidade. Nos dois casos, os contribuintes (os amigos convidados ou os moradores do vilarejo) compartilham o valor derivado do trabalho conjunto. No entanto, no caso do jantar colaborativo, a anfitriã entrou com o prato principal como alicerce para o jantar e a colaboração dos convidados serviu como elemento complementar. Em contrapartida, no caso da sopa de pedras, as contribuições feitas pelos moradores do vilarejo foram cozidas juntas (ou integradas) para formar um prato principal (a sopa), que todos consumiram.

Essas semelhanças e diferenças são uma boa analogia para os dois tipos de modelo de Orquestra da inovação centrada em redes. Como mencionamos antes, o modelo de Orquestra envolve um grupo de entidades que se reúne para se beneficiar de uma oportunidade de mercado com base em uma arquitetura explícita de inovação, que é definida e formatada por uma empresa dominante. Há três conceitos importantes nessa definição: entidade dominante, arquitetura de inovação e membros da rede. Porém, com base no papel desempenhado pela entidade dominante, as funções da arquitetura de inovação e a natureza das contribuições dos integrantes da rede, o modelo de Orquestra pode assumir duas formas diferentes:

- **O MODELO DE *ORQUESTRA INTEGRADOR*** – Esse modelo lembra mais o cenário da sopa de pedra. Uma entidade dominante (o líder da rede) define a arquitetura para o foco da inovação e os integrantes da rede contribuem com diferentes componentes ou elementos que estruturam a inovação objetivada.

- **O MODELO DE *ORQUESTRA PLATAFORMA*** – Esse modelo assemelha-se ao cenário do jantar colaborativo entre amigos. Uma entidade dominante define e oferece uma arquitetura, que então se torna a plataforma, ou fundação, para que outros integrantes da rede colaborem com suas inovações complementares. Essas inovações complementares estendem ou ampliam o alcance e a amplitude da arquitetura básica ou da plataforma.

Neste capítulo, com exemplos detalhados, nós descrevemos os dois tipos de modelo de Orquestra, incluindo os diferentes atores (ou papéis de inovação) e os sistemas de gerenciamento de redes. Começaremos com o modelo Orquestra integrador. Uma excelente ilustração desse modelo é o desenvolvimento do Boeing 787 Dreamliner.

O modelo Orquestra integrador:
o caso do Boeing 787 Dreamliner

O projeto 787 Dreamliner foi oficialmente lançado pela Boeing em 26 de abril de 2004. O 787 foi projetado para transportar entre duzentos e trezentos passageiros e significou a entrada da Boeing no segmento de jatos comerciais de longa distância e capacidade média.[1] O 787 foi uma grande aposta da Boeing para reconquistar a liderança no mercado de jatos, dominado pelo Airbus SAS.[2]

O novo 787 incorporou diversos avanços radicais em termos de design básico e tecnologias, assim como utilidades para os passageiros e para a tripulação. Foram utilizados materiais e uma liga de carbono bem mais leves para a construção do corpo da aeronave.[3] O uso desses materiais traduziu-se em, pelo menos, 20% a menos de consumo de combustível, quando comparado a jatos de capacidade similar. O 787 possibilitou o acoplamento de dois tipos de motores – o GE Next Generation (GEnx) e o Rolls Royce Trent 1000.[4] Em outras palavras, o 787 trouxe uma interface padrão para os dois motores e uma nova aeronave poderá ser construída com um ou

---

[1] O modelo básico (787-9) pode transportar 200 passageiros em rotas com mais de 8.300 milhas, enquanto a maior versão do 787 tem capacidade para 250 pessoas em trajetos acima de 8.500 milhas. Uma versão compacta (787-3), com capacidade para 300 assentos, foi otimizada em rotas com cerca de 3.500 milhas.

[2] A primeira encomenda de 787 foi feita pela All Nippon Airways, totalizando 50 aeronaves. O pedido, avaliado em cerca de 6 bilhões de dólares, é o maior já aceito nos 88 anos de história da Boeing. Até outubro de 2006, 29 clientes já haviam feito encomendas em um total de 420 aeronaves (dos quais 377 eram pedidos sólidos, avaliados em cerca de 52 bilhões de dólares).

[3] A Boeing e seus parceiros conduziram pesquisas extensivas por 2 anos antes do lançamento oficial do projeto, em 2004, investigando a potencialidade de materiais e demonstrando a efetividade da tecnologia de manufatura com ligas de carbono. Os novos materiais e o design inovador possibilitam pousos e decolagens mais silenciosos, proporcionando ainda benefícios ambientais.

[4] Os aprimoramentos nos dois motores contribuiram com cerca de 8% dos ganhos de eficiência atribuídos ao 787.

outro motor, sem que outras mudanças sejam necessárias, o que deu mais flexibilidade às empresas aéreas (as compradoras).

O design interior do 787 incorporou uma série de facilidades para os passageiros e a tripulação. Por exemplo, a aeronave conta com capacidade digital – Bolsas Eletrônicas de Voo (BEV) para carregar mapas eletrônicos, manuais e dados de referência para a tripulação de bordo; um sistema de comunicação baseado em satélite para oferecer acesso à internet para os passageiros; e redes sem fio para controle de manutenção e também para a transmissão de entretenimento durante a viagem. Outros diferenciais interessantes referem-se à umidade e à temperatura da cabine. A cabine do 787 é pressurizada a 6 mil pés de altitude em vez dos 8 mil pés convencionais, o que torna a viagem mais confortável, especialmente nas rotas mais longas. Da mesma forma, a umidade da cabine é mantida em um nível mais alto – entre 20% e 30%, em vez dos 10% habituais. O 787 pode manter esse nível mais alto porque a liga de carbono utilizada para fabricar a estrutura é menos suscetível à corrosão por umidade. E a umidade mais alta na cabine também colabora para que os passageiros tenham um voo mais confortável.[5]

O ex-CEO da Boeing, Harry Stonecipher, costumava dizer em 2004 que o novo 787 iria "mudar o jogo". Alan Mulally, ex-CEO da divisão Boeing de jatos comerciais, observou que o 787 "vai nos permitir continuar a estabelecer os padrões da aviação comercial no segundo século da aviação mundial".[6] Embora Stonecipher e Mulally estejam falando dos diferenciais e tecnologias já mencionados, seus comentários também se referem ao modo inovador como a Boeing chegou ao design e à construção dessa aeronave.

De fato, a história do 787 Dreamliner é também um caso de "inovação da inovação" na indústria da aviação comercial – isto é, como a Boeing redefiniu todo o processo de desenvolvimento de novas aeronaves pela colaboração com uma rede global de parceiros.

---

[5] Leia o artigo "Boeing, Boeing gone?", de William Sweetman, para a *Popular Science*, p. 97, jun. 2004.

[6] "A smart bet", *Boeing Frontiers*, jun. 2003.

Elementos da estratégia da Boeing para inovação centrada em redes

No desenvolvimento do 787, a Boeing deu uma guinada em sua estratégia tradicional de design e desenvolvimento de produtos. O projeto começou com a expectativa de que todo parceiro externo que tivesse a responsabilidade de construir uma parte da aeronave também seria responsável por seu design. Esse foi um ponto de partida diferente dos demais projetos, nos quais a Boeing fazia a maior parte do trabalho de design e as outras empresas construíam o avião.[7] O projeto do 787 foi concebido para ser uma iniciativa altamente colaborativa com uma rede de parceiros.

A Boeing reuniu um conjunto de parceiros nos quais podia confiar no processo de criação das partes do avião, do conceito à produção. Os parceiros globais eram de todas as partes do mundo, incluindo Japão, Austrália, Itália e Canadá. Cada um deles foi escolhido a partir de uma série de padrões estritos, conforme aumentava a responsabilidade sobre sistemas e estrutura da aeronave – e isso atingia também os subcontratados e os fornecedores dos parceiros.

O design e o desenvolvimento não foram apenas fornecidos por essas empresas. Em vez disso, os parceiros fizeram investimentos financeiros para realizar essas tarefas. Como observou Thomas Pickering, vice-presidente sênior de relações internacionais da Boeing: "Nós dissemos: 'vamos distribuir os riscos e distribuir os benefícios'... Eles assumem as vantagens, mas também repartem o investimento."[8] Especificamente, para entrar no projeto, cada parceiro teve que investir os custos referentes ao design e ao desenvolvimento de sua parte na aeronave. São necessários aproximadamente 10 bilhões de dólares para desenvolver um novo jato e os parceiros foram responsáveis por cerca de 4 bilhões – um compromisso significativo. Era esperado que eles absorvessem esse custo não recorrente de desenvolvimento – em outras palavras, não lhes foi permitido incluir esses custos na precificação do trabalho. E isso foi feito em comum acordo com os parceiros. Os

---

[7] "Sharing the dream", *Boeing Frontiers*, ago. 2006.

[8] Conforme citado em "Boeing's diffusion of commercial aircraft and manufacturing technology to Japan", de David Pritchard e Alan MacPherson, de março de 2005. Disponível em: <www.custac.buffalo.edu/docs/OccasionalPaper30.pdf>.

96   Cérebro Global

contratos refletiam o tema central da rede da Boeing: "O que é bom para um, é bom para todos."

A rede da Boeing também incluiu os clientes, embora o papel deles fosse bastante limitado na oferta de ideias e sugestões na etapa de definição do produto. A Boeing realizou um encontro em grande escala com seus parceiros clientes (companhias aéreas em todo o mundo), chamado Progress Summit, no qual abriu a discussão com eles sobre os conceitos que ajudariam a padronizar e simplificar o design do 787.[9] O encontro também foi um canal para a Boeing manter seus clientes atualizados sobre o andamento do projeto do 787. Cada parceiro (ou membro da rede) no projeto 787 esteve diretamente ligado à Boeing, embora operacionalmente cada um também estivesse conectado ao outro. A rede de inovação do 787 foi altamente centralizada com a Boeing no centro e os parceiros ao redor.

O desenvolvimento do 787 seguiu um processo de três etapas: conceituação, desenvolvimento conjunto e detalhamento do design. A conceituação começou no início de 2003, com a reunião dos principais parceiros na gestão do projeto com a Boeing. Michael Blair, um veterano, com 24 anos na empresa, foi apontado como vice-presidente sênior e gerente geral do projeto. Outro integrante da equipe é Walter Gillette, também veterano da Boeing, considerado a inspiração técnica e intelectual dos jatos da empresa desde a década de 1970.[10] Gillette foi também a força criativa por trás do Dreamliner. Durante a etapa de conceituação, a equipe interna da Boeing interagiu com um grupo de entidades externas, incluindo clientes (companhias aéreas), fornecedores, especialistas técnicos e de mercado para identificar e definir o conceito básico do novo produto. A Boeing também obteve ideias inovadoras para sistemas e estrutura das entidades externas. Por exemplo, o uso potencial de ligas na estrutura do avião foi explorado e diversos materiais foram submetidos a testes. Quando a etapa de conceituação estava encerrada, era o momento de definir a estrutura básica do 787.

A segunda fase, o desenvolvimento conjunto, era a mais importante e crucial porque definiu a configuração básica da aeronave para todos os

---

[9] "Customers get an update from Boeing", Yvonne Leach, *Boeing Frontiers*, fev. 2005.
[10] "Just plane genius", *BusinessWeek,* 17 abr. 2006.

parceiros da rede de inovação. Como explicou Michael Blair, gerente geral do projeto: "Definir a configuração significa definir a estrutura, a propulsão e as arquiteturas dos sistemas."[11] Por exemplo, a especificação do tamanho e da inclinação das asas, as dimensões da fuselagem, da cauda, dos motores e de outros componentes principais da estrutura. Ou seja, nessa etapa, a arquitetura básica (inovadora) estava definida.

Embora a Boeing tenha a palavra final em todos os aspectos relacionados à configuração, o envolvimento dos parceiros globais é essencial, porque, ao se juntar à empresa no projeto, dessa etapa em diante, eles passaram também a assumir riscos do desenvolvimento do produto. A Boeing e seus parceiros investiram mais de um ano definindo a arquitetura do 787, que atingiu sua configuração final em 15 de setembro de 2005.

A etapa de desenvolvimento conjunto não só definiu a configuração do 787 como também especificou como a tarefa de *design seria repartida entre os parceiros e as métricas usadas para avaliá-lo*. O trabalho de design de toda a estrutura do novo jato foi dividido em "seis conjuntos integrados" ou pacotes. Cada um dos grandes componentes foi desenhado desde o início por um parceiro ou mais.

A Boeing assumiu a responsabilidade pelo detalhamento do design e pelo desenvolvimento de apenas 35% da estrutura do avião. O restante ficou sob responsabilidade de um grupo de parceiros globais, entre eles, Mitsubishi, Fuji, Alenia Aeronautica, Vought Aircraft, Goodrich e Kawasaki.

Por exemplo, a Mitsubishi ficou responsável pela parte principal das asas e a Fuji pelo box central, tendo também que integrar as partes aos trens de pouso. A Kawasaki forneceu a fuselagem entre as asas e a cabine, os trens de pouso e os flaps. A italiana Alenia desenhou e desenvolveu o estabilizador e compartilhou com a Vought a construção da fuselagem traseira.

Os parceiros globais foram designados a fazer "design e construção para o desempenho" – em vez de obter uma planta detalhada do que deve ser implementado, agora eles recebem a arquitetura geral da aeronave e os padrões de avaliação de desempenho. Fazer as tarefas de inovação atingirem os padrões de desempenho agora é responsabilidade exclusiva dos parceiros

---

[11] "Firm, toned and taut", de Lori Gunter, *Boeing Frontiers*, nov. 2006.

externos. Então, a configuração final e os parâmetros de desempenho associados tornam-se as metas e os objetivos compartilhados da rede global de parceiros da Boeing.

Depois que a configuração final está estabelecida, a empresa e seus parceiros iniciam a terceira e última etapa da inovação – o detalhamento do design dos componentes principais. Cada parceiro conhece as expectativas em relação à sua contribuição (isto é, os grandes componentes) e também à dos demais integrantes da rede. Essa ampla compreensão dos objetivos traz coerência à etapa de detalhamento de design e às atividades de desenvolvimento realizadas entre parceiros localizados em diferentes lugares do mundo.

Os parceiros globais são responsáveis pelo design detalhado e também pela produção final dos componentes. As partes produzidas separadamente foram levadas a Everett (Washington), onde foram montadas em um prazo de três dias.

O papel da Boeing e de seus parceiros no projeto 787

Vamos agora examinar os papéis que a Boeing e seus parceiros desempenharam no projeto 787. A empresa desenvolveu um design geral que definiu os contornos do novo jato, porém, a tarefa de fazer o design específico das diferentes partes foi deixada a cargo dos parceiros globais. De fato, a rede de parceiros foi responsável por mais de 70% de todo o trabalho de design. Mais importante, aos parceiros foi entregue a responsabilidade de desenhar e desenvolver algumas das estruturas mais relevantes da aeronave. Por exemplo, os parceiros japoneses desenvolveram as seções inteiras das asas do 787. Como afirmou Thomas Pickering, da Boeing: "Essa foi a primeira vez que delegamos toda a asa... nas mãos de um parceiro."[12] Realmente, nenhum avião da Boeing até então havia voado com asas estrangeiras, e a companhia sempre manteve internamente esse conhecimento crítico (as "joias da coroa") relacionado à construção de aeronaves.[13]

---

[12] Pritchard e MacPherson (2005).

[13] Artigo de E. Fingleton, "Boeing, Boeing gone: outsourced to death", *American Conservative*, 24 jan. 2005.

Então, ao construir o 787, a Boeing realizou uma mudança radical em seu próprio papel – nas palavras de Scott Strode, vice-presidente de desenvolvimento e produção de jatos, a empresa mudou de "construtora" para "integradora". Segundo ele, o papel da Boeing como integradora exige o suporte de "um amplo leque de responsabilidades, que inclui a reunião de um time de parceiros, fazendo funcionar um compromisso com expectativas definidas, escolha de ferramentas e processos comuns e a opção crítica pelas tecnologias aplicadas".[14]

Essa mudança de papel fez parte do plano principal – a visão para 2016 da Boeing – para transformar a empresa de fabricante em designer e integradora de aeronaves de alta tecnologia.[15] E essa foi uma mudança que os parceiros da companhia compreenderam muito bem. Vern Broomall, vice-presidente de qualidade e engenharia da Vought Aircraft, um dos parceiros de inovação, comentou: "Há uma mudança real na abordagem do negócio – com a Boeing assumindo o papel de integradora e os parceiros ficando com a responsabilidade sobre os principais componentes."

A Boeing foi também a principal tomadora de decisões na rede. Embora cada parceiro global tivesse bastante autonomia no que se refere ao design dos componentes individuais, houve ainda a necessidade de que exista um único tomador de decisões nas questões principais de design e desenvolvimento. Essas decisões foram adotadas pelo time de gestores da Boeing. O papel de liderança foi definido sucintamente por Steve Shaffer, vice-presidente de parceiros globais da divisão de aeronaves comerciais da Boeing: "Nós compartilhamos informações com os parceiros, nós os escutamos e nos influenciamos mutuamente. Mas, no final do dia, não há dúvida de que a Boeing está na liderança".[16]

---

[14] Entrevista por e-mail com Scott Strode, vice-presidente de desenvolvimento e produção da Boeing, em março de 2007.

[15] O slogan da Boeing em sua visão para 2016 é: "Pessoas trabalhando juntas como uma empresa global para alcançar a liderança aeroespacial". A Boeing assume explicitamente nessa visão o papel de integradora de sistemas em larga escala como sua competência central. Veja: <www.boeing.com/vision>.

[16] *Ibid.*

A empresa também se assegurou de que os papéis dos parceiros estivessem claramente definidos e explicitados. Como observa Broomall, da Vought: "Nunca participamos antes de um projeto no qual os papéis e as responsabilidades estivessem tão claros e consistentes como nesse."[17] E é bom que estivessem mesmo. A Vought desenhou duas grandes seções da fuselagem, que depois tiveram de ser integradas aos componentes produzidos pela Alenia Aeronautica, outro parceiro, na Itália. E Broomall concluiu: "A Vought trabalha diretamente com a Alenia e temos um excelente relacionamento, enquanto a Boeing facilita o trabalho de todos nós." Então, enquanto os parceiros da rede construíam sobre as ideias uns dos outros, a Boeing teve de não só facilitar essa criação cumulativa de conhecimento mas também orquestrar a distribuição das atividades de inovação.

O papel da Boeing como integradora e seu envolvimento limitado no detalhamento do design e no desenvolvimento das partes também representam a adoção de ênfases diferentes em suas outras tarefas. Por exemplo, Walt Gillette (vice-presidente de engenharia, produção e coordenador dos parceiros da Boeing) notou que, assumir o papel de integradora possibilitou à Boeing concentrar-se mais no atendimento da "voz do cliente" na etapa de desenvolvimento do produto.[18] Nesse papel, a Boeing pôde focar seus esforços em manter a integridade da visão do produto *vis-à-vis* à dinâmica do ambiente externo e das necessidades do mercado.

Qual foi o papel dos parceiros globais na rede? O papel primário foi o de inovador – ajudar a Boeing a definir a configuração geral da aeronave e inovar no design e desenvolvimento dos componentes individuais. Também foram responsáveis pela seleção e controle do segundo e terceiro níveis de parceiros na rede (fornecedores), uma tarefa antes tradicionalmente desempenhada com o envolvimento da Boeing. De fato, o projeto 787 foi o primeiro no qual outras entidades – e não a Boeing – controlaram a seleção do segundo e terceiro nível de fornecedores em um projeto da empresa para a criação de uma aeronave comercial.[19]

---

[17] Artigo "Boeing: new jet, new way of doing business", *CIO Insight*, 06 mar. 2006.

[18] Artigo de Debby Arkell, "The evolution of creation", *Boeing Frontiers*, mar. 2005.

[19] Pritchard e MacPherson (2005).

Gerenciamento da colaboração entre parceiros

A coordenação do trabalho entre parceiros em três continentes trouxe alguns desafios críticos em relação ao fluxo de informações e à comunicação. Os parceiros dispersos globalmente precisavam conversar em tempo real, utilizando o mesmo vocabulário, interpretar as informações de design criadas por outros e integrar esse conhecimento ao design dos componentes pelos quais são responsáveis. Em outras palavras, o que se precisava era de um sistema de colaboração em design que facilitasse o diálogo entre as companhias, oferecesse um vocabulário comum e permitisse a rápida transferência e integração do conhecimento ao design. E, como líder da rede, a Boeing teve a responsabilidade de oferecer essa infraestrutura de gestão de conhecimento.

A Boeing resolveu esse desafio criando um sofisticado ambiente virtual de colaboração global para seus parceiros compartilharem informações e colaborarem em tempo real nas questões de design. Os centros de colaboração global na Boeing e em cada matriz dos parceiros foram interconectados entre si por um sistema de videoconferência ao vivo (com transmissão encriptada para segurança adicional).

Essa solução deu oportunidade à adoção de uma variedade de tecnologias e ferramentas. A Boeing fez também parceria com a Dassault Systems, empresa francesa de softwares, para colocar em operação na plataforma da rede uma série de programas para dar suporte às atividades de design e desenvolvimento. Isso incluiu o CATIA (V5), uma ferramenta computadorizada de design; o DELMIA, uma solução de manufatura; e o ENOVIA, uma interface de engenharia. Os parceiros globais também utilizaram ferramentas de colaboração disponíveis pelo Exostar, um site de intercâmbio comercial da indústria aeroespacial. Da mesma forma, as ferramentas de banco de dados e comunicação da Radiance foram aplicadas para transmissão de grande volume de informações entre os parceiros. Além disso, aplicativos de visualização desenvolvidos pela Boeing possibilitaram que os parceiros realizassem revisões de design em tempo real sem esperar os arquivos baixarem na tela.

Essas ferramentas ajudaram a criar um ambiente altamente colaborativo. A infraestrutura para a interação em tempo real facilitou e promoveu o diálogo continuado entre as empresas parceiras. Além do mais, a configuração, a arquitetura geral da aeronave e as interfaces de design foram incorporadas em um banco de dados comum, que era compartilhado por todos os parceiros. E muitas das ferramentas empregaram uma linguagem padrão de engenharia de design para facilitar a interpretação e a integração da inovação desenvolvida por outros integrantes da rede.

Steve Shaffer, vice-presidente dos parceiros globais na divisão da Boeing para aeronaves comerciais, assegurou que o projeto 787 enfatizava a "prontidão situacional" entre os parceiros.[20] Cada um era mantido continuamente alerta para as atividades de design realizadas pelos outros, assim como para os impactos do ambiente externo sobre o negócio e sobre as decisões tecnológicas. Essa "prontidão situacional" ou uma *visão de mundo compartilhada* foi uma das questões chave da inovação centrada em redes. No caso do 787, o ambiente global de colaboração facilitou a construção e a manutenção dessa prontidão situacional durante toda a duração do projeto.

Construindo um ambiente baseado em confiança

Os contratos formais assinados entre a Boeing e cada um de seus parceiros explicitam com clareza a natureza da colaboração e as expectativas relacionadas aos resultados. Além disso, a Boeing investe fortemente na criação de um ambiente na rede baseado em confiança. Como os parceiros globais logo perceberam, foi um desafio complexo reunir empresas como um time e fazê-las concordar em questões técnicas, para não mencionar a integração entre abordagens culturais diferentes. Um elemento chave para o sucesso foi a confiança e a compreensão do processo de trabalho um do outro e da cultura que se forma ao longo do tempo.

Consideremos o desenvolvimento de uma das seções da asa, que estava sob responsabilidade da japonesa Mitsubishi Heavy Industries (MHI). A asa do 787 foi a maior estrutura de liga já construída para um avião comercial. Ao desenvolver e testar essa seção da asa, a MIH teve de interagir e se coordenar não apenas com a Boeing mas também com vários outros parceiros da

---

[20] Artigo "Sharing the dream", *Boeing Frontiers*, ago. 2006.

rede. Quando chegou o momento do teste, a MHI tinha uma abordagem diferente da Boeing para o protótipo e o teste do material. O uso da liga criava dois desafios: o de fazer o design de um novo componente e o de conhecer e entender o comportamento do novo material que estava sendo usado para produzi-lo.

Como relatou Dan Smith, líder de teste e tecnologia no projeto 787: "Nós investimos algum tempo antes (nas etapas de design e desenvolvimento) no processo de estabelecer um vínculo de confiança entre a Boeing e a MHI".[21] Smith convocou as equipes da Mitsubishi e da Boeing a completar o desenvolvimento inicial do protótipo do componente em 6 semanas – a Boeing tinha a missão de desenvolver o protótipo, e a MHI, a tarefa de produzir a ferramenta para testá-lo – estabelecendo um "desafio de cerveja e saquê". Se a MHI cumprisse o cronograma e a Boeing não, o time perdedor teria de comprar saquê. Se fosse ao contrário, a equipe japonesa pagaria cerveja para a equipe da Boeing. Esse tipo de desafio amigável ajuda a construir a confiança entre os parceiros. Nesse caso, como os dois times conseguiram cumprir o cronograma, todos tiveram direito a cerveja e saquê. E, mais importante do que isso, nesse processo, as duas equipes reforçaram o apreço e a confiança nas competências e *expertises* uma da outra.

Essa confiança e compreensão compartilhadas dos contextos culturais e de trabalho entre os parceiros devem ser estimuladas entre todos os integrantes da rede, e não somente entre duas das empresas. Isso requer a adoção de novas perspectivas em compartilhamento de riscos e de informações. Steve Huggins é vice-presidente sênior de estratégia e desenvolvimento de negócios da Goodrich Corp, um parceiro chave da Boeing. Huggins observa que os fornecedores de componentes costumam ocultar suas informações e estratégias, assim como os jogadores de pôquer evitam mostrar as cartas. Mas essa é uma abordagem que iria contra as metas e objetivos do projeto 787. Como Huggins afirma: "O nível de compartilhamento de visões e previsões entre as empresas parceiras hoje é mais um diálogo entre colegas do que aquele tipo de conversa na qual se diz ao 'chefe' o que ele quer ouvir".[22]

---

[21] Artigo de Adam Morgan, "Wings around the world", *Boeing Frontiers*, mar. 2006.
[22] Debby Arkell (2005).

104 Cérebro Global

Essa abertura ao compartilhamento de informações e ideias contribuiu para o desenvolvimento da confiança e ampliou a visão de mundo em comum, o que foi fundamental para o sucesso da inovação centrada em redes.

O lado sombrio do ambiente de confiança gerado na rede é o risco de longo prazo que a Boeing poderia estar assumindo no que se tratava do conhecimento básico e das tecnologias compartilhadas com os parceiros para o desenvolvimento do 787. Por exemplo, o conhecimento tecnológico relacionado ao design de asas é considerado uma joia da coroa na produção de aeronaves. No projeto 787, as empresas japonesas envolvidas no design das asas tinham também sua agenda de longo prazo na indústria da aviação.

Por exemplo, a Kawasaki tinha planos futuros de ingressar sozinha na indústria da aviação comercial. Do mesmo modo, a MHI planejava aplicar o conhecimento adquirido no 787 em relação ao uso de novos materiais de liga e à propulsão em seus próprios projetos na área. Junichi Maesawa, diretor executivo da MHI, assegurou que o 787 "é um impulso para que o Japão se torne um produtor de aviões com capacidade entre trinta e cinquenta assentos nos próximos anos".[23] Então, a colaboração da Boeing com essas companhias conduziu a uma dispersão do conhecimento que criará novos concorrentes para o futuro? Essa questão ainda permanece sem resposta.

Comparações entre os projetos do Airbus A380 e o Boeing 777

Em suma, o 787 Dreamliner possui todas as características chave do modelo de Orquestra integrador da inovação centrada em redes. A Tabela 5.1 captura a essência do modelo e o confronta com o cenário da inovação centrada em redes apresentado nos capítulos anteriores.

---

[23] "Outsourcing U.S. commercial aircraft technology and innovation", de David Pritchard e Alan MacPherson, universidade estadual de Nova York, Buffalo, abr. 2004.

Tabela 5.1 ⊛ A rede do Boeing 787 Dreamliner

Elementos da inovação centrada em redes	Rede do Boeing 787 Dreamliner
Natureza do espaço de inovação	Foco mercadológico do produto e a configuração final da nova aeronave são definidos pela Boeing com a assistência dos parceiros externos. Essas especificações formatam a natureza do espaço de inovação e incorporam a modularidade necessária para o design colaborativo e o desenvolvimento do jato
Estrutura da liderança na rede	A Boeing é a líder da rede e todas as decisões chave, incluindo a configuração final, são tomadas sozinhas pela empresa. Em outras palavras, a liderança na rede é altamente centralizada na Boeing
Papéis de inovação	
Arquiteto	A Boeing assume o papel de integradora – o único papel de liderança na rede
Adaptador	Os parceiros globais, como a Kawasaki e a Fuji, assumem o papel de inovadores ao criar grandes componentes do novo jato
Agente	Não há entidades desempenhando o papel de intermediário ou de agente, pois a Boeing mantém ligações formais e diretas com todos os adaptadores chaves (inovadores)
Gerenciamento da rede	
Governança de rede	Acordos formais entre a Boeing e cada um dos parceiros globais; mecanismos de incentivo à geração de confiança também servem para facilitar a governança da rede e a coordenação; rede de acesso restrito e sistemas baseados em reputação também são aplicados
Gestão de conhecimento	Centros de colaboração global em todas as localizações geográficas, inclusive dos parceiros, facilitam e aprimoram a qualidade do diálogo entre as partes, a transferência de conhecimento e sua integração
Direitos de propriedade intelectual e apropriação de valor	Utilizam-se patentes e outros instrumentos formais de gerenciamento de propriedade intelectual. Alguns deles, relacionados ao projeto 787, são de propriedade da Boeing, outros dos parceiros globais e os demais são detidos pela Boeing e seus parceiros

Antes de concluir essa discussão, também pode ser útil destacar a nova abordagem da Boeing no projeto 787, comparando-o e contrastando-o às estratégias de desenvolvimento de outras duas aeronaves: a do Boeing 777 e a do megajumbo concorrente Airbus A380. A Tabela 5.2 faz a comparação entre esses três projetos.

106 Cérebro Global

Tabela 5.2 ⊛ Comparação entre as abordagens de desenvolvimento do Boeing 777, do Boeing 787 e do Airbus A380

Característica	Boeing 777	Boeing 787	Airbus A380
O projeto	Lançado em 1990; custo entre 6 e 7 bilhões de dólares	Lançado em 2004; custo entre 13 e 14 bilhões de dólares	Lançado em 2002; custo entre 10 e 12 bilhões de dólares
Abordagem	Abordagem de projeto	Abordagem de desempenho	Combinação de abordagem de projeto e de desempenho
Relacionamento	Boeing é a contratante principal e controla todos os fornecedores, inclusive os de segundo e terceiro níveis	A Boeing escolhe parceiros globais chave e estes selecionam e controlam os de segundo e terceiro níveis	A Airbus, como contratante principal, seleciona e controla todos os fornecedores
Compartilhamento de riscos e benefícios	Os fornecedores assumem riscos limitados em inovação e em recursos financeiros (contratos baseados em preço fixo)	Os parceiros globais assumem riscos tecnológicos e financeiros significativos (parceiros investem no projeto e absorvem custos do desenvolvimento)	Os fornecedores assumem risco financeiro considerável (contribuição de 3,1 bilhões de dólares no desenvolvimento)
Papel de liderança	A Boeing faz o design, desenvolve, constrói e integra do início ao fim; os fornecedores oferecem serviço de manufatura de componentes	Atuando no modelo de Orquestra integrador, a Boeing dá a visão e coordena a atividade de inovação	A Airbus assume o comando corporativo (a matriz em Toulouse, na França, coordena as atividades)
Natureza da distribuição da atividade de design	A Boeing compartilha o design e a construção de 76%; o desenvolvimento de componentes críticos permanece com a empresa	A Boeing compartilha o design e a produção de 35%; até o design e desenvolvimento de componentes críticos, como seções da asa, ficam sob responsabilidade de parceiros globais	A Airbus assume a maior parte da responsabilidade sobre design; o desenvolvimento de componentes críticos permanece com a empresa

Ao produzir o jato 777, a Boeing seguiu a abordagem tradicional de "projeto completo" no qual os fornecedores são chamados a manufaturar

O modelo de Orquestra **107**

componentes que se integrem às detalhadas exigências de design especificadas pela empresa. O 777 envolveu significativos avanços tecnológicos. No entanto, muitas dessas inovações derivaram da própria companhia. Os fornecedores externos desempenharam um papel bastante limitado no desenvolvimento dessa aeronave. Por exemplo, os fornecedores japoneses contribuíram para o desenvolvimento de menos de 20% dos componentes do 777. Além disso, diferentemente do projeto do 787, a maior parte das tecnologias e do design de componentes (por exemplo, as seções das asas) permaneceu secretamente dentro da empresa. Também no projeto do 777, os fornecedores assumiram riscos bastante limitados em relação às tecnologias ou ao investimento necessário para o novo design e a manufatura de componentes.

O desenvolvimento do A380 aproxima-se um pouco da abordagem de inovação centrada em rede, mas se mostra bastante tímido quando comparado ao projeto de desenvolvimento do 787. Por que nós consideramos o A380 como uma abordagem de inovação centrada em redes? Tecnicamente, a Airbus SAS é uma entidade corporativa única, com sede em Toulouse, na França. No entanto, na verdade, as suas quatro divisões, localizadas na Inglaterra, na França, na Alemanha e na Espanha, ainda operam como empresas distintas, que deram origem à Airbus a partir de empresas europeias de aviação sediadas naqueles países. De fato, no início de 2006, o ex-CEO da Airbus, Christian Streiff, comentou que "a Airbus, em parte, ainda é uma justaposição de quatro companhias". A empresa permanece "terrivelmente balcanizada", com as quatro divisões contando com forças políticas nacionais e demonstrando ciúmes xenófobos.[24]

As principais tarefas de design e desenvolvimento do projeto do A380 foram repartidas entre essas quatro divisões da empresa com a Inglaterra ficando responsável pelas asas, a Alemanha encarregada da estrutura da cabine, a Espanha com a atribuição da cauda e a França com o encargo de realizar a integração final dos componentes. Além disso, um grupo de fornecedores externos, localizados na Europa e em outras partes do mundo, esteve envolvido no design e no desenvolvimento de uma pequena quantidade de subcomponentes. Portanto, o desenvolvimento do A380 seguiu a

---

[24] "Wayward Airbus", *BusinessWeek*, 23 out. 2006.

abordagem da inovação centrada em redes, embora as atribuições dos fornecedores externos sejam restritas, quando comparadas ao projeto do 787. Ainda assim, como no caso do 787, os fornecedores do Airbus A380 foram convocados a contribuir para os custos de desenvolvimento – que chegou a uma soma de aproximadamente 3,1 bilhões de dólares.[25]

O que esses exemplos demonstram quanto às implicações da adoção do modelo de Orquestra integrador para os resultados de inovação? A comparação entre o 777 e o 787 indica uma redução significativa no prazo, aplicação de tecnologias e materiais inovadores e diminuição geral dos custos de desenvolvimento. Como observa Broomall, da Vought: "Nós provavelmente gastamos de um terço à metade do tempo e talvez 50% dos custos de desenvolvimento em comparação aos métodos tradicionais (como o seguido no projeto do 777)."[26]

Em contrapartida, o caso do A380 mostra a importância central do papel de liderança assumido pela entidade dominante (isto é, o papel de integrador). Por exemplo, em julho de 2006, a Airbus anunciou atrasos significativos no projeto, que foram atribuídos a problemas com os sistemas eletrônicos da cabine. Especificamente, esses sistemas foram desenhados e desenvolvidos em Hamburgo, na Alemanha, e não atenderam às exigências no processo de integração final realizado na França. Investigações posteriores demonstram que a causa foi a utilização de softwares incompatíveis. Uma análise detalhada revela que o projeto do A380, com as tarefas de design e desenvolvimento distribuídas entre as quatro divisões da companhia, careceu de uma entidade capaz de desempenhar o papel crítico de liderança no modelo de Orquestra integrador. Outra questão importante nesse caso foi a falta de um sistema de gestão de conhecimento em comum. As ferramentas do software PLM utilizadas no desenvolvimento do A380 estavam ultrapassadas e tinham capacidades limitadas para suportar a colaboração virtual entre as diferentes entidades da rede (por exemplo, as ferramentas não conseguiam suportar a criação de um

---

[25] EADS (2003 European Aeronautical Defense and Space Company) EADS N.V. Financial Year 2002. Disponível em: <www.financial.eads.net/docredozuk4.pdf>.

[26] Artigo publicado na *CIO Insight*, 06 mar. 2006.

protótipo digital do A380). Essa falta de capacidade de gestão do conhecimento, aliada a uma orquestração de rede bastante deficiente (ou liderança de rede), conduziram a uma consciência comum limitada ou à visão de mundo desintegrada entre os diferentes parceiros do projeto. Por isso, falharam na detecção precoce de falhas de design, o que evitaria atrasos e aumento de custos no projeto.

Esses e outros exemplos comprovam a importância de três questões gerais que subjazem ao sucesso da adoção do modelo de Orquestra integrador:

- A entidade desempenhando o papel de Integrador tem de *exercer forte liderança sobre as atividades de inovação* – liderança que deve se evidenciar na visão estratégica e no esclarecimento da arquitetura de inovação, na facilitação e coordenação das atividades de inovação da rede de parceiros e na integração e entrega da inovação ao mercado.

- Os parceiros chave da rede envolvidos no design e desenvolvimento precisam estar *suficientemente comprometidos com o projeto* – em outras palavras, a entidade dominante deve certificar-se de que os parceiros repartam riscos, assim como benefícios resultantes da inovação.

- A entidade líder deve também estabelecer um ambiente que incentive a construção de relacionamentos baseados em confiança e a habilidade de compartilhar conhecimento rapidamente, o que assegura uma alta "prontidão situacional".

Vamos abordar a seguir o segundo modelo de Orquestra – o modelo de Orquestra em plataforma.

O MODELO DE ORQUESTRA EM PLATAFORMA: O CASO DA SALESFORCE.COM E DO APPEXCHANGE

No Capítulo 2, apresentamos brevemente o caso da Salesforce.com (fornecedor de soluções para gestão de relacionamento com clientes) e de seu fórum AppExchange, como um exemplo de iniciativa de inovação centrada em rede. Mais especificamente, como mostramos agora, a Salesforce.com é um bom exemplo de modelo de Orquestra em plataforma da inovação centrada em redes.

Salesforce.com: de fornecedor de soluções a fornecedor de plataforma

Fundada em 1999, com sede em São Francisco, a Salesforce.com é um dos fornecedores líderes no crescente mercado de *Customer Relationship Management* (CRM). As principais ofertas da empresa estão primariamente focadas em automação de força de vendas, automação de marketing, gerenciamento de parcerias e automação de serviços e suporte aos consumidores. Os serviços de automação de força de vendas ajudam as empresas a estabelecer sistemas e processos para gerenciar as contas dos clientes, identificar os líderes em vendas, compartilhar previsões comerciais e coordenar outras tarefas com as equipes de vendedores. Os serviços de automação de marketing possibilitam que as empresas gerenciem suas campanhas publicitárias. A automação de serviços e suporte aos consumidores permitem que as companhias monitorem, gerenciem e coordenem suas interações com os clientes existentes em diferentes áreas (por exemplo, solicitações de assistência técnica, dúvidas sobre produtos e serviços, reclamações e falhas de estoque e assim por diante).

O aspecto exclusivo nos serviços da Salesforce.com é que as soluções de automação estão disponíveis com acesso *on demand*, ou seja, são serviços que os clientes da empresa podem acessar direta e continuamente via internet, tendo a oportunidade de responder com mais agilidade às demandas do mercado. A participação desse tipo de programa (também chamado de *software as service*) está crescendo rapidamente nesta década – por exemplo, um relatório estima que em 2011, cerca de 25% do mercado de software para empresas deverá ser do tipo *on demand*.[27] Desde a sua fundação, a Salesforce.com tem crescido depressa, lastreada na crescente popularidade de sua visão estratégica em relação ao acesso de programas via internet. Em julho de 2007, a empresa contava com 32 mil clientes utilizando seu software e aproximadamente 646 mil usuários pagantes ao redor do mundo.

Apesar do sucesso com esse conjunto de produtos para CRM, a Salesforce.com planeja ser mais do que um fornecedor de soluções específicas para a área. Desde 2003, a empresa gradualmente evolui para a posição de

---

[27] Relatório Gartner, 2006.

líder em plataformas. A Salesforce.com definiu uma arquitetura *on demand* essencial que auxilia os desenvolvedores externos a criarem aplicativos, ampliando o escopo das ofertas centrais da empresa ao mercado. Essa mudança para fornecedor de plataforma objetiva expandir fortemente o alcance da empresa além das raízes das ferramentas de gerenciamento de relacionamento com clientes (CRM). Em vez de criar e oferecer todos esses novos aplicativos por si mesma, a estratégia de plataforma capacita a Salesforce.com a se aproveitar das capacidades e do potencial de inovação de programadores externos para se transformar em uma fornecedora de infraestrutura computacional multipropósitos.[28]

Como avalia o fundador da companhia, Marc Benioff: "A estratégia é deixar mil flores desabrocharem e procurar a inovação entre elas."[29] A empresa pretende encontrar parceiros externos para desenvolver aplicativos que possam ser integrados às soluções de CRM, mimetizando a experiência já incorporada na interface com os usuários. Ou seja, até onde vai a percepção de utilização do cliente, os novos aplicativos rodam amigavelmente e com a navegabilidade já conhecida da Salesforce.com. Isso permite a expansão das atividades da companhia sem que ela mesma tenha de desenvolver todos os novos programas.

A plataforma tecnológica da Salesforce.com

A plataforma tecnológica *on demand* que a empresa desenvolveu e disponibiliza aos programadores externos é constituída de diversos componentes. Primeiro e acima de tudo, ela inclui aplicativos de vendas e marketing, além dos serviços de relacionamento e suporte aos clientes. Depois, a plataforma também é constituída a partir de um sistema operacional *on demand*, a linguagem de programação compatível, a base de integração e um programa de compartilhamento.

Vejamos a Apex, um elemento importante da plataforma tecnológica da Salesforce.com. A Apex é uma nova linguagem de programação *on demand* em Java que a empresa tornou disponível para os desenvolvedores externos.

---

[28] "Salesforce.com's new gamble", *CNET*, 26 jul. 2005.
[29] "Salesforce.com buys into Google AdWorks", *CNET*, 21 ago. 2006.

Os aplicativos construídos com essa linguagem ficam acessíveis como um serviço web e podem ser usados com padrões XML e SOAP. A Apex roda na infraestrutura de servidores da Salesforce.com na qual foi originalmente hospedada e, por isso, é mais rápida e poderosa que as demais linguagens. Essa funcionalidade aprimorada abre novas possibilidades para os programadores externos. Além disso, os aplicativos criados com a Apex podem interagir para acessar e manipular dados disponíveis nos programas de CRM da Salesforce.com.

Os parceiros da rede da Salesforce.com podem usar a Apex para construir inteiramente novos aplicativos ou soluções e integrá-los aos próprios programas de CRM da empresa. A linguagem é derivada da mesma tecnologia que a companhia utiliza em suas atividades internas de desenvolvimento. Por isso, os atuais usuários podem também aplicar a linguagem Apex para customizar diferenciais e funções nos aplicativos *on demand* da Salesforce.com. Ela permite que os programadores externos e os usuários criem ou modifiquem aplicativos em um ambiente controlado com a linguagem da plataforma da Salesforce.com.

A plataforma tecnológica da empresa ainda inclui outros elementos que aprimoram, como um todo, as capacidades e a gama de aplicações que podem ser desenvolvidas. Por exemplo, há uma interface para acesso e gerenciamento de dados complexos de relacionamento, envio de mensagens em tempo real, notificação de eventos da Salesforce.com e um conjunto de ferramentas Ajax que pode fazer a conexão entre os aplicativos customizados pelo usuário e outros sistemas, como o Google Maps.

A companhia tem bastante esclarecidas as razões que a levaram a abrir e oferecer esse tipo de plataforma. Como afirma Adam Gross, vice-presidente: "Temos a visão de um milhão de aplicativos *on demand*, mas, como empresa, escolhemos desenvolver somente os programas de CRM. A Apex e outros elementos da nossa plataforma dão aos nossos parceiros a liberdade sem custos e a capacidade para desenvolver um universo inteiro de programas on demand... tão diversos como aplicativos para recursos humanos, gerenciamento de estoques ou programas transacionais para *e-commerce*."[30] De fato,

---

[30] Adam Gross em entrevista com os autores, em novembro de 2006.

ao liberar o acesso à Apex, a companhia pretende ter um impacto muito mais amplo na arena dos softwares empresariais – especificamente, quer que a Apex tenha o mesmo efeito alavancador sobre o mercado *on demand* que a Java teve na web de consumo na década de 1990.

Portanto, diferentemente do modelo de Orquestra integrador, aqui, o objetivo da entidade dominante ao definir a arquitetura da tecnologia não é especificar os componentes da inovação que os outros integrantes da rede devem desenvolver e contribuir. Em vez disso, a arquitetura *on demand* serve como o alicerce sobre o qual os parceiros da rede desenvolvem aplicativos complementares para estender o alcance e a gama do portfólio de produtos da empresa.

No entanto, perseguir esse tipo de agenda de inovação requer mais do que simplesmente definir uma plataforma tecnológica. Isso exige desempenhar o papel de líder da plataforma na rede para promover e facilitar as atividades complementares de inovação dos parceiros. No caso da Salesforce.com, o veículo para o exercício desse papel de liderança é o fórum de programadores denominado AppExchange.

A rede AppExchange

O AppExchange é um fórum criado pela Salesforce.com para servir de território comum no qual todos os integrantes da rede possam se reunir. Esses membros incluem desenvolvedores independentes de softwares, clientes e outros parceiros tecnológicos. O AppExchange atende a diversos objetivos, entre eles, oferecer um ambiente de desenvolvimento para os programadores externos e facilitar o compartilhamento de conhecimento relacionado à plataforma tecnológica.

Os participantes primários da rede de inovação da Salesforce.com são os desenvolvedores independentes, que criam aplicativos baseados na plataforma tecnológica da empresa. O papel deles é de "complementadores" – criando aplicativos complementares às principais soluções de CRM da companhia. A natureza da inovação perseguida pelos complementadores é limitada somente pelas especificações da plataforma tecnológica e pela imaginação dos desenvolvedores e da comunidade *on demand*.

114 Cérebro Global

Para que se tenha uma ideia da natureza e da diversidade das aplicações disponíveis no AppExchange, vejamos os dois exemplos a seguir. A Envox Worldwide, uma fornecedora de soluções de voz, criou um novo aplicativo denominado Envox PhoneLink. O programa opera sobre a solução de CRM e possibilita que as empresas usuárias adicionem pop-ups de tela e funcionalidades clique-para-conectar em seus centros de relacionamento com os consumidores.[31] Outro desenvolvedor externo, a Software DreamFactory, criou componentes adicionais que estendem os diferenciais do programa básico de CRM, incluindo automação de trabalho em equipe e funções de gerenciamento – entre elas, gestão de projetos, calendário colaborativo e compartilhamento de documentos.

O AppExchange tem dois objetivos:

- **Possibilitar que a empresa torne disponíveis as tecnologias da plataforma, assim como o conhecimento necessário para sua aplicabilidade.** Como líder, a Salesforce.com tem como única atribuição definir e conduzir a evolução da plataforma. O AppExchange possibilita que a empresa mantenha a comunicação com a comunidade de desenvolvedores – educando-os sobre os novos desenvolvimentos da plataforma, capturando as necessidades e questões emergentes da comunidade e facilitando de um modo geral o uso das tecnologias.

- **Servir como um fórum para que os integrantes da rede compartilhem e distribuam programas desenvolvidos sobre a plataforma, tornando-a o ambiente de mercado para aplicativos complementares.** Existe o diretório no qual os programadores externos podem listar suas ofertas. Outros participantes da rede (por exemplo, os usuários já existentes das soluções de CRM) podem acessar o diretório, selecionar um aplicativo de interesse, testá-lo ou instalá-lo para seu próprio uso.

Em julho de 2007, o diretório do AppExchange listava 600 aplicações complementares *on demand*, que iam desde soluções financeiras até recursos humanos e gestão de estoques. E 7.400 participantes, fora do conjunto de 32 mil usuários clientes da Salesforce.com, já haviam instalado pelo menos

---

[31] "Envox Phonelink now available on Salesforce.com's AppExchange", *CRM Today*, 11 out. 2006.

um aplicativo do diretório do AppExchange.[32] Embora alguns dos aplicativos são oferecidos gratuitamente, outros precisam ser adquiridos dos desenvolvedores externos. O diretório facilita a busca, o teste e a instalação dos programas – da mesma forma que você entra no site do iTunes, experimenta, baixa e adquire músicas. Então, o AppExchange serve como um serviço online de aplicativos empresariais desenvolvidos na plataforma tecnológica da empresa.

A companhia chama o seu AppExchange de "eBay da computação *on demand*"[33] – um fórum comunitário que dá a oportunidade para que os desenvolvedores externos criem e ofereçam um "ecossistema de serviços" que operam melhor com as principais soluções de CRM da própria Salesforce.com. E, ampliando a analogia com o eBay, a empresa espera um crescimento viral – conforme o AppExchange for disponibilzando mais produtos, mais compradores aparecerão e, em troca, mais desenvolvedores colaborarão com o fórum.

A governança do AppExchange

Como no caso do eBay, disponibilizar esse fórum para desenvolvedores externos e parceiros requer que a Salesforce.com disponha também do nível apropriado de governança e monitoramento. Diversos elementos formam a governança da rede AppExchange. A companhia aplica os seguintes mecanismos formais e informais para governar o fórum:

- REGISTRO: somente desenvolvedores e parceiros externos cadastrados podem participar do diretório do AppExchange. Embora o registro seja gratuito, isso possibilita que a empresa mantenha um "portão" para a rede, que oferece um primeiro nível de governança.

- CERTIFICAÇÃO: todos os aplicativos que os programadores externos desejem compartilhar ou distribuir no fórum do AppExchange precisam ser submetidos a um processo intenso de revisão e certificação realizado pela empresa. Essa certificação assegura que o aplicativo atende aos padrões predefinidos, no que se refere à segurança, confiabilidade e qualidade.

---

[32] Adam Gross, vice-presidente da Salesforce.com, em entrevista com os autores, em novembro de 2006.

[33] Artigo "Salesforce.com strives for the on demand Apex", de Dan Farber, *ZDNet,* 08 out. 2006.

O processo de certificação tem um teste de 300 quesitos, que inclui auditoria de segurança, revisão de funcionalidade e integração, testes de operacionalidade e auditoria por um consumidor de referência. A última parte – a auditoria do usuário – objetiva incorporar o retorno do consumidor ao processo de certificação. Depois que um aplicativo passa com sucesso pelos testes de certificação, a empresa concede o selo de "Aplicativo Certificado pelo AppExchange" para ser aplicado ao lado da logomarca do desenvolvedor nesse produto.

- **CLASSIFICAÇÃO DE QUALIDADE:** a Salesforce.com utiliza sua comunidade de usuários para avaliar a qualidade dos aplicativos. Como no caso do eBay, a comunidade atua como juiz da qualidade do desempenho dos integrantes da rede. Os integrantes da comunidade podem classificar um aplicativo com uma escala de cinco pontos e a nota média em qualidade é publicada no diretório do AppExchange. Os integrantes da comunidade podem também fazer comentários detalhados ou críticas sobre o aplicativo.

- **MONITORAMENTO DA PLATAFORMA:** a Salesforce.com também monitora como sua plataforma tecnológica está sendo utilizada pelos desenvolvedores externos e, dessa forma, pode proteger a integridade da plataforma e das soluções hospedadas nela. As soluções desses programadores podem causar riscos complexos, entre eles, aplicativos truncados, o que vai contra as normas e valores da empresa no que diz respeito a facilidade de uso e valor agregado. Para enfrentar esse risco, a companhia criou medidas para salvaguardar-se contra o uso inadequado e inadvertido dos programas. Por exemplo, quando a linguagem Apex está sendo executada na plataforma *on demand*, o aplicativo é constantemente monitorado em relação à finalidade para qual está sendo usado e em relação a quais recursos estão sendo consumidos. Esse monitoramento sobre os programas complementares hospedados na plataforma por desenvolvedores independentes não exclui nem detém o processo de certificação. Em vez disso, ele prossegue, inclusive, durante a execução.[34]

---

[34] "Salesforce.com cooks up on demand programming language", de Stacey Cowley, *CRN*, 09 out. 2006. Disponível em: <http://www.crn.com/sections/breakingnews/breakingnews.jhtml?articleId=193105561&cid=CRNBreakingNews>.

Outras iniciativas da Salesforce.com como líder de rede

A Salesforce.com tem adotado uma série de outras iniciativas nos últimos anos para aprimorar a natureza e a qualidade dos resultados em inovação de sua rede. Vamos lançar um rápido olhar para algumas delas.

IdeaExchange

Os clientes da Salesforce.com também integram a rede de inovação da empresa. Eles desempenham o papel de "ideadores", servindo como fonte para a criação de novos produtos ou aprimoramento dos já existentes. A empresa estruturou um fórum separado para os clientes, chamado de Idea-Exchange, para facilitar o diálogo entre os usuários ativos e a empresa, tratando de produtos e de questões ligadas à tecnologia. Os clientes podem visitar o IdeaExchange e sugerir melhorias ou tratar do conceito de novos produtos. Os comentários e sugestões publicados no fórum são constantemente monitorados para identificar ideias promissoras que possam ser implementadas. Os usuários também podem avaliar as ideias postadas no fórum por outras pessoas – ou seja, indicar que uma sugestão é útil, relevante e importante. As ideias que são mais bem avaliadas recebem mais atenção da empresa e são prioritariamente consideradas para implementação. O fórum também possibilita que os usuários interajam diretamente com os gerentes de produto. Então, o IdeaExchange é um mecanismo para que os clientes da Salesforce.com participem ativamente da inovação de produtos, indicando como podem ser aprimorados para beneficiá-los ainda mais.

Mais importante ainda, o fórum dos usuários serve como um "jardim" de ideias para os desenvolvedores externos de aplicativos. Isto é, a maioria das sugestões postadas no fórum está ligada a funções complementares ou produtos – funções com as quais os clientes gostariam de contar, mas que ainda não foram incorporadas aos principais produtos da empresa. Dessa forma, eles estão indicando o mercado potencial das aplicações complementares mais específicas. A companhia também usa o fórum para se comunicar com os clientes e outras partes interessadas sobre suas tecnologias e planos de desenvolvimento de produtos. Como afirma Kendall Collins, vice-presidente sênior da empresa: o IdeaExchange é um roteiro transparente para o processo de inovação da empresa e da demanda dos clientes por novos aplicativos e componentes.[35]

Comarketing e apropriação de valor

O AppExchange é o ambiente de mercado para as aplicações complementares. Nele, os desenvolvedores externos podem apresentar e negociar seus aplicativos para os clientes em potencial. Por isso, o fórum serve como um mercado mundial para aplicativos *on demand*. No entanto, o AppExchange não é o único canal de apropriação de valor para os desenvolvedores externos. A Salesforce.com também assume um papel mais ativo para fazer marketing desses aplicativos entre seus próprios clientes.

Por exemplo, depois que um programa conquista a certificação da empresa, o programador torna-se parceiro e pode partilhar planos de comarketing – patrocínio de eventos, localização paga no AppExchange e assim por diante. Além disso, a própria equipe interna de vendas faz a promoção de aplicativos complementares específicos com base nas necessidades de seus clientes – em essência, os desenvolvedores externos podem utilizar a infraestrutura de marketing e vendas da companhia para apresentar e promover seus produtos e serviços. Em muitas dessas oportunidades, a sinergia entre as soluções de CRM da Salesforce.com e dos aplicativos complementares é utilizada para alavancar o apelo total de valor para os clientes. Quando uma venda se concretiza, o processo de comercialização do produto do desenvolvedor externo é canalizado por meio da Salesforce.com.

Outras alianças com parceiros

Outras empresas de tecnologia também são parceiras chave na rede de inovação da Salesforce.com. Entre eles, estão fabricantes de acessórios e companhias que oferecem tecnologia de segurança, integração e telefonia digital. Essas empresas dispõem de tecnologias complementares, que podem ser aplicadas para melhorar o desenvolvimento de soluções customizadas para clientes em nichos específicos da indústria.

---

[35] "Salesforce strives for the on demand Apex", *ZDNet,* 09 out. 2006.

A Salesforce.com reúne essas empresas para obter suporte e promover aspectos específicos de sua plataforma. Por exemplo, a companhia formou a Aliança Apex para promover a sua linguagem de programação *on demand* que integra a sua plataforma tecnológica. A Aliança Apex inclui diversos parceiros tecnológicos da Salesforce.com, entre eles, Accenture, Adobe, Business Objects, Cingular Wireless, Dell, Deloitte, ExactTarget, Palm, Research in Motion, Satyam Computers, Siemens e Tata Serviços de Consultoria.

Esses fóruns e alianças funcionam como um mecanismo para que a empresa compartilhe conhecimento a respeito de sua plataforma tecnológica e identifique oportunidades para que seus desenvolvedores externos e parceiros beneficiem-se da plataforma em áreas específicas de aplicabilidade. A aliança também permite que a companhia sinalize o compromisso de outros líderes do setor com sua plataforma, o que lhe dá mais credibilidade diante do mercado, aumentando o poder de atração de novos programadores externos para sua rede.

Central incubadora de negócios do AppExchange

Anteriormente, nós mencionamos que a Salesforce.com desempenha um papel ativo na promoção e no marketing dos aplicativos complementares desenvolvidos pelos programadores externos que participam de sua rede de inovação. No final de 2006, a companhia anunciou uma iniciativa muito mais ambiciosa, denominada Central Incubadora de Negócios do AppExchange. O objetivo é cultivar, nutrir e promover as atividades de inovação de seus desenvolvedores de aplicativos complementares.

Essa central é essencialmente um processo de incubação para parceiros que constroem programas por meio do AppExchange. A empresa está investindo em infraestrutura física para hospedar os parceiros ainda incipientes. A incubadora também vai receber técnicos da Salesforce.com que estejam prontos para dar assistência ao desenvolvimento de novos aplicativos baseados na linguagem Apex. A primeira *startup* começou a trabalhar em janeiro de 2007, em San Mateo, na Califórnia, perto da matriz da empresa em São Francisco. As empresas parceiras poderão alugar espaço para se instalar na planta ao custo de 20 mil dólares por ano, o que inclui o custo de acesso

120   Cérebro Global

aos técnicos da Salesforce.com e aos canais de comercialização para levar a inovação ao mercado. A empresa também planeja estabelecer centros de incubação em Tóquio, Londres, Cingapura e Bangalore (Índia).[36]

A incubadora do AppExchange foi planejada para oferecer aos empreendedores (ou desenvolvedores externos) um pacote de serviços de negócios formatado para reduzir o prazo de desenvolvimento e de entrega da inovação ao mercado. Esses serviços incluem o acesso à linguagem de programação Apex e outros componentes da plataforma tecnológica, infraestrutura, desenvolvimento de produtos, suporte a vendas e marketing, levantamento de recursos financeiros e assistência na estruturação dos negócios.

A incubadora do AppExchange representa o papel bastante ativo que a Salesforce.com espera desempenhar para ampliar a sua rede de inovação. Não se trata apenas de identificar potenciais parceiros externos, mas também de investir recursos para dar suporte para que eles desenvolvam e coloquem produtos no mercado. Como retorno, a companhia espera que a estratégia da incubadora eleve a demanda geral de sua plataforma tecnológica e de seus principais programas de CRM.

Os centros de incubação significam outra oportunidade para a empresa – ela também será um crivo para aquisição de futuros negócios ou de aplicativos que poderão ser selecionados criteriosamente para compra e colocação no mercado.

Os líderes de plataforma devem moderar seu apetite em relação às aquisições complementares, mas, em muitos casos, essas compras podem significar uma situação de ganha-ganha. Por exemplo, em 2006, a Salesforce.com comprou uma pequena companhia chamada Kieden, que criou um complemento dos serviços de aquisição e gerenciamento de campanhas publicitárias no Google. A solução, que foi integrada aos principais produtos da Salesforce.com, permite que os gestores de marketing acompanhem campanhas em andamento e identifiquem quais usuários clicaram sobre o anúncio no Google e se tornaram efetivamente compradores. A Kieden, uma empresa com quatro profissionais, sediada em São Francisco, foi capaz de desenvolver uma versão beta pública do aplicativo e lançou a solução no AppExchange, no qual demonstrou claramente sua operacionalidade otimi-

---

[36] "Salesforce.com launches AppExchange Incubator", *CRM Today*, 10 out. 2006. Disponível em: <http://www.crm2day.com/news/crm/120085.php>.

zada e seu apelo de mercado.

O exemplo da Kieden, portanto, demonstra que a Salesforce.com pode aproveitar o poder de inovação de sua comunidade de desenvolvedores de diferentes maneiras – ela pode nutrir a expansão desses aplicativos, aprimorando indiretamente sua plataforma tecnológica, e adquirir as soluções altamente promissoras para integrá-las a seus principais produtos de CRM.

OS ELEMENTOS CRÍTICOS DO MODELO DE ORQUESTRA EM PLATAFORMA

Em resumo, o AppExchange representa a oportunidade para que a Salesforce.com deixe a atuação exclusiva em produtos de CRM e avance para a posição de fornecedora de uma plataforma que abranja todos os tipos de aplicativos *on demand*. Isso agrega valor à plataforma da empresa e aprimora os esforços de inúmeros parceiros da rede de inovação AppExchange. A Tabela 5.3 apresenta os elementos críticos do modelo de Orquestra em plataforma da Salesforce.com na inovação centrada em redes.

Tabela 5.3 ◎ Salesforce.com e a iniciativa AppExchange

Elementos da inovação centrada em redes	Salesforce.com e o fórum AppExchange
Natureza do espaço de inovação	Os principais produtos de CRM da Salesforce.com e sua arquitetura *on demand* oferecem uma plataforma para que os desenvolvedores externos construam aplicativos sobre esse alicerce. A plataforma modulariza o espaço de soluções e também possibilita que os diversos aplicativos "conversem uns com os outros".
Estrutura da liderança na rede	A Salesforce.com é a líder da rede; ela detém a propriedade da tecnologia da plataforma e toma todas as decisões relacionadas à sua evolução.
Papéis de inovação	
Arquiteto	A Salesforce.com desempenha o papel de líder da plataforma e é a única a exercer liderança na rede.

(continua)

122 Cérebro Global

(continuação)

Adaptador	Os desenvolvedores externos de aplicativos desempenham um papel complementar, criando aplicativos de software que completam e/ou expandem as funcionalidades dos produtos principais de CRM; os clientes assumem o papel de ideadores ao dar sugestões de novas aplicações e ao classificar o desempenho das soluções já criadas pelos desenvolvedores externos.
Elementos da inovação centrada em redes	**Salesforce.com e o fórum AppExchange**
Agente	A Salesforce.com também desempenha o papel de inomediária pela mediação da transferência de soluções dos parceiros externos (desenvolvedores externos de softwares) aos clientes finais pelo diretório do AppExchange (uma listagem de aplicativos disponíveis).
Gerenciamento de rede	
Governança de rede	O programa de parceria da Salesforce.com cria ligações quase formais entre os parceiros externos e a empresa e se baseia em critérios específicos de seleção; a comunidade de desenvolvedores externos é moderada pela Salesforce.com; o AppExchange atua como um mercado, viabilizando as transações entre os integrantes da rede.
Gestão de conhecimento	O ADN (AppExchange Developer Network) é o fórum para o diálogo e compartilhamento de conhecimento entre os membros da rede; também possibilita que a Salesforce.com divulgue novos desenvolvimentos tecnológicos na plataforma. Os fóruns offline, como o ADN@dreamforce, reúnem os desenvolvedores externos para que critiquem as novas soluções apresentadas na plataforma. A incubadora AppExchange Business facilita a transferência de tecnologia para os parceiros.
Direitos de propriedade intelectual e apropriação de valor	O AppExchange é o mecanismo primário de entrada no mercado dos desenvolvedores externos. A Salesforce.com também promove e faz marketing dos aplicativos complementares com sua própria infraestrutura de vendas e centraliza os procedimentos de comercialização para os parceiros; todos os direitos relacionados às soluções complementares são geridos pelos próprios parceiros externos.

O caso da Salesforce.com, assim como o de outros líderes de plataforma, como a IBM, Microsoft, Intel e Cisco, destacam o papel central na orquestração das atividades de inovação de diferentes integrantes da rede.[37] Ao explicar claramente a plataforma tecnológica, o líder oferece a estrutura do espaço de inovação que direciona e dá coerência às atividades dos diversos parceiros. E, como vimos em nossos estudos de caso, o papel envolve três importantes conjuntos de atividades: "semear" e nutrir os desenvolvedores de aplicativos complementares e outros parceiros de inovação; facilitar e apoiar a inovação; e oferecer mecanismos para comercialização e apropriação de valor. Voltaremos a esses tópicos no Capítulo 10, quando trataremos das capacidades organizacionais necessárias para desempenhar o papel de líder.

CONCLUSÃO

As duas formas admitidas pelo modelo de Orquestra descritas nesse capítulo representam os dois lados da mesma moeda.

No modelo de Orquestra integrador e no de Orquestra em plataforma, a arquitetura de inovação definida pela entidade dominante da rede torna-se o contexto de atuação dos parceiros externos. No modelo de Orquestra integrador, o objetivo é restringir as atividades dos parceiros e canalizar seus esforços de inovação para que se encaixem perfeitamente à visão da entidade dominante em relação ao produto final ou ao serviço a ser oferecido ao mercado. Já no modelo de Orquestra em plataforma, a meta é ampliar as oportunidades dos parceiros de rede para que inovem e desenvolvam aplicativos sobre a mesma tecnologia, expandindo, como um todo, o alcance e amplitude das ofertas.

Nos dois casos, a parte mais complexa é reunir um conjunto diversificado de parceiros capazes e que estejam suficientemente comprometidos com a arquitetura de inovação. Além disso, é imprescindível orquestrar as atividades dos participantes da rede, de modo a obter resultados que beneficiem toda a rede. Em suma, a entidade dominante tem de gerar a percepção na rede de que está oferecendo a oportunidade para que todos os seus integrantes sejam parte do sucesso do negócio.

---

[37] Para um estudo de caso detalhado das estratégias de plataforma da Intel e da Microsoft, veja *Plataform leadership*, de Annabelle Gawer e Michael Cusumano, HBS Press, 2003.

CAPÍTULO 6
O modelo de Bazar Criativo

Algumas vezes, em vez de criar um produto inovador a partir do zero, as empresas decidem "ir às compras" em busca de ideias inovadoras disponíveis no cérebro global. Fazer compras no "Bazar Criativo" – o mercado global de ideias, produtos e tecnologias – pode ser particularmente útil quando o prazo de colocação no mercado é um fator relevante e quando o ambiente externo à empresa é potencialmente rico em inovação.

Fazer compras em busca de inovação não é diferente de sair para comprar comida e saciar a fome. Basicamente, você tem duas opções. Pode ir ao supermercado comprar os ingredientes e fazer a comida para você mesmo. Como alternativa, pode pedir uma refeição completa em um restaurante. Cozinhar para você mesmo vai certamente custar mais barato, mas exigirá mais tempo e esforço. Além disso, a qualidade da comida por ser duvidosa, se você não for um bom cozinheiro. Em contrapartida, pedir uma refeição completa em um restaurante será mais rápido e fácil e, na maioria dos casos, a qualidade será mais confiável. No entanto, suas escolhas estarão limitadas aos pratos disponíveis no menu e, além disso, você terá de pagar um preço mais alto pela conveniência e pela redução do risco de qualidade.

Da mesma forma, quando uma empresa vai às compras para buscar inovação, as opções são similares. Pode escolher novos produtos e ideias tecnológicas "brutas" de inventores e, então, voltar para casa para "cozinhar", transformando tudo em produtos e serviços comercializáveis. Pode também adquirir produtos, tecnologias ou *startups* "prontos" para o mercado. Como na analogia com a comida, essas alternativas têm implicações diferentes sobre custos, alcance, riscos e prazo de colocação no mercado.

Independente da opção selecionada pela companhia para comprar inovação, será necessário interagir com uma rede de inventores e intermediários de inovação. Nesse capítulo, descrevemos as diferentes escolhas que podem ser feitas pelas empresas decididas a comprar inovação no Bazar Criativo. Como observamos no Capítulo 3, o modelo de Bazar Criativo envolve uma grande empresa buscando ideias e tecnologias em fontes externas e utilizando sua infraestrutura proprietária de comercialização (incluindo suas marcas, suas capacidades de design e seu acesso aos canais de distribuição) para desenvolver os projetos e torná-los prontos para o mercado.

O *CONTINUUM* DO BAZAR CRIATIVO

Ideias tecnológicas e produtos inovadores podem ser adquiridos em diferentes níveis de maturidade, que variam desde as propostas mais "brutas" até produtos "prontos" para o mercado. E as empresas podem utilizar os mais diversos mecanismos ou tipos de intermediários para chegar a essas inovações. Esses mecanismos divergem em termos de custo de aquisição e de mitigação de risco. Além disso, existem considerações adicionais, como o alcance do mecanismo (quantas ideias estão disponíveis) e o prazo para colocação no mercado (quanto tempo levará para que a ideia possa ser comercializada). A Figura 6.1 demonstra o *continuum* dos mecanismos de fontes no modelo de Bazar Criativo da inovação centrada em redes.

Olhando na ponta esquerda do *continuum*, as companhias encontrarão ideias de produtos ou tecnologias ainda pouco desenvolvidas ou "brutas". Podem acessá-las entrando em contato direto com inventores, como fez a Procter&Gamble (P&G) com sua iniciativa Connect+Develop.[1] A P&G convida inventores individuais para que lhe submetam produtos patenteados ou ideias tecnológicas com potencial de comercialização pela empresa.[2] Companhias como a Kraft, Kimberly Clark, entre outras, também anunciaram a adoção de iniciativas desse tipo, convidando entidades externas a colaborar por meio de seus sites.

Essas ideias "brutas" ou invenções de patente também podem ser fornecidas por uma série de intermediários de inovação, que incluem os corretores

---

[1] Leia mais sobre a iniciativa no site: <http://pg.t2h.yet2.com/t2h/page/homepage>.

[2] Veja a página do site em: <http://submitmyideatopg.com/submitmyidea>.

de patentes e as agências eletrônicas de Pesquisa & Desenvolvimento (P&D), por exemplo, a NineSigma e a Yet2.com. O foco principal dessas agências é fazer a conexão entre grandes empresas e inventores individuais (ou suas patentes). São corretores puros e, nesse papel de apenas fazer conexões, têm um envolvimento bastante limitado com o desenvolvimento das ideias inovadoras.[3] Da mesma forma, outro tipo de intermediário, os caçadores de ideias – entidades que "caçam" ideias inovadoras na comunidade de inventores sob o patrocínio de grandes empresas – utilizam seu domínio ou conhecimento de mercado para localizar projetos promissores sem se envolver muito no processo de inovação. Esses corretores e intermediários ampliam o alcance e a gama das fontes e reduzem os custos da compra de ideias, mas, geralmente, negociam propostas imaturas que exigirão um longo percurso até poderem ser colocadas no mercado. Sendo assim, há ainda muitos riscos de mercado que a companhia deve mitigar ao longo do desenvolvimento e dos testes dos novos produtos.

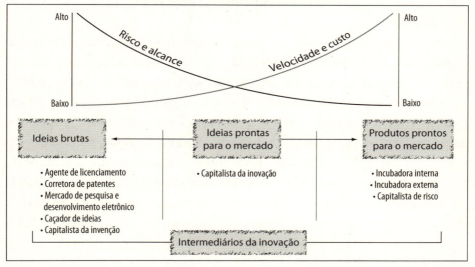

Figura 6.1 O *continuum* do Bazar Criativo

Fonte: adaptada da figura *The external sourcing continuum*, na p. 111 de *A buyer's guide to the innovation bazaar*, de Satish Nambisan e Mohanbir Sawhney, publicado na *Harvard Business Review* de junho de 2007. Todos os direitos reservados.

---

[3] Leia também *The Power of innomediation*, de Sawhney, M., E. Prandelli e G. Verona, publicado na *MIT Sloan Management Review* (inverno de 2003); e *Connect and develop*, de Huston, L. e N. Sakkab, na *Harvard Business Review* (março de 2006).

Agora, vamos analisar o outro lado do *continuum*. Os mecanismos de compra de inovação nessa ponta incluem incubadoras internas (como a central do AppExchange da Salesforce.com), incubadoras externas (por exemplo, as que são hospedadas em universidades) e os capitalistas de risco – entidades que investem em e/ou incubam novos negócios com o propósito de oferecê-los à aquisição de grandes empresas. No geral, as ideias geradas nesses negócios são desenvolvidas em sua integralidade, testadas no mercado e alinhadas com a infraestrutura organizacional.

O exemplo clássico aqui é a aquisição pela P&G da SpinBrush (a escova de dentes que funciona com bateria de baixo custo). O produto foi desenvolvido e lançado em 1999 por uma *startup* (Dr. Johns Products Ltd.) gerida pelo empreendedor John Osher, pelos diretores da Nottingham-Spirk (uma empresa de design industrial sediada em Cleveland) e por uma área jurídica interna especializada em patentes. Quando a P&G adquiriu a SpinBrush em 2001, o produto havia sido testado pelo mercado e proclamado como um sucesso comercial pelo desempenho de suas vendas iniciais na rede de lojas Walmart.

Nessa ponta do *continuum*, os mecanismos de fornecimento de inovação possibilitam o desenvolvimento do conceito do produto até o estágio no qual pode ser colocado diretamente no mercado, ou seja, um produto "pronto" para ser comercializado. Consequentemente, a grande empresa compradora pode se beneficiar do baixo risco da inovação e do curto prazo de sua colocação no mercado. O custo de aquisição é alto (por exemplo, a P&G desembolsou 475 milhões de dólares pela SpinBrush), enquanto o alcance da iniciativa é pequeno, porque poucas ideias caminham tão longe na trajetória de desenvolvimento a ponto de se tornarem prontas para o mercado. Além disso, as rotas de mercado, a organização das vendas e outros fatores da infraestrutura comercial adquiridos com o produto inovador não são necessários e devem ser descartados como custo pela empresa compradora.

Os capitalistas da inovação – preenchendo o espaço central

Analisando as duas pontas do *continuum* do modelo de Bazar Criativo, descobrimos que nenhuma delas oferece uma solução apetitosa para as transações de compra de inovação. Os caçadores de ideias e outros intermediários desse tipo (à esquerda do *continuum*) vendem propostas "brutas", enquanto os capitalistas de risco (CR) e as incubadoras negociam produtos "prontos para o mercado" ou empresas pequenas e já estruturadas. As ideias brutas são muito arriscadas e as empresas e/ou produtos já desenvolvidos e prontos são muito caros. Como todo político perspicaz costuma dizer, tem de haver uma terceira via – um mecanismo que congregue o melhor dos dois mundos. Na realidade, existe uma entidade que preenche a falha central do *continuum* do Bazar Criativo e viabiliza a aquisição de inovação pelas empresas, equilibrando alcance, custos, riscos e prazo de lançamento no mercado.

Nós denominamos essas entidades, que representam a terceira via, de capitalistas da inovação (CI). A capitalista da inovação é uma organização que busca externamente novas ideias promissoras entre inventores individuais, transforma-as em conceitos prontos para o mercado e vende seu direito de propriedade intelectual para grandes empresas. De fato, a capitalista da inovação oferece uma "ideia pronta para o mercado" em vez de uma ideia "bruta" ou de um "produto pronto". Ao atuar dessa forma, a CI agrega valor além daquele proporcionado por caçadores de ideias e agências de P&D. Especificamente, a CI investe na ideia, assume riscos e compartilha a receita gerada pela venda da propriedade intelectual.

A empresa capitalista da inovação é uma extensão da fronteira inicial (aquela parte ainda desestruturada) do processo de inovação das grandes companhias, possibilitando que estas façam aquisições eficientes em termos de alcance e de estágio de maturidade para o mercado. Voltando à nossa analogia com a comida, a CI vende alimentos semiprontos – ingredientes para serem preparados de acordo com uma receita promissora e que só precisam de mais alguns passos para se transformarem em uma refeição deliciosa!

Antes de discutirmos as capitalistas da inovação (e como as empresas podem fazer parcerias com elas) em mais detalhes, vamos abordar as duas opções que as companhias dispõem para adquirir "ideias brutas" no lado esquerdo do *continuum* do Bazar Criativo: a) parcerias com a comunidade de inventores e b) parcerias com os caçadores de ideias e outros intermediários desse tipo. Nós omitimos a ponta do lado direito mais alta do *continuum* porque esta se refere à compra de *startups*, que é uma estratégia tradicional em fusões e aquisições e está fora do escopo da inovação centrada em redes.

PARCERIAS COM A COMUNIDADE DE INVENTORES – A DIAL E A INICIATIVA *"PARTNERS IN INNOVATION"*

A parceria com inventores envolve ir direto à fonte – aos indivíduos que têm ideias criativas. Para entender como essa abordagem funciona, vamos analisar como a Dial Corporation, uma grande empresa de produtos de consumo com sede em Scottsdale (Arizona), conseguiu ser bem-sucedida e alcançar os inventores com sua iniciativa chamada *"Partners in Innovation"*. A companhia atua em três grandes mercados: higiene pessoal, lavagem de roupas e limpeza doméstica. Algumas de suas marcas mais conhecidas são Dial, Purex, Right Guard, Pure & Natural, Borax e Soft Scrub, e seus produtos estão no mercado norte-americano há mais de 130 anos. Em 1953, a empresa lançou um dos mais conhecidos slogans publicitários dos Estados Unidos: "Você não está mais feliz por usar Dial?" – para se posicionar como um dos melhores sabonetes antibacterianos do país.

Em março de 2004, a Dial tornou-se subsidiária da Henkel, um conglomerado alemão de produtos de consumo com sede em Düsseldorf. Enquanto a companhia compradora ampliou fortemente seu alcance e presença globais com o negócio, a Dial seguiu no mercado dos Estados Unidos como uma empresa de médio porte, competindo com gigantes como P&G e J&J. Essa desvantagem fez com que a Dial se tornasse mais agressiva em inovação para conquistar mais competitividade. Há alguns anos, esse foco na inovação levou a companhia a uma abordagem mais aberta, buscando fontes externas e, mais especificamente, lançando uma parceria com a comunidade de inventores.

A história da parceria da Dial com a comunidade de inventores começou em 2003, com o estabelecimento de uma unidade organizacional separada, chamada Grupo de Aquisição Tecnológica. Debra Park foi nomeada diretora dessa unidade com a missão de buscar novos produtos e ideias tecnológicas em fontes externas para abastecer o processo de P&D da empresa com inovações comercialmente exequíveis.

O lançamento da iniciativa *"Partners in Innovation"* em 2004 foi o primeiro passo. Tudo começou com um site no qual os inventores individuais podiam entrar e submeter ideias patenteadas para a Dial avaliar seu potencial de comercialização. Se as propostas fossem comercialmente atraentes, a Dial buscaria as ideias com seus inventores – na maior parte dos casos, comprando a patente. Em 2004, como parte da iniciativa, a Dial lançou o concurso *"Quest for Best"* para inventores individuais. A empresa especificava as categorias de produtos para as quais estava buscando inovações e os inventores submetiam suas patentes (ou ideias com patentes pendentes).

O número de propostas chegou às centenas. Um grupo de juízes internos da Dial escrutinou todas as ideias e reduziu a lista para sessenta invenções. Então, foi solicitado a esses inventores que criassem um vídeo de 5 minutos apresentando a proposta de inovação para que a empresa pudesse ter uma primeira impressão do produto. Com o vídeo, os inventores deveriam responder a duas questões: "Como a ideia funciona?" e "Por que o produto é melhor que os outros que estão no mercado?". Com base nesses vídeos, a Dial reduziu a lista para as dez melhores. Os inventores foram convidados a ir às instalações da empresa no Arizona apresentar suas propostas aos diretores.

Cada inventor assumiu um pequeno estande para apresentar o protótipo de sua invenção. Os juízes selecionaram três ideias e os vencedores receberam prêmios. A Dial concordou em levar essas três propostas adiante, realizando análises mais formais de viabilidade. O acordo previa que, se a empresa decidisse que uma das ideias era comercialmente atraente, compraria a patente do inventor.

Em 2005, a Dial realizou outro concurso do mesmo tipo e obteve novamente uma série de ideias frescas para novos produtos. No mesmo ano, adicionou um sorteio ao programa *"Partners in Innovation"* para as ideias enviadas eletronicamente. Na iniciativa *"Submit & Win"*, as ideias enviadas que atendessem a um mesmo critério (por exemplo, patenteadas ou com patentes pendentes) entravam em um sorteio e os três escolhidos aleatoriamente receberiam 1.000 dólares cada. O objetivo foi manter os inventores individuais atraídos pelo site da empresa, submetendo novas propostas. Desde então, a iniciativa já foi fonte de cinco novos conceitos de produtos que estão em processo interno de desenvolvimento na Dial. É um feito significativo para uma companhia de produtos de consumo que atua em mercados relativamente maduros.

Essa iniciativa da Dial incorpora uma série de melhores práticas que deve ser mencionada. A primeira refere-se à natureza da rede de inovação. Os integrantes primários da rede de inovação da empresa são os inventores individuais. Eles formam um grupo diversificado. Como observa Debra Park: "Alguns deles são aposentados que sonharam anos com essas ideias e agora têm tempo para trabalhar nelas. Mas, para outros, essa é uma paixão paralela. Um deles fez uma apresentação na associação local de inventores aqui no Arizona. Essa gente vem de todos os setores de atividade."[4]

A Dial foi capaz de acessar esse conjunto de pessoas tão diversificado e pulverizado geograficamente, fazendo parcerias com as associações local e nacional de inventores. Logo de início, a empresa definiu que conquistar credibilidade perante a comunidade de inventores era um fator essencial de sucesso. Ao fazer parcerias com as associações, a Dial sinalizou que era uma entidade respeitável e de valor. A companhia buscou e conseguiu o apoio de duas associações – a United Inventor Association (UIA), a entidade norte-americana, e a Inventor Association of Arizona, a instituição local. O apoio da UIA foi fundamental para dar credibilidade ao concurso *"Quest for the Best"*, entre outras iniciativas. De acordo com Debra, "a UIA é uma entidade muito respeitada na comunidade de inventores. Então, receber o apoio dela fez os inventores sentirem-se mais confortáveis... aos olhos deles, a Dial é uma grande empresa."

A Dial também fornece a plataforma comercial para levar as ideias inovadoras ao mercado. Nós denominamos esse papel portal de inovação, servindo de porta de entrada de ideias e conceitos novos para o mercado. Como entidade dominante na rede, a companhia toma as decisões cruciais referentes à exequibilidade da inovação e à abordagem que deve ser adotada para desenvolver e comercializar o novo produto. E, se a ideia ou a patente for licenciada, a empresa assume a responsabilidade pela apropriação de valor e compartilha os direitos com o inventor.

Uma das chaves do sucesso da iniciativa da Dial foi a decisão de se estabelecer como o portal de inovação preferencial dos inventores individuais com boas ideias. Debra Park avalia essa preferência da seguinte maneira:

---

[4] Debra Park em entrevista com os autores, em 24 de março de 2006.

"Para mim, um dos mantras do programa Partners in Innovation é – 'pense primeiro na Dial'. Venha antes enviar sua ideia para nós, e não para nossos concorrentes, e escolha a Dial como a empresa com a qual você quer fazer negócio". Para atingir essa meta, a companhia teve de tornar o processo o mais transparente possível e também construir um relacionamento de longo prazo com base na confiança com a comunidade de inventores. Por exemplo, a empresa se assegura de dar respostas rápidas e respeitosas às ideias enviadas e de comunicar com agilidade os resultados dos concursos e dos sorteios. Essas ações possibilitaram que a Dial conseguisse formar e manter uma rede de inventores que estão cada vez mais dispostos a trazer suas boas ideias para a empresa no futuro.

Embora a Dial não se utilize de intermediários, preferindo interagir diretamente com os inventores individuais, as associações desempenham um papel de suporte, facilitando essas interações e promovendo as iniciativas da companhia dentro da comunidade. Por exemplo, as associações ajudaram a comunicar os detalhes dos concursos da Dial e outras de suas iniciativas para as demais seções da instituição espalhadas pelos Estados Unidos. Essas entidades têm um incentivo a mais para assumir esse papel de facilitadoras entre a comunidade e a Dial porque gastam muitos recursos educando seus associados a não serem enganados por fraudes de agentes e corretores de inovação. Ao fazer parceria com uma empresa estabelecida e com boa reputação como a Dial, a associação viabiliza um canal seguro e confiável para que os inventores comercializem suas ideias. Como recompensa, a Dial também patrocina alguns desses eventos educativos das associações, consolidando a percepção de que é uma "boa cidadã" na comunidade de inventores.

Na parceria com os inventores individuais, não há vínculos formais entre os integrantes da rede, portanto, a governança é fortemente baseada em confiança e reputação. A maioria dos inventores individuais tem conhecimento limitado sobre patentes e a comercialização de produtos. Sendo assim, o relacionamento baseado em confiança mantido com a Dial é crucial para suas negociações com a companhia. Em contrapartida, a empresa tem uma necessidade vital de manter essa credibilidade e reputação diante da comunidade de inventores. Qualquer experiência negativa que um inventor tenha com a Dial irá se espalhar rapidamente por toda a comunidade, pelo boca a boca, e prejudicar o objetivo de longo prazo da empresa de se tornar o portal de inovação preferencial.

A Dial também certificou-se de contar com um claro mandato organizacional que define o andamento das ideias promissoras pelos devidos canais internos de desenvolvimento. Por exemplo, a companhia instituiu sistemas internos pelos quais uma ideia pode começar a ser testada, mesmo que não se encaixe, de início, exatamente no atual portfólio de produtos. Sem esse mandato e os sistemas associados, uma ideia inovadora obtida no ambiente externo pode estagnar nos corredores internos de uma empresa e nunca chegar à luz do mercado – o que, certamente, desencorajaria os inventores a trazer mais conceitos novos para a Dial no futuro.

Além do mais, com a aquisição da Dial pela Henkel, o escopo da coleção e da aplicação de ideias tornou-se mais globalizado. Por exemplo, no início de 2007, a matriz alemã lançou o *Henkel Innovation Trophy*, um concurso global para ideias inovadoras de produtos. O programa foi lançado em colaboração com associações de inventores internacionais e nacionais, incluindo as dos Estados Unidos e da Alemanha. Além disso, as ideias inovadoras obtidas pela Dial na comunidade de inventores norte-americanos, quando não atendem de imediato a estratégia de produtos da empresa, podem ser colocadas à venda também para outras subsidiárias da Henkel em todo o mundo. Nas palavras de Debra Park, "nós agora estamos fornecendo ideias inovadoras para a Dial e para a Henkel também". Esse alcance global aumenta a atratividade da Dial como o portal preferido dos inventores individuais.

A companhia aplica diversas métricas para mensurar o sucesso de seu programa. A empresa acompanha cada etapa interna: quantas ideias emergiram das iniciativas, quantas foram levadas a teste de conceito, quantas foram incorporadas a um projeto e quantas, de fato, chegaram até o mercado. Certamente, a mais eficaz métrica de sucesso é verificar quantas chegaram ao mercado. Segundo Debra Park, "todas as métricas são importantes, mas desaparecem quando constatamos que alguma ideia atingiu o mercado com a marca Dial – isso, para mim, é a única medida significativa de que estou fazendo um bom trabalho aqui".

Enquanto a Dial é considerada definitivamente uma pioneira ao empregar essa forma do modelo de Bazar Criativo, outras empresas, como a P&G, Kimberly Clark e Kraft Foods, também estão adotando iniciativas similares. O caso da Dial, no entanto, sugere que o sucesso nessa abordagem requer a construção paciente de um relacionamento de longo prazo, baseado em confiança com a comunidade de inventores e na busca de apoio das associações de inventores e outras instituições de credibilidade.

PARCERIAS COM OS CAÇADORES DE IDEIAS – O BIG IDEA GROUP

Outra forma do modelo de Bazar Criativo, em vez de se basear na interação direta com os inventores, sustenta-se nos serviços de um intermediário, como um caçador de ideias, para buscar externamente projetos e tecnologias inovadoras.

A empresa chamada Big Idea Group (BIG), localizada em Manchester (New Hampshire), é uma consultoria que se dedica a identificar conceitos inovadores de produtos para grandes empresas, particularmente nas áreas de bens de consumo, alimentos, bebidas, mídias pessoais e tecnologia. A companhia foi fundada em 2000 por Mike Collins, um ex-capitalista de risco e empreendedor da indústria de brinquedos. Ao longo do tempo, esta conseguiu construir uma grande rede de inventores independentes, entre os quais garimpa novos conceitos e ideias.

Remetendo a um programa de televisão popular chamado *Antiques roadshow*, no qual especialistas em antiguidades viajavam de cidade a cidade, fazendo avaliações de peças trazidas pelas pessoas de suas casas, a BIG realiza esse mesmo tipo de "show" – eventos em diferentes locais dos Estados Unidos, nos quais os inventores apresentam suas ideias para um grupo de *experts*, que fazem uma rápida e gratuita avaliação do valor do novo conceito. Nessa primeira interação, não existe nenhuma obrigação por parte da BIG e nem por parte dos inventores – só a avaliação gratuita da ideia. Mas, se essa avaliação inicial mostrar que a proposta tem potencial, a BIG convida o inventor para apresentá-la de uma maneira mais formal e assinar um acordo de representação. Nesse caso, a BIG assume a responsabilidade pela venda da ideia para grandes empresas que possam estar interessadas em sua comercialização. Se uma companhia adquire a proposta para licenciar, a BIG reparte os royalties com o inventor (na maioria dos casos, 50% para cada uma das partes).

A BIG atinge vários objetivos com esses eventos:

- Ao oferecer um serviço gratuito aos inventores individuais, a empresa estabelece sua reputação entre a comunidade como parceira de valor.

- Cada inventor que participa de um evento – sendo sua ideia aceita ou não – torna-se integrante da rede de inventores que a BIG mantém. Os eventos ajudam a BIG a construir seu mais importante recurso – a rede de inventores. Em julho de 2007, a rede da BIG contava com cerca de 12 mil integrantes – uma fonte poderosa de talento criativo para qualquer grande empresa.

- Dentro da rede, a BIG identificou um grupo mais focado, com cerca de 500 inventores mais "fortes" – indivíduos que a empresa avaliou como os mais criativos, cujo talento é mais relevante para a geração de ideias inovadoras, alvo das grandes empresas clientes da BIG.

Nesse grupo mais focado, são feitas as chamadas "caçadas", que são conduzidas pela BIG sob o patrocínio de companhias de grande porte, como Gillette, Staples, Sunbeam, Bell Sports, Skil-Bosch e Dremel. Essas "caçadas" são essencialmente um exercício de garimpagem na rede de inventores da BIG em busca de ideias promissoras relacionadas a temas específicos ou necessidades de mercados expressas pelos clientes. Por exemplo, a companhia cliente especifica uma necessidade genérica de mercado ou a necessidade de um tipo particular de produto. Então, a BIG comunica essa necessidade à sua rede de inventores, procurando soluções potenciais. Depois que as propostas são enviadas (em geral, pela internet), a BIG realiza uma seleção inicial e encaminha a lista de ideias para a empresa cliente. Esse tipo de "caçada" de ideias custa no mínimo 40 mil dólares.[5] Como resultado, essas iniciativas já levaram à criação de 60 novos produtos por empresas como Staples, General Mills, eToys, Sunbeam e QVC.[6]

---

[5] "Inventing better outlet for inventor", matéria de Scott Kirsner publicada no *Boston Globe* de 17 de outubro de 2005.

[6] Veja: <http://ww2.wpp.com/Press/2006/20060906_1.html>.

A BIG não é a única empresa que desempenha esse tipo de papel de intermediário. Outro caçador de ideias é a Product Development Group (PDG)[7], que também atua sob o patrocínio de grandes companhias, entre elas, a Staples. A PDG recebe, compila e revisa as ideias de novos produtos para determinar se alguma delas combina com as necessidades explicitadas pelos clientes. A "caçadora" não realiza nenhum tipo de pesquisa sobre a viabilidade da proposta: apenas busca, reúne e as encaminha à entidade solicitante.

Um papel semelhante é desempenhado pelos mercados eletrônicos de Pesquisa & Desenvolvimento (P&D), como o InnoCentive e o Yet2.com. Os inventores independentes listam suas tecnologias patenteadas nesses sites, que são procurados pelas empresas em busca de inovação, sendo responsáveis também pela avaliação do potencial de comercialização de cada proposta. Um grupo de outras entidades também vem ocupando esse espaço de intermediação (leia também o texto *Intellectual ventures*: capitalista da invenção).

Intellectual Ventures: capitalista da invenção

A Intellectual Ventures (IV) é uma empresa capitalista da invenção fundada em 2000 pelo ex-diretor de tecnologia da Microsoft, Nathan Myhrvold, e pelo cientista Edward Jung. Sua missão é investir em uma ampla gama de patentes, com o objetivo de vendê-las ou licenciá-las para empresas interessadas em sua comercialização. Myhrvold e Jung criaram a IV por acreditarem que a invenção, ou as patentes, são "a parte mais interessante na cadeia alimentar da comercialização de ideias".[8]

No entanto, mais do que focar o marketing das patentes individualmente, a IV adiciona valor ao reunir patentes relacionadas à solução de um problema de mercado em comum.[9] Sendo assim, embora o foco da companhia não seja o tradicional desenvolvimento de patentes (invenção) em produtos (inovação), ela auxilia os clientes ao oferecer um conjunto mais completo de patentes requeridas em determinado contexto de comercialização.

Os intermediários do tipo da IV oferecem dois benefícios potenciais às empresas clientes:
- Como no caso dos caçadores de ideias, eles garimpam as melhores ideias e tecnologias patenteadas; ou seja, fazem o trabalho mais árduo, que é a descoberta de "diamantes entre as pedras".
- Fazem conexões essenciais entre diferentes patentes diante de uma oportunidade de comercialização e, então, apresentam esse portfólio às empresas clientes, com certeza acelerando o processo de inovação e ampliando as chances de sucesso.

No entanto, devemos lembrar que as companhias que adquirem essas patentes de um capitalista da invenção ainda terão de percorrer o longo trajeto de desenvolvimento e comercialização dos novos produtos (ou serviços).

---

[7] Visite o site da PDG. Disponível em: <http://www.pdgevalutions.com/index.php>.
[8] O site da Intellectual Ventures (IC) está disponível em: <http://www.intellectualventures.com/default.aspx>.
[9] "IV moves from myth to reality", de Victoria Slind-Flor, *Intellectual Asset Management*, ago./set. 2006.

O papel desses intermediários da inovação, como a BIG e a PDG, é fazer a mediação entre a rede de inventores e as grandes empresas que buscam por novas ideias e tecnologias. Como analisa Collins, fundador da BIG: "As companhias não querem negociar com os inventores um a um. Vimos a necessidade de construir uma ponte única entre esses inventores e os clientes que precisam de inovação".[10] Esses intermediários não investem dinheiro nenhum para desenvolver ou validar as ideias inovadoras. Em vez disso, agregam valor ao processo, buscando e filtrando as propostas mais promissoras.

Para fazer isso, porém, eles têm de conseguir acesso à comunidade de inventores. Dessa forma, a capacidade chave para um intermediário como a BIG é a habilidade de estabelecer e manter uma rede de inventores independentes na qual a empresa possa garimpar ideias inovadoras. Quanto maior for a rede, maiores as chances de encontrar soluções de inovação para os clientes. Porém, como não existem vínculos formais entre as entidades desse tipo de rede, os mecanismos sociais de governança – sistemas baseados em confiança e reputação – formam a ligação que mantém a rede unida. A tecnologia da informação – por exemplo, fóruns na internet – pode ser utilizada na comunicação, na interação e no compartilhamento de conhecimento entre os inventores individuais. E, finalmente, os acordos formais para a venda ou licenciamento de patentes são o mecanismo primário para a apropriação e divisão de valor das ideias inovadoras.

PARCERIAS COM AS CAPITALISTAS DA INOVAÇÃO

Capitalista da inovação (CI) é a empresa que busca e avalia tecnologias inovadoras e conceitos de produtos na comunidade de inventores e em outras fontes externas, desenvolve e refina essas ideias até o estágio em que seu potencial de mercado esteja validado e, então, faz o marketing com as grandes companhias potencialmente compradoras. Em outras palavras, uma CI transforma uma ideia até o estágio em que um grande cliente pode fazer um julgamento mais preciso sobre seu potencial mercadológico (leia, a seguir, o texto "Os perfis das capitalistas da inovação").

---

[10] *Ibid.*

> **Os perfis das capitalistas da inovação**
>
> A Evergreen IP é uma empresa sediada no Colorado que tem foco na busca de inovação no setor de produtos de consumo. Especificamente, procura ideias promissoras e invenções entre inventores individuais, além de realizar investimentos seletivos para aprimorá-las com pesquisa de mercado, design de produtos e processo de patenteamento. Depois, a Evergreen IP vende ou licencia a inovação resultante e os referentes direitos de propriedade intelectual para grandes empresas de produtos de consumo, como a P&G e a Dial. A empresa tem como alvo algumas categorias de produtos, como beleza e saúde, limpeza doméstica, saúde e acessórios para animais de estimação e aparelhos de baixa tecnologia. Entre os fundadores da empresa estão um empreendedor, um especialista em finanças e um profissional de marketing de consumo. Até agora, a Evergreen IP já revisou mais de 1.600 ideias de produtos, tem mais de 15 projetos em desenvolvimento e já está em negociações de licenciamento para 6 deles.
>
> A IgniteIP (IIP), com escritórios em Nova York e na Califórnia, atua no setor de tecnologia. Busca propostas promissoras de propriedade intelectual e investe nelas (entre 500 mil e 2 milhões de dólares) para aprimorá-las e assegurar as oportunidades de licenciamento nos canais existentes no mercado. Para cumprir essa missão, a empresa reúne um conjunto de conhecimento e *expertise* nas áreas de tecnologia, industrial, de marketing e jurídica. A empresa estabeleceu uma ampla rede entre os gestores seniores de empresas de tecnologia e utiliza essa rede para apresentar e negociar suas propostas de licenciamento. Em virtude dos riscos – especialmente riscos de desenvolvimento tecnológico –, a empresa reparte os royalties com o inventor. Embora a IIP não se especifique em determinada área tecnológica, sua atuação mais relevante tem sido no setor de químicos, energia, ambiental e softwares.

As capitalistas da inovação (CIs) auxiliam as grandes empresas na terceirização dos estágios iniciais da ideação e do processo de desenvolvimento, sempre as etapas mais arriscadas e longas desse ciclo. Sua proposta de valor está centrada em quatro questões – maior alcance, menor risco, mais velocidade e custo mais baixo. As CIs possibilitam que as companhias ampliem o alcance da busca por inovação – ou seja, a gama de ideias que podem considerar – sem requisitar que haja interação direta com a comunidade de inventores, associada a investimentos no gerenciamento desse relacionamento e aos riscos referentes a direitos de propriedade intelectual e dispersão de conhecimento. Além disso, oferecem às empresas clientes acesso a produtos inovadores e ideias tecnológicas que estão bem mais avançadas na escala de maturidade (isto é, ideias mais "prontas para o mercado"). Isso mitiga os riscos da inovação relacionados às etapas iniciais de desenvolvimento, assim como reduz o prazo de entrega ao mercado, sem onerar o custo de aquisição. Ao investir seletivamente e desenvolver as ideias promissoras, as CIs permitem que as grandes empresas diminuam, como um todo, os riscos inerentes ao processo de inovação. Além disso, as CIs reduzem os custos de aquisição por não adicionarem à inovação nenhum investimento no gerenciamento ou na infraestrutura de comercialização. Em vez disso, essas questões são deixadas a cargo da empresa cliente que já conta com marcas preexistentes e uma infraestrutura operacional para atender o mercado. As CIs, por oferecerem inovação ainda não completamente madura, isto é, não tão validada como uma *startup* já estruturada e atuando no mercado, conseguem diminuir o preço de aquisição. Como retorno a essa proposta de valor diferenciada, as CIs esperam que os clientes repartam com elas a receita gerada pela inovação.

Quais as diferenças entre as capitalistas da inovação (CIs) e os demais mecanismos de obtenção de inovação discutidos nesse capítulo? A Tabela 6.1 sintetiza as diferenças chave entre as CIs e as outras fontes de inovação. Como tratamos anteriormente, uma CI difere de um caçador de ideias ou de uma corretora de patentes porque investe no projeto e adiciona valor ao processo de inovação. E, embora tenha pontos comuns com as capitalistas da invenção, diferem delas porque o investimento que realizam tende a ser limitado, com foco somente no refinamento da ideia do produto, e não na estruturação de uma organização (ou gerenciamento de infraestrutura) em torno da ideia. Além disso, a maioria dos projetos das CIs (conceitos de produtos ou ideias de tecnologia) não é composta por aqueles que melhor combinam com o "modelo de negócio" dos capitalistas de risco (CRs). As CIs não têm "tamanho" para assumir responsabilidades adicionais de gerenciamento ou a criação de novos canais de mercado. Por isso, a expectativa de remuneração também costuma ser bem mais baixa que a da maioria dos CRs. Em outras palavras, os projetos das CIs não exploram ou garantem as competências como os dos CRs e nem tampouco asseguram que haverá retornos financeiros suficientes. Como afirma Stephan Mallenbaum, sócio da Jones Day, com sede em Nova York: "A empresa capitalista da inovação serve como uma extensão da máquina de inovação das grandes companhias. Esse serviço oferecido pelas CIs é realmente único, e os CRs simplesmente não estão aparelhados para atender os clientes dessa forma".[11]

---

[11] Stephan J. Mallenbaum em entrevista com os autores, em 06 de março de 2006.

Tabela 6.1 ⊛ Comparação entre as capitalistas de inovação e outras fontes de inovação

Características	Caçadores de ideias, capitalistas da invenção, entre outros	Capitalistas da inovação	Capitalistas de risco, incubadoras de negócios, entre outros
Principal objetivo	Conectar empresas a inventores independentes e patentes	Conectar empresas a conceitos inovadores "prontos para o mercado"	Conectar empresas a novos negócios com produtos "prontos para o mercado"
Função chave	Criar infraestrutura de corretagem no mercado de "ideias brutas"	Agregar *expertise* industrial e de mercado ao desenvolvimento da ideia	Agregar *expertise* de mercado e financeira a novos negócios
Valor agregado	Buscar e filtrar novas ideias que combinem com as metas de inovação das empresas	Desenvolver e transformar ideias "brutas" em conceitos "prontos para o mercado"	Desenvolver uma organização em torno de uma nova ideia
Competências principais	Teste primário de novas ideias com baixo custo Gerenciamento das etapas iniciais da inovação	Criação de negócios Rede na comunidade de inventores *Expertise* mercadológica *Expertise* industrial e mercadológica	Gerenciamento de risco financeiro Gerenciamento de relacionamento Atuação em rede na comunidade de inventores Gerenciamento de direitos de propriedade intelectual
Investimento de capital	Sem investimentos no desenvolvimento de conceito/patente (investimento referente à patente para capitalistas da invenção)	Investimentos limitados no desenvolvimento do conceito	Investimentos substanciais na estruturação do novo negócio
Riscos assumidos	Nenhum ou pequenos riscos (riscos referentes a patentes para os capitalistas da invenção)	Riscos consideráveis no estágio de desenvolvimento da ideia	Riscos financeiros consideráveis associados ao novo negócio
Propriedade dos direitos intelectuais	Nenhuma ou pouca (os capitalistas da invenção detêm os direitos de patente)	Detêm uma parte dos direitos de propriedade intelectual	Detém uma parte do novo negócio (incluindo os direitos associados de propriedade intelectual)
Relacionamento com a empresa cliente	Transacional	Parceria de longo prazo	Transacional

Fonte: adaptada da tabela em "The differing roles of innovative intermediaries", p. 114, em "A buyer's guide to the innovation bazaar", de Satish Nambisan e Mohanbir Sawhney, publicado na *Harvard Business Review* em junho de 2007. © 2007 Harvard Business School Publishing Corporation. Todos os direitos reservados.

Cadeia de valor e competências das capitalistas da inovação

Para entregar essa proposta de valor, uma empresa capitalista da inovação (CI) deve implementar uma cadeia de valor com três componentes: busca e avaliação; desenvolvimento e refinamento; e comercialização do novo produto ou tecnologia. A Figura 6.2 apresenta a cadeia de valor de uma CI, enquanto a Tabela 6.2 lista as competências chave necessárias. Vamos examinar as atividades dessa cadeia de valor e as competências associadas mais detalhadamente a seguir.

Figura 6.2 ⊛ A cadeia de valor de uma capitalista da inovação

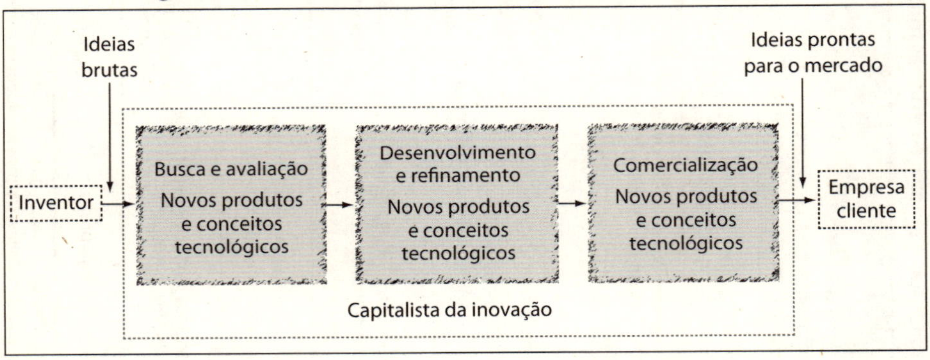

Busca e avaliação

A atividade de busca e avaliação consiste na procura de ideias inovadoras (ou patentes) na comunidade de inventores e na seleção daquelas com maior potencial de desenvolvimento para se tornar produtos ou tecnologias comercializáveis.

Essa atividade requer duas competências. Uma delas é a habilidade da CI para estabelecer e manter raízes profundas em diferentes tipos de comunidades de inventores, possibilitando contar com fontes de ideias diversificadas e amplas. Algumas das empresas de CI são ativas no relacionamento com clubes e associações de inventores regionais e locais, patrocinando e participando de eventos educativos. O endosso direto dos clubes de inventores dá visibilidade à CI e estabelece uma relação de confiança e de longo prazo com a comunidade de inventores. A credibilidade é essencial porque, historicamente, os intermediários, como as corretoras de patentes, construíram uma reputação negativa ao lesar inventores, que têm conhecimento

O modelo de Bazar Criativo **143**

limitado sobre o processo de patenteamento e comercialização. Cultivar a confiança e oferecer uma análise justa e transparente das ideias inovadoras são atitudes fundamentais para atrair os inventores. Segundo Brandon Williams, gestor e fundador da IgniteIP, "a abordagem geral deve ser: nós ganhamos quando você ganha".

Tabela 6.2 ✿ As competências das capitalistas da inovação

Atividade na cadeia de valor da capitalista da inovação	Natureza da competência		
	Competências industriais e de mercado	Competências de gerenciamento de projeto	Competências relacionais na rede
Busca e avaliação	Avaliar riscos de mercado Identificar necessidades ou falhas críticas de mercado	Estabelecer processo de revisão transparente Identificar e gerir riscos de portfólio de inovação	Construir e manter rede de inventores Conquistar confiança da comunidade de inventores Comunicar as necessidades da empresa cliente e do mercado
Desenvolvimento e refinamento	Integrar diversificados conhecimentos industriais Identificar fatores críticos de sucesso no mercado	Gerir riscos de desenvolvimento da ideia Coordenar atividades de desenvolvimento da ideia	Estabelecer e gerenciar parcerias na rede
Comercialização	Entender as marcas da empresa cliente e as prioridades do portfólio de inovação Gerenciar direitos de propriedade intelectual	Entender os processos e métricas de inovação da empresa cliente	Estabelecer e manter relacionamento de longo prazo com as empresas clientes Estruturar acordos de apropriação de valor Comunicar ao mercado o potencial de novas ideias ou conceitos

A segunda competência refere-se à habilidade de escrutinar ou identificar as ideias que merecem consideração e investimento. Geralmente, a primeira avaliação é qualitativa da proposta de valor da ideia e do potencial do desenvolvimento da propriedade intelectual – uma avaliação rápida de 5 minutos, uma "espiada" na ideia. Dado o volume de propostas a escrutinar, é essencial que a empresa de CI seja capaz de realizar essa etapa com a melhor relação custo-benefício possível. Como vimos anteriormente no exemplo da BIG, os eventos pré-programados realizados em diferentes regiões dos Estados Unidos nos quais os inventores apresentam suas ideias para a avaliação gratuita de um grupo de *experts* é um desses mecanismos com bom custo-benefício. A Evergreen IP, por sua vez, conta com uma abordagem mais centrada na comunidade – envia seus "caçadores" a locais frequentados por inventores e oferece sem fazer ruído o encaminhamento de ideias por meio de seus canais. Com isso, descobre, no boca a boca, onde estão as melhores ideias e abre acesso ao inventor que, dessa forma, volta-se à Evergreen IP quando sua ideia está mais desenvolvida e refinada. O objetivo geral é oferecer um processo justo e transparente pelo qual o potencial de negócio das novas ideias possa ser rapidamente avaliado.

Essa avaliação inicial é frequentemente seguida de um teste quantitativo mais rigoroso para analisar a viabilidade do conceito do produto ou da tecnologia. A Evergreen IP, por exemplo, utiliza uma ferramenta de avaliação semelhante ao Merwin, um banco de dados de *benchmarking* da Eureka Ranch, para realizar esse segundo escrutínio. Essa etapa de avaliação resulta em um placar que reflete o potencial de sucesso da ideia no mercado. John Funk, cofundador da Evergreen IP, descreve essa etapa da avaliação da seguinte forma:

> Nessa escala, o placar médio para o sucesso de mercado é 100. Nas empresas que usam o Merwin, que tem uma escala semelhante, o pessoal fica empolgado quando uma ideia atinge 120 pontos. Mas nós decidimos que o processo tem de realmente ser valioso e estamos atrás de um placar de 170. E aplicamos também um modelo de espiral de redução de risco. E nos perguntamos: é uma ideia capaz de fazer o show parar? Existe realmente um ativo intelectual a ser protegido aqui? Porque se não houver um ativo intelectual a proteger, nós não teremos nada para negociar, isto é, para um contrato de licenciamento. Por isso, algumas vezes, nós avaliamos isso antes: fazemos a pesquisa de patentes para verificar quanto espaço temos por ocupar.
>
> É uma ideia grande o bastante? O tamanho da recompensa será suficiente para fazer nosso fluxo de royalties tornar-se uma montanha de feijões? É aqui que entra nossa ferramenta de avaliação. Com ela,

podemos evidenciar as características, planejar o aprimoramento do produto e entender como fazer isso. O objetivo é ter certeza de que o resultado será capaz de chamar a atenção de alguém.

Quando você vai a uma grande empresa cliente, pode ter um excelente relacionamento com todo mundo. Todo mundo nos conhece e gosta de nós e conseguimos agendar reuniões. Mas se não tivermos em mãos algo que está furando a fila da inovação, nada vai acontecer... O fator inércia é enorme nessas grandes companhias. Então, temos de ter algo pelo qual valha a pena gritar ou criar um caos internamente para inovar.[12]

Desenvolvimento e refinamento

Depois que as ideias foram identificadas nas fontes, elas precisam ser desenvolvidas ou transformadas até um estágio no qual esteja evidenciado o seu potencial de comercialização e possam, então, ser apresentadas a uma grande empresa. Normalmente, como pré-requisito para novos investimentos, essa atividade tem início com a empresa capitalista da inovação negociando com o inventor um acordo de compra de parte da propriedade da ideia. Então, nessa etapa, a ideia transforma-se em um projeto do portfólio da CI, e sua habilidade para gerenciá-lo é determinante para o sucesso da iniciativa.

Enquanto as capacidades para desenvolver e refinar o produto ou a tecnologia podem ser terceirizadas, a empresa de CI deve contar com duas competências internas: conhecimento técnico relevante e excepcional foco de mercado. O processo de transformação sempre progride reiteradamente com a identificação e a solução dos pontos chave dos riscos da ideia inovadora. Esses riscos podem estar relacionados ao mercado (os quais, por sua vez, precisarão de validação de mercado), à manufatura (que podem requerer a construção de protótipo e solução das questões de manufatura) ou à proteção do ativo intelectual (que podem exigir a avaliação da qualidade da patente), entre outros. O grau ou extensão da transformação da ideia depende da natureza do conceito do produto ou ideia, da natureza industriado setor ou do mercado e, ainda, da natureza da empresa cliente que é alvo do projeto.

---

[12] John Funk em entrevista com os autores, em 1º de março de 2006.

146 Cérebro Global

Consideremos um projeto que a Evergreen IP (EIP) gerenciou recentemente. Um inventor trouxe a ideia de um coletor de lixo feito de plástico descartável – como solução para coleta de lixo em situações temporárias, como festas, piqueniques ou eventos comunitários. A avaliação inicial demonstrou que, embora a ideia fosse promissora, a solução específica apresentada pelo inventor não era exequível. A EIP verificou com diversas empresas potencialmente clientes da ideia que, de fato, o inventor identificara um problema – uma oportunidade de produto valendo 250 milhões de dólares –, embora a solução proposta não fosse a melhor para explorá-la. Então, a EIP investiu capital para tornar a solução mais viável comercialmente. O resultado do trabalho gerou um design e um protótipo que atraiu seriamente a atenção de várias grandes indústrias desse setor do mercado. Nesse caso, a transformação foi abrangente, envolvendo o desenvolvimento de uma nova solução.

O mais interessante no exemplo anterior é que ele também mostra que nem sempre os inventores trazem as melhores ideias, mas podem sempre ser "mecanismos sensíveis" para captar excelentes oportunidades de mercado. Desse modo, a empresa capitalista da inovação tem que se manter flexível e adaptar sua estratégia para desenvolver e transformar a contribuição inovadora do inventor, qualquer que seja o ponto de partida – um bom protótipo do produto ou uma importante necessidade de mercado.

Comercialização

Essa parte da cadeia de valor refere-se à colocação do conceito do produto ou da tecnologia (ou seus direitos de propriedade intelectual) diante de uma empresa cliente – em outras palavras, realizar a apropriação de valor da inovação com acordos de licenciamento, venda da patente ou outro tipo de mecanismo. Trata-se de buscar a empresa com maior potencial de interesse naquela ideia inovadora, apresentá-la e negociar a venda dos direitos intelectuais ou outro tipo de acordo.

Essa atividade exige duas competências. Primeira: a empresa capitalista da inovação deve ter uma excelente capacidade de relacionamento – deve estabelecer e manter relações de longo prazo com grandes companhias potencialmente clientes. Quando a CI compreende o contexto competitivo do cliente, é capaz de analisar melhor se a ideia a ser proposta combina de modo eficiente com a infraestrutura de comercialização da empresa. Segundo Dave Bayless, da EIP, "tudo gira em torno da janela de marcas da empresa cliente – lacunas no portfólio de marcas – e de sua taxa interna de dificuldades. E nós investimos esforços consideráveis conhecendo nossos clientes potenciais... quais são suas prioridades agora, o que eles estão procurando e que tamanho de mercado estão dispostos a aceitar?". Essa compreensão também possibilita que as CIs customizem seus processos finais para integrá-los aos da empresa cliente. A CI também precisa desenvolver relacionamentos de confiança para facilitar as negociações para apropriação de valor da inovação.

A segunda competência relaciona-se ao gerenciamento dos direitos de propriedade sobre o conceito do produto. A CI deve contar com conhecimento e capacidade para navegar nos processos de propriedade intelectual e assegurar que uma parte equânime de valor foi apropriada. Por exemplo, a IgniteIP, recentemente, teve acesso a uma nova tecnologia de remoção de metais pesados da água, que pode reduzir desperdícios no setor de mineração. O inventor tentou sem sucesso criar um negócio em torno da nova tecnologia. Quando a IgniteIP assumiu o projeto, fez uma avaliação do mercado e chegou à conclusão que o maior desafio seria superar a inércia das mineradoras para adotar uma nova tecnologia como aquela. Então, além de transformar a tecnologia para evidenciar seu potencial, a IgniteIP estruturou um esquema de licenciamento diferenciado para oferecer incentivo suficiente para que as mineradoras comprassem a inovação e também assegurar que todos – a CI e o inventor, inclusive – tivessem o adequado retorno financeiro.

As empresas capitalistas da inovação têm de ter habilidade para negociar de forma eficiente em situações assimétricas de poder (ou seja, com grandes clientes) para realizar uma apropriação justa de valor. Já que apenas 2% das ideias que uma CI revisa chegam ao estágio de comercialização, é essencial que a empresa tenha uma excelente capacidade de apropriação de valor sobre aquelas que, finalmente, são negociadas com uma grande companhia.

Diferente dos inomediários de ideias "brutas", as CIs não operam com base em honorários mensais. Em vez disso, repartem os retornos da inovação com o inventor. Embora essa divisão possa ser estruturada de diversas formas, o método mais comum é predeterminar uma proporção sobre os royalties de licenciamento (ou sobre a venda dos direitos intelectuais) que a empresa deterá. Em geral, as CIs recebem entre 40% e 70% das receitas geradas.

A dimensão do investimento de capital realizado pela CI nos projetos varia bastante, de acordo com o tamanho do mercado potencial para o produto ou tecnologia, mas normalmente vão de 50 mil a 500 mil dólares. Na avaliação de Brandon Williams, da IgniteIP, "(nosso) objetivo não é adicionar valor com investimento de capital como tendem a fazer os capitalistas de risco. Em vez disso, agregamos valor com uma combinação única de nosso domínio técnico e de mercado, relacionamentos e habilidades de gerenciamento da inovação". Também é importante que as CIs formatem essa adição de valor como um complemento das estratégias de inovação e das iniciativas das grandes companhias. Portanto, a habilidade de moldar suas diversas competências para complementar a infraestutura interna de inovação das empresas clientes é o fator mais importante para determinar seu sucesso de longo prazo como parceira nessa área.

Tendo examinado detalhadamente a proposta de valor e as competências das empresas capitalistas da inovação, agora iremos abordar as CIs sob a perspectiva das grandes companhias clientes, considerando as abordagens adotadas por P&G, J&J e Unilever nessas parcerias.

Construindo parcerias de sucesso com as capitalistas da inovação

Uma CI pode servir como uma parceira muito eficiente para fortalecer a infraestrutura de inovação de grandes empresas. No entanto, para que a parceria seja bem-sucedida, a companhia cliente tem também de desempenhar sua parte de modo efetivo.

A primeira tarefa importante que a grande empresa tem de assumir é construir e nutrir um relacionamento especial com um grupo seleto de CIs (e com as comunidades de inventores associadas a elas). Outra tarefa é direcionar a inovação na rede – seja procurando ideias de produtos para mercados específicos ou encaminhando ideias inovadoras por meio de sua estrutura interna. Vamos apresentar algumas estratégias relacionadas a essas duas tarefas.

As empresas clientes têm de aceitar que não existem vínculos formais entre nenhum dos integrantes da rede de inovação – mesmo entre a empresa de CI e os inventores individuais ou entre a CI e a empresa cliente. A grande importância dada à confiança e à compreensão, portanto, não parece superestimada. Uma forma de atingir essa meta é estabelecer relacionamentos de longo prazo com um seleto grupo de CIs. Essa etapa assegura um processo de negociação mais confortável nos acordos de apropriação de valor, já que todos os parceiros estão cientes previamente dos critérios de decisão de cada um. Além disso, a grande empresa pode acrescentar ao relacionamento um acordo informal, considerando seriamente todas as propostas trazidas por uma CI, desde que tenha prioridade na avaliação dos projetos – em outras palavras, tornando-se "o portal de inovação preferencial" da CI e da comunidade de inventores associada a ela.

Outro modo de elevar o nível de confiança no relacionamento é a grande empresa compartilhar informações de forma mais aberta com as CIs. Por exemplo, a companhia pode abrir uma janela para as CIs para que conheçam que produtos fazem falta no portfólio, quais as prioridades em inovação e quais são as metas de negócios. Uma compreensão compartilhada das prioridades de inovação possibilita que a CI combine mais adequadamente os conceitos de produtos e tecnologias obtidos na rede de inventores com os requisitos da grande empresa. Isso também permite que a CI avalie melhor se o potencial de uma ideia vai atender às expectativas internas da grande empresa em termos de tamanho do mercado e margem de lucro, entre outros fatores. A verdadeira meta do compartilhamento de informações é o desenvolvimento de uma *visão de mundo em comum* sobre o ambiente de inovação da grande empresa.

Também é importante que a empresa cliente eduque suas unidades internas (particularmente a de Pesquisa & Desenvolvimento) sobre o papel único e a proposta de valor de uma capitalista da inovação. Essa catequese interna (ou construção da fé da organização no valor das capitalistas da inovação) ajuda a superar a síndrome do "isso não foi inventado aqui" que tende a enviesar as unidades internas de P&D contra as novas ideias trazidas de fora da empresa. E ainda promove um melhor alinhamento do processo de decisão interno em inovação com o papel desempenhado pela CI. Com a integração do trabalho inicial realizado pela CI ao trabalho final desenvolvido internamente pela empresa cliente, o prazo para colocação da inovação no mercado pode ser reduzido, bem como pode ser ampliada a chance de sucesso do projeto. Por exemplo, uma das CIs que estudamos utiliza os mesmos sistemas e ferramentas de avaliação do conceito de produtos aplicados por sua empresa cliente "preferencial", o que facilita e agiliza a transição do projeto de uma para outra.

As grandes empresas também podem fortalecer sua parceria com as empresas de CI ao adotar o modelo de "fluxo reverso" – ou seja, tornando-se uma fonte de ideias inovadoras para a CI. Frequentemente, as grandes companhias dispõem de conceitos de produtos ou tecnologias que foram desenvolvidos até diferentes estágios (inclusive protótipos operacionais), mas que, por diversas questões estratégicas ou de mercado, deixaram de ser considerados alta prioridade e estão descansando nas prateleiras.

John Funk, da EIP, observa:

> Muitas vezes, nós estávamos em reunião com uma empresa cliente e alguém nos dizia para dar uma olhada em algo. Eram ideias que os funcionários incubaram e que, naquele momento, não se adequavam ao portfólio de marcas, ou eles haviam vendido a marca para a qual a ideia estava sendo incubada. Há vários motivos para essas ideias deixarem de ser prioritárias – razões estratégicas, sintonia com marcas, recursos, tamanho do retorno, taxa de dificuldades internas, entre tantas outras. Eles colocam o projeto na prateleira e não há motivo para tirá-lo, hoje, de lá. Nós nos debruçamos sobre aquilo e decidimos se vamos levá-lo adiante, desenvolvendo mais o conceito e apresentando-o a outras companhias potencialmente clientes.

Ou seja, a grande empresa cliente agora se tornou o "inventor".

Por exemplo, o grupo de desenvolvimento externo de negócios da P&G recentemente iniciou um projeto semelhante com uma CI. A P&G desenvolveu o conceito de um produto, mas descobriu que o mercado para ele está entre 35 e 50 milhões de dólares (bem abaixo da expectativa interna da P&G e, além disso, o conceito não apresenta uma adequação natural a nenhuma dás marcas do portfólio da empresa). Como o conceito requer mais trabalho, a P&G negociou um acordo com uma CI para que o desenvolva mais e o comercialize com outras companhias daquele setor.

De acordo com Tom Cripe, diretor associado do grupo de desenvolvimento externo da P&G,

a empresa está definitivamente interessada nesse tipo de acordo que possibilita potencialmente gerar receitas com ideias que estão paradas em nossas prateleiras e que ainda precisam de desenvolvimento conceitual para ficar prontas e ser negociadas. Esses acordos também nos ajudam a fortalecer nossos relacionamentos com algumas CIs específicas... Em compensação, queremos que as CIs nos considerem como alvo preferencial quando encontrarem ideias interessantes em suas comunidades de inventores.

Sendo assim, essa abordagem para monetizar ativos deixados à margem (sejam patentes ou apenas conceitos de produtos) tem dois retornos: potencializa a geração de receitas com ideias paradas internamente e fortalece o relacionamento da companhia cliente com um grupo seleto de CIs para se tornar o "portal de inovação preferencial" dessas empresas.

Existe algum aspecto sombrio na parceria com as capitalistas da inovação? Bem, definitivamente, há alguns riscos que as empresas clientes devem manter em vista. Exatamente porque são novas no cenário, as CIs ainda estão refinando seu modelo de negócio e existem alguns aspectos que podem preocupar. Por exemplo, as CIs obtêm um retorno muito mais modesto que, vamos dizer, os capitalistas de risco. Isso significa que precisam manter muitos projetos simultaneamente em seu portfólio para sustentar o negócio. Só que um número muito alto de projetos reduz o valor que a CI consegue adicionar no desenvolvimento de qualquer ideia e também ameaça o relacionamento de confiabilidade com a empresa cliente e com a comunidade de inventores. Outro ponto de atenção é o risco relacional. Por um lado, para se beneficiar mais das capacidades da CI, a empresa cliente deve abrir e compartilhar suas prioridades em inovação; por outro, construir a confiança necessária antes desse compartilhamento vai exigir um investimento de tempo. Dessa forma, isso oferece algum risco para a empresa cliente, especialmente se a empresa de CI ainda é jovem e não está consolidada no mercado.

A Tabela 6.3 apresenta alguns dos elementos chave desse tipo de modelo de Bazar Criativo, envolvendo a parceria com as empresas capitalistas da inovação. A principal observação, que beira a repetição, é que o sucesso na parceria com as capitalistas da inovação depende da proximidade e do relacionamento de confiança que a empresa cliente de grande porte consegue construir com as CIs.

Tabela 6.3 ❀ O modelo de Bazar Criativo e as capitalistas da inovação

Elementos da inovação centrada em redes	Parceria com as capitalistas da inovação
Natureza do espaço de inovação	As ideias que emergem da comunidade de inventores são avaliadas pela viabilidade comercial e pelo alinhamento com as metas e prioridades de inovação da empresa cliente de grande porte.
Estrutura de liderança na rede	A empresa cliente (por exemplo, P&G, Dial e Staples, entre outras) toma todas as decisões chave relacionadas à comercialização da ideia inovadora (patente).
Papéis de inovação	
Arquiteto	A empresa cliente desempenha o papel de portal da inovação.
Adaptador	Inventores independentes assumem o papel de inovadores e contribuem com novos produtos e conceitos tecnológicos.
Agente	Capitalista da inovação.
Gerenciamento de rede	
Governança na rede	Não existem vínculos formais entre os integrantes da rede; mecanismos reputacionais e baseados em confiança servem para facilitar a governança e a coordenação da rede.
Gestão do conhecimento	A capitalista da inovação oferece a infraestrutura de comunicação e de compartilhamento de conhecimento entre os inventores individuais; a empresa cliente divide com a CI suas metas e prioridades em inovação.
Direitos de propriedade intelectual e apropriação de valor	Patentes e acordos de licenciamento são usados para assegurar direitos e apropriação de valor.

Nas palavras de David Duncan, líder de P&D da divisão de higiene pessoal e limpeza doméstica da Unilever, em sua melhor forma, esse relacionamento oferece mais do que um fluxo para novos projetos e se torna "um esforço colaborativo no desenvolvimento da capacidade de inovação" da empresa cliente de grande porte.[13]

---

[13] Entrevista com David Ducan, em junho de 2006.

◎ CONCLUSÃO

O modelo de Bazar Criativo envolve uma companhia de grande porte "indo às compras" em busca de ideias inovadoras ao estabelecer uma ampla rede de parceiros, que vão desde inventores individuais e comunidades de inventores até os mais diversos tipos de intermediários de inovação. Nós abordamos três modelos de parceria no Bazar Criativo, que representam diferentes pontos no *continuum* em relação a riscos e custos, considerando também o papel importante desempenhado pela categoria emergente das empresas capitalistas da inovação.

Embora as capitalistas da inovação (CIs) sejam uma abordagem poderosa para buscar ideias de inovação, elas são apenas uma das armas do arsenal das grandes empresas. As companhias de porte não devem limitar-se a buscar pela inovação por uma única fonte, mas precisam perseguir uma combinação entre todas aquelas que já discutimos até agora. Em outras palavras, devem estruturar um portfólio de mecanismos de inovação. A questão, então, é a seguinte: como uma grande empresa pode selecionar um conjunto apropriado de mecanismos de inovação e se certificar de que o portfólio está equilibrado? Quais são as características do portfólio otimizado? Essas são questões relevantes e, embora seja óbvio que as respostas serão ditadas pelo setor e pelo mercado, no Capítulo 9 discutiremos como uma grande companhia pode identificar oportunidades de inovação centrada em redes.

CAPÍTULO 7
O modelo de Central de Improviso

No modelo de Orquestra, a empresa tem uma noção muito clara da natureza da inovação que busca cocriar com seus parceiros. No Bazar Criativo, embora a ideia inovadora inicial possa emergir da comunidade de inventores, a companhia ainda assume o papel dominante, decidindo como o conceito evoluirá para um produto ou serviço pronto para o mercado. Algumas vezes, no entanto, a inovação surge de modo mais natural e envolve a comunidade de maneira bem mais extensa — é formatada por contínuos esforços colaborativos dos contribuintes e evolui de um modo que, de início, nem é muito bem compreendido. Retomando nossa analogia com o universo musical, encontramos uma abordagem diferente para a geração de inovação, que é semelhante ao processo dos músicos tocando juntos para criar um novo som. Ao apresentar o modelo de Central de Improviso no Capítulo 3, nós comparamos uma sessão de improviso musical (*jam session*) à inovação colaborativa e definimos três pontos característicos desse arquétipo:

- Visão emergente da inovação e metas que resultam da intensa interação entre os integrantes da comunidade.
- Estrutura difusa de liderança, que se baseia na confiança em cada membro da comunidade.
- Infraestrutura de apoio à improvisação e compartilhamento dos benefícios da inovação.

Uma iniciativa de inovação que incorpora esses três pontos é o desenvolvimento do Apache, um programa de código aberto que roda nos principais sistemas operacionais, incluindo UNIX e Windows. Inicialmente criado em 1996, o Apache estabeleceu-se como o mais popular servidor da

156 Cérebro Global

internet; mais de 70% de todos os sites atualmente usam o programa, o que o torna mais aplicado que a soma de todos os seus similares.[1]

A história do Apache pode ser traçada desde o início da década de 1990, quando um grupo de pessoas começou a trabalhar para aprimorar o HTTPD, originalmente desenvolvido por Rob McCool no National Center for Supercomputing Applications, na Universidade de Illinois. Quando o produto resultante – o Apache server v0.6.2 – foi lançado, em abril de 1995, ele decolou imediatamente no mercado como uma alternativa de código aberto a outros produtos proprietários. Em 1999, como o reconhecimento do projeto ampliava-se e atraía mais voluntários, foi fundada a Apache Software Foundation (ASF) para organizar melhor e canalizar as contribuições criativas da comunidade.

A história do Apache deu uma guinada no início da década de 2000. O objetivo original da iniciativa era focar esforços na criação e aprimoramento do produto como servidor, mas uma visão mais ampla emergiu da comunidade – uma visão que incorpora projetos relacionados a diversos outros aspectos da internet. Por essa perspectiva ampliada, a ASF não é mais somente uma iniciativa em servidor. Em vez disso, evoluiu para uma comunidade de inovação fortemente unida em torno de um conjunto de valores (incluindo meritocracia e abertura), que persegue metas emergentes de desenvolvimento de softwares.

Como o número de membros da comunidade (ou participantes da inovação) e a diversidade dos projetos cresceram, a comunidade Apache adotou uma estrutura de governança bastante aberta. Cada projeto tem seu próprio comitê de gerenciamento, integrado por membros comprometidos com aquela proposta específica, que dispõem de completa autonomia para a tomada de decisões e a distribuição de atividades. Um conselho central (novamente formado pelos integrantes mais comprometidos) mantém a comunidade unida, oferecendo o adequado suporte às atividades. As ideias de novos projetos, trazidas pelos membros individualmente, são avaliadas não por sua natureza (todos os projetos são bem-vindos igualmente), mas, sim, pelo potencial de benefícios trazidos ao grupo como um todo pela adesão às metas, normas e valores da comunidade.

---

[1] Fonte: *Netcraft Web Server Survey*, nov. 2005.

A infraestrutura baseada na internet em Apache.org suporta o processo colaborativo e possibilita que os integrantes da comunidade reúnam-se para contribuir em diversos projetos individuais. Além disso, todos os resultados dos esforços de inovação da comunidade são disponibilizados em domínio público sob a licença aberta do Apache, beneficiando toda a comunidade.

A iniciativa Apache revela os fundamentos do modelo de Central de Improviso delineados anteriormente – uma visão emergente da inovação sendo perseguida em um ambiente liderado por uma comunidade e capaz de beneficiar a todos os seus integrantes. Modelos de inovação desse tipo são bastante evidentes em outras áreas do setor de softwares – desde sistemas operacionais e servidores até aplicativos empresariais e ferramentas para usuários finais.

Mas o modelo de Central de Improviso tem aplicabilidade muito além dos softwares. Ele tem sido utilizado com sucesso em uma ampla gama de domínios e indústrias bem diferentes. Nesse capítulo, descreveremos exemplos de dois diferentes contextos setoriais – o campo da pesquisa biomédica e o das experiências virtuais interativas – para ilustrar os aspectos principais do modelo de Central de Improviso. Ao considerar esses contextos tão díspares, esperamos demonstrar quão amplamente esse modelo pode ser aplicado.

Comecemos pelo caso da Iniciativa da Doença Tropical (*Tropical Disease Initiative* – TDI) – uma iniciativa de inovação baseada em uma comunidade na área da pesquisa biomédica.

◎ IMPROVISANDO JUNTOS PARA BUSCAR A CURA: A INICIATIVA DA DOENÇA TROPICAL

As doenças tropicais são uma fronteira bastante negligenciada na arena de descobertas de drogas comercializáveis. Somente cerca de 1% de todos os novos medicamentos desenvolvidos são destinados a essas moléstias.[2] A maioria das doenças tropicais ocorre em países em desenvolvimento da África e da Ásia, cujos pacientes raramente podem pagar os altos preços que são típicos das drogas patenteadas. Dessa forma, há pouco interesse das

---

[2] Artigo "Drug development output from 1975 to 1996: what proportions for tropical diseases?", de O. Touiller e P.L. Olliaro, *International Journal of Infectious Diseases* v. 3, p. 61-63, 1999.

indústrias farmacêuticas comerciais em perseguir a descoberta de novos remédios para essas moléstias. Como observou um relatório da Organização Mundial da Saúde, o tratamento das doenças tropicais é uma grande necessidade e uma oportunidade para a pesquisa colaborativa aberta, ou seja, aquela que não depende de soluções comerciais proprietárias.[3]

A TDI é um esforço de inovação colaborativa em plataforma web que tem como alvo a identificação de curas para doenças como a malária e a tuberculose. O projeto foi lançado por um grupo de cientistas e pesquisadores, incluindo Stephen Maurer, da Universidade da Califórnia; Arti Rai, da Duke; e Andrej Sali, da Universidade de São Francisco. O objetivo da TDI é reunir biólogos computacionais e outros pesquisadores voluntários para que estes trabalhem colaborativamente na cura específica de doenças tropicais e, então, disponibilizem o resultado em domínio público para que outros possam usar esse conhecimento como guia de suas pesquisas clínicas.

A descoberta de drogas combina particularmente com a abordagem de inovação colaborativa por causa da dicotomia no processo de Pesquisa & Desenvolvimento (P&D), pois este envolve dois diferentes tipos de atividades: tarefas de conhecimento técnico e tarefas normativas. As primeiras atividades requerem profundo domínio técnico, aliado com inteligência e habilidade de avaliação, mas dispensam o uso intensivo de laboratórios ou de outro tipo de infraestrutura técnica. Entre os exemplos de tarefas de conhecimento técnico, estão a identificação de alvos promissores e a modelagem computadorizada de doenças. Como escreveu Bernard Munos, na revista *Nature*, essas atividades de conhecimento técnico são "o trabalho de cientistas sendo aprimorado por outros com a aplicação de ferramentas que aprofundam o conhecimento e podem conduzir a melhores resultados"[4] – em outras palavras, construindo com improvisação em contínuas interações. Entretanto, as tarefas normativas envolvem experimentação clínica e exigem instalações de fortes laboratórios, equipamentos, estudos subjetivos (pacientes) e recursos financeiros. Exemplos dessas atividades são testes clínicos, estudos toxicológicos e outras tarefas intensivas de laboratório. As tarefas normativas também

---

[3] Relatório da Organização Mundial da Saúde (OMS) de 2004.

[4] *Can open source R&D reinvigorate drug research?*, de Bernard Munos, publicado na *Nature Reviews Drug Discovery* em 05 de setembro de 2006, p. 723-729.

O modelo de Central de Improviso **159**

são sujeitas a rígidas regulamentações e, por isso, tendem a requerer ambientes de pesquisa altamente estruturados e controlados. Por isso, embora o ambiente web possa não ser apropriado para as atividades normativas, é uma excelente abordagem para as tarefas de conhecimento técnico.[5]

O trabalho colaborativo nas atividades de conhecimento técnico tornou-se ainda mais promissor em decorrência da crescente importância da computação no processo de descoberta de drogas.[6] Realmente, a computação e a biologia estão convergindo rapidamente, abrindo novas possibilidades para a organização dos esforços da inovação colaborativa. Os recursos computacionais estão ficando mais baratos e cada vez mais disponíveis. As novas técnicas permitem que os recursos computacionais distribuídos nas organizações e nas fronteiras geográficas sejam integrados em uma infraestrutura comum muito mais poderosa. E novos e mais potentes programas estão disponíveis para aplicação na descoberta de drogas. Essas ferramentas auxiliam os cientistas a identificar proteínas, formar compostos químicos, explorar bancos de dados genômicos, visualizar regiões específicas em uma proteína, mapear redes metabólicas e desenhar moléculas complexas. Podem rodar em diferentes plataformas médicas e permitem aos voluntários participar de um projeto de inovação até de suas próprias casas. Além disso, muitos desses programas hoje em dia são de livre acesso. Por exemplo, o projeto OpenScience é dedicado ao desenvolvimento e distribuição gratuita de softwares científicos para a descoberta de drogas e outros propósitos de pesquisa.[7]

Esses dois fatores – mais recursos computacionais e ferramentas melhores – mudaram radicalmente a face da descoberta computacional de novas drogas. Os fundadores da TDI traçam um paralelo entre a descoberta computacional de drogas e o desenvolvimento de softwares:

> De modo bastante similar ao modo com que os programadores de softwares encontram falhas e escrevem atalhos nos projetos de acesso aberto, os biólogos procuram por proteínas ("alvos") e selecionam as substâncias químicas (candidatas a medicamento) que combinam com

---

[5] *Ibid.*

[6] William Jorgensen em "The many roles of computation in drug discovery", *Science*, p. 1813-1818, 2004.

[7] Visite: <www.openscience.org>.

160   Cérebro Global

elas, afetando negativamente seu comportamento. Nos dois casos, as contribuições inovadoras consistem em encontrar oportunidades e resolver pequenos problemas escondidos sob um oceano em código.[8]

A rede TDI-TSL

A TDI reúne uma comunidade de pesquisadores e cientistas, cujo interesse comum é a descoberta de novas drogas e que querem oferecer voluntariamente seu tempo e esforço em uma iniciativa colaborativa. A entidade oferece um ambiente web que ajuda a integrar talentos, recursos computacionais (por exemplo, ferramentas de software) e um amplo banco de dados em química, biologia e medicina. Nesse ambiente, a TDI é parceira de outra iniciativa, a TSL – *The Synaptic Leap.*[*]

A TSL é uma organização sem fins lucrativos, com sede na Carolina do Norte, que foi fundada em 2005 por Ginger Taylor, profissional da área de softwares, para oferecer um pacote de programas na internet capaz de dar suporte à pesquisa biomédica colaborativa e aberta.[9] O site é o canal no qual se organizam as diferentes ferramentas de pesquisa, tecnologias e bancos de dados, disponibilizando-as a todos os integrantes da comunidade (cientistas). Os membros podem examinar cuidadosamente os projetos de pesquisa em andamento, escolher um pelo qual mais se interessam e se registrar como colaboradores. Eles, então, fazem download das ferramentas e informações necessárias e podem começar a trabalhar em cima dos dados. Outros aplicativos baseados na internet (por exemplo, salas de discussão, wikis, blogs e fóruns) oferecem a infraestrutura de comunicação para que a comunidade discuta e debata ideias inovadoras em cada projeto. Dessa forma, oferecendo a infraestrutura na internet, a TSL complementa as fontes e as capacidades da TDI. Como avalia Ginger Taylor:

> Depois de conversar (com os criadores da TDI), eu percebi que o foco deles é realmente a biomedicina. Eles não tinham interesse em

---

[8] Entrevista dos autores com Andrej Sali, Stephen Maurer e Arti Rai, em novembro e dezembro de 2006.

[*] Salto sináptico, em tradução livre (N.T.).

[9] Visite: <http://thesynapticleap.org>.

desenvolver e manter um site colaborativo. Então, nós unimos forças; eles nos dão os dados e nós criamos e mantemos o site no qual eles e outros cientistas podem colaborar.[10]

Existem três tipos de integrantes da rede TDI-TSL. O corpo central de membros fundadores (que inclui pessoas da TDI e da TSL), que desempenha o papel de *coordenação da inovação*, dando as diretrizes para a comunidade e facilitando a comunicação e a colaboração entre os demais. Há os cientistas de todo o mundo que contribuem em projetos individuais, oferecendo voluntariamente seu tempo e especialização técnica. E, agindo assim, assumem o papel de *inovadores*. Os benefícios que recebem são reputacionais e, entre eles, estão: aquisição de novas competências e conhecimento técnico, expansão da rede profissional e a conquista prospectiva de proeminência no mercado de trabalho. Finalmente, entidades externas (com e sem fins lucrativos) assumem o papel de *patrocinadores da inovação*, oferecendo financiamento e outros tipos de recursos como equipamentos de computação e ferramentas tecnológicas.

A TDI tem foco definido: as doenças tropicais. No entanto, os projetos específicos são deixados para decisão dos colaboradores individuais ou para a comunidade de cientistas. Todo membro pode propor um novo projeto e, se estiver alinhado com o foco principal da TDI e houver suficiente interesse entre os participantes, o tema será incorporado ao portfólio do site. O primeiro projeto publicado pela TDI foi sobre a malária.

Como observado antes, as metas e as atividades da comunidade são emergentes. Por exemplo, vejamos a evolução do projeto sobre esquistossomose. Logo depois que o projeto sobre a malária decolou no fórum da TDI-TSL, Mathew Todd, um químico da Universidade de Sidney, teve a ideia de trabalhar em esquistossomose, tendo como objetivo encontrar um processo para baratear o tratamento da doença. Ele interagiu com os fundadores da TDI e expressou seu interesse em trabalhar na ideia, tendo sido encorajado por eles a colaborar com Ginger Taylor para estruturar mais formalmente um fórum de colaboração no site. Quando Todd postou sua

---

[10] Entrevista dos autores com Ginger Taylor, em 15 de novembro de 2006.

162 Cérebro Global

proposta inicial, houve muitas reações positivas entre os membros da comunidade. Um desses entusiastas foi Jean-Claude Bradley, químico da Universidade de Drexel, na Filadélfia, que começou a oferecer ideias para perseguir a meta proposta. Com interesse suficiente expresso pela comunidade, ficou evidente que o projeto teria continuidade e Todd voluntariou-se para assumir o papel de líder na comunidade da esquistossomose. Nos meses seguintes, ele trabalhou com Ginger para desenvolver a arquitetura de informação para o portal colaborativo do projeto de pesquisa sobre a doença.

Da mesma forma, novos projetos estão sendo definidos e iniciados como parte do site da TDI. Por exemplo, a ideia de um projeto sobre Chagas, uma doença que atinge a América do Sul, foi sugerido por um jovem biólogo da Venezuela. Igualmente, outro cientista, Miguel Mitchell, está liderando um projeto relacionado à tuberculose. Assim, enquanto mais colaboradores juntam-se à comunidade, novas ideias de pesquisa emergem, são compartilhadas, desenvolvidas e evoluem para projetos individuais.

Dos laboratórios para o mercado

Uma questão crítica da TDI refere-se aos direitos de propriedade intelectual e à produção de drogas. Mais especificamente, a quem pertencem os resultados dos projetos da TDI e como esses resultados devem chegar ao mercado? Os membros da comunidade da TDI dispõem de diversas opções para tratar da propriedade intelectual. Os pesquisadores mantêm o direito de publicar suas ideias em revistas científicas tradicionais, que são revisadas por seus colegas. Além disso, a Science Commons (semelhante ao Creative Commons) oferece domínio público de licenças que podem ser usadas por outros cientistas para dar continuidade ao trabalho.

Similarmente, se um resultado promissor ou uma nova substância são gerados pelos projetos da TDI, então, seu desenvolvimento posterior pode ser terceirizado. Observe-se que o processo de descoberta de drogas, que é o foco primário da TDI, ocorre em uma etapa pré-comercial e, em geral, o resultado pode não estar ainda em um estágio patenteável. No entanto, por causa do foco de nicho da TDI, o objetivo é manter o novo conhecimento produzido em domínio público e, sendo assim, existem diferentes opções para que seus benefícios sejam aproveitados. E isso inclui a terceirização dos testes clínicos e da produção por entidades farmacêuticas sem fins lucrativos, como o Institute for One World Health e a Drugs for Neglected Diseases Initiative.

A rede de inovação da TDI deve seu rápido sucesso a diversos fatores: o surgimento da biologia computacional como um poderoso e sofisticado veículo para a pesquisa e descoberta de novas substâncias candidatas a medicamentos; a capacidade da infraestrutura tecnológica na internet para reunir centenas de cientistas e pesquisadores que querem dedicar tempo e conhecimento a iniciativas colaborativas; e os sistemas e mecanismos alternativos agora disponíveis para proteger e compartilhar direitos de propriedade intelectual no domínio público. A combinação dessas forças possibilitou a criação desse fórum de pesquisa colaborativa em sintonia com os três fundamentos do modelo de Central de Improviso – visão e metas emergentes, estrutura de liderança difusa na comunidade e infraestrutura robusta para dar suporte à criação colaborativa de conhecimento e à apropriação de valor.

Outras instâncias do modelo de Central de Improviso na pesquisa biomédica

Outros exemplos de modelo de Central de Improviso podem ser destacados na área de pesquisa biomédica, relacionados à abordagem de abertura de banco de dados. Os exemplos mais famosos são o Projeto do Genoma Humano (PGH), o consórcio SNP e o projeto International HapMap.[*]

Vamos analisar o HapMap, um projeto multipaís com o objetivo de reunir esforços para identificar e catalogar similaridades e diferenças genéticas entre os seres humanos.[11] O HapMap é um catálogo das variantes genéticas comuns que ocorrem nas pessoas. Utilizando essas informações, os pesquisadores serão capazes de encontrar os genes que afetam a saúde, as doenças e as respostas individuais a medicamentos e fatores ambientais. Em outras palavras, os cientistas poderão vincular haplótipos (padrões de variação genética) a doenças fenotípicas. O projeto, iniciado em outubro de

---

[*] Mapeamento de Aplótipos – grupos de alelos muito próximos transmitidos em conjunto para os descendentes (N.T.).

[11] Fonte: site do projeto International HapMap. Disponível em: <http://www.hapmap.org>.

164 Cérebro Global

2002, envolve cientistas e agências de financiamento de 6 países – Japão, Reino Unido, Canadá, China, Nigéria e Estados Unidos – e divulga todas as informações geradas em domínio público. Os dados, porém, somente são disponibilizados depois que o usuário clica sobre o botão "Concordo", manifestando-se oficialmente ciente e de acordo com os termos de licença de uso: os dados do HapMap não podem ser utilizados para o desenvolvimento de produtos e/ou aplicações patenteáveis, mesmo que parcialmente.[12] Em suma, o projeto HapMap adota o esquema de licenciamento de copyleft.

Embora o projeto não permita que qualquer pessoa seja colaboradora – somente os cientistas vinculados às organizações líderes podem contribuir, – a estrutura geral da iniciativa segue o modelo de Central de Improviso. A rede de cientistas mantém uma visão geral da inovação para o projeto – nesse caso, desenvolver um mapa dos haplótipos do genoma humano e descrever os padrões comuns da variação genética humana – e colabora improvisando uns sobre a pesquisa dos outros. A liderança dos projetos individuais é difusa nos países integrantes do projeto, e uma infraestrutura central é utilizada para compartilhar e proteger os direitos sobre os dados e os demais resultados alcançados.

Para verificarmos como o modelo de Central de Improviso pode ser aplicado em um contexto muito diferente, mudamos agora nosso foco para a criação de uma plataforma web de experiências virtuais interativas, abordando o caso do Second Life.

IMPROVISANDO JUNTOS PARA CRIAR EXPERIÊNCIAS VIRTUAIS INTERATIVAS: O SECOND LIFE

Em 1992, Neal Stephenson publicou o agora clássico livro de ficção científica chamado *Nevasca,* no qual o autor vislumbrava o ambiente sucessor da internet atual, a realidade virtual denominada *Metaverso.* Nesse universo, os habitantes

---

[12] "Open and collaborative research: a new model for biomedicine", de Arti Rai, *Intellectual property rights in frontier industries: biotech and software.* AEI-Brooking Press, 2005, disponível também em: <http://eprints.law.duke.edu/archive/000000882>.

criam "avatares" ou corpos virtuais e seu status social deriva da sofisticação desses seres online. O Metaverso inspirou diversas tentativas de criação dessas realidades virtuais e da implementação de alguns conceitos criados no livro. Em meados da década de 1990, as tecnologias 3D deram um salto significativo, e a implementação desses mundos virtuais tornou-se possível.

Uma das primeiras realidades online inspiradas no Metaverso foi a Active World, lançada em junho de 1995, sendo seguida de uma série de outras criações, incluindo *There*, *Second Life*, *The Palace*, *Uru*, *Dotsoul Cyberpark*, *Blaxxun* e *Entropia Universe*. Embora alguns desses mundos virtuais não existam mais e outros estejam já batendo em retirada, talvez o mais representativo – e definitivamente o mais conhecido – tenha sido o *Second Life*.

O *Second Life* (SL) é uma realidade virtual em 3D que foi lançada em 2003 pelo Linden Lab – empresa privada com sede em São Francisco e fundada pelo ex-diretor de tecnologia da RealNetworks, Philip Rosedale. O "mundo" do SL consiste em uma série de servidores operados pelo Linden Lab, que também oferece aos usuários as ferramentas de internet e as tecnologias necessárias para criar, ver e modificar seus avatares, outros objetos virtuais e participar da economia virtual. A população residente do SL cresceu muito desde o seu lançamento – em 18 de outubro de 2006, a população atingiu a marca de 1 milhão de residentes e, em julho de 2007, já alcançava 7 milhões.

A meta do Linden Lab é criar um mundo virtual semelhante ao Metaverso, no qual os usuários ou "residentes" possam interagir, jogar e participar de outras atividades. No entanto, o SL é mais do que um espaço de entretenimento. O Linden Lab vê a si mesmo como um negócio de hospedagem e facilitação da inovação em "experiências de consumo". Os usuários podem vivenciar diversas experiências, que não são criadas pelo Linden Lab – e sim desenvolvidas colaborativamente pela criatividade e interação entre os residentes. O papel da empresa é providenciar o contexto e as ferramentas para que os usuários desenvolvam esses conteúdos. Em resumo, o *Second Life* é um experimento de massa em inovação colaborativa. Dessa forma, trata-se de um excelente exemplo de modelo de Central de Improviso – enquanto o espaço de inovação constitui as "experiências dos usuários", a natureza dessas experiências (ou seja, as metas da inovação) são emergentes, e os residentes (ou seja, os inovadores) "improvisam juntos" para inová-las e desfrutar de seus benefícios em conjunto.

A rede e os jogadores do Second Life

Vamos analisar a natureza da inovação e os jogadores da rede do Second Life. Genericamente, sua rede de inovação é formada por três atores: o Linden Lab desempenha o papel de *coordenação da inovação*, as pessoas e os residentes do SL são *os inovadores* e as empresas, buscando fazer conexão com a comunidade de usuários, são os *patrocinadores*.

O papel primário do Linden Lab é facilitar a experiência no SL, reunindo os colaboradores e lhes oferecendo as ferramentas e as tecnologias para a inovação e a infraestrutura, a fim de que apropriem e compartilhem o valor das inovações. Seu sucesso nesse papel deve ser creditado a três ideias chave de Rosedale.

A primeira ideia chave dele foi criar um fórum ao vivo para reunir os residentes e hospedar suas interações. Essas interações ao vivo formam a experiência – nada é predeterminado ou pré-formatado. Os computadores do laboratório realizam todo o trabalho intensivo para manter o SL dinâmico e tão vívido como o mundo real.

A segunda ideia chave foi dar suporte à criatividade dos residentes com ferramentas e tecnologias fáceis de usar para que eles criem objetos (inclusive os próprios avatares) no SL. Embora as tecnologias não sejam muito difíceis de utilizar, elas são poderosas o bastante para suportar o diversificado talento criativo dos residentes. Por exemplo, uma dessas ferramentas possibilita que os usuários gerem objetos complexos em 3D – desde acessórios para o avatar até prédios, esculturas e jardins – diferentes dos blocos básicos de construção no SL. Os usuários podem ainda aplicar a linguagem de roteirização (chamada Linden Scripting Language) para definir o comportamento dos objetos criados por eles. Também existem ferramentas que permitem dar textura à superfície dos objetos em 3D (por exemplo, tatuagens na pele do próprio avatar), enriquecendo seu detalhamento. Capacidades multimídia (como som) também podem ser adicionadas. Ou seja, esse conjunto poderoso de ferramentas habilita os residentes a criar objetos complexos no SL, que podem exibir comportamentos variados, gerando experiências diversificadas com suas interações.

A terceira decisão de Rosedale foi permitir que os residentes detenham o direito sobre suas criações, seja o próprio avatar ou qualquer outro objeto gerado no SL. Essa característica possibilitou que o Linden Lab desenvolvesse um ambiente de colaboração em inovação, que enfatiza o papel de inovadores dos usuários.

Como inovadores, os residentes contribuem com a comunidade pelos objetos criados e também pelas interações das quais participam. Por isso, quanto mais diversificados forem os usuários, mais diferenciadas serão todas as experiências no mundo do SL.

Finalmente, as empresas, entidades não lucrativas e outros tipos de organizações, participam do SL ao patrocinar e catalisar a experiência colaborativa de inovação. Como patrocinadora, uma companhia pode hospedar e facilitar diretamente as experiências de inovação. Por exemplo, a American Apparel abriu um outlet no SL, no qual os residentes podem comprar roupas para seus avatares.[13] A empresa agora está considerando a possibilidade de começar a fazer testes de mercado com alguns modelos de jeans antes de lançá-los nas lojas físicas. Ao catalisar essas experiências de consumo virtuais dos residentes, a companhia contribui com a comunidade – em troca, tem mais exposição de produtos e reconhecimento de marca. As companhias patrocinam também experiências de inovação dos usuários. Por exemplo, em 14 de setembro de 2006, PopSci.com (a sede online do *Popular Science*) patrocinou um show especial ao vivo com a apresentação de músicos residentes populares no SL, entre eles, Jonathan Coulton, Melvin Took e Etherian Kamaboko.

Gerenciamento do comportamento de avatares e direitos no SL

Os membros da comunidade do SL estão vinculados ao Linden Lab pelos termos de um contrato de serviços com os quais concordaram ao ingressar na rede. Esse acordo formal possibilita que a empresa defina os comportamentos "aceitos" para os avatares e estabeleça as regras e consequências específicas quando elas forem descumpridas. Por exemplo, os residentes que assediarem outros ou assumirem comportamentos destrutivos podem ser expulsos da comunidade. Da mesma forma, os residentes têm o direito de registrar queixas cívicas na Prefeitura do SL contra a equipe de funcionários

---

[13] "Avatar-based marketing", Paul Hemp, *Harvard Business Review*, jun. 2006.

da empresa. Esses mecanismos formais de governança permitem que o Linden Lab assegure um ambiente de inovação do qual todos desejam fazer parte. Esses mecanismos formais, porém, são apenas parte da história.

Mais importantes do que as regras de governança são as normas comportamentais que existem entre os próprios residentes. Esses mecanismos sociais incluem a cultura do grupo e sistemas reputacionais. Por exemplo, o SL é composto por numerosos grupos "de interesse". Individualmente, os residentes podem criar grupos em torno de interesses ou atividades particulares e convidar os demais para que participem deles. Os nomes dos grupos a que os usuários pertencem são apresentados em seus perfis e os integrantes podem escolher líderes e atribuir títulos e responsabilidades a cada um. Com suas interações, os participantes dos grupos formatam suas próprias normas e valores – essas regras emergentes do grupo são um mecanismo poderoso para dar coerência às interações e experiências no SL.

Como observado antes, os residentes detêm os direitos sobre suas inovações no SL – por exemplo, os objetos que criam. Embora a linguagem-código relacionada aos objetos esteja hospedada nos servidores do Linden Lab, os usuários têm todos os direitos de propriedade intelectual sobre o conteúdo digital que são capazes de gerar a partir dela. A empresa utiliza o esquema de licença do Creative Commons para possibilitar que os residentes detenham os direitos sobre suas inovações. Isso oferece a eles amplo poder de decisão sobre como, quando e de que forma os outros poderão utilizar ou desenvolver suas inovações.

É importante notar que, enquanto os residentes detêm os direitos sobre os objetos que criam, as "experiências de consumo" são baseadas na interação entre os objetos criados por diferentes integrantes da comunidade. Dessa forma, há incentivo suficiente para que os usuários compartilhem suas inovações com os outros e facilitem essas interações.

O Linden Lab também provê a infraestrutura para a mensuração e monetização do valor criado pela comunidade. O SL tem sua própria moeda, conhecida como Linden dólares (L$), e os residentes cobram pelos objetos que comercializam. A economia baseada nos Linden dólares cresceu consideravelmente nos últimos anos, com o incremento do nível de atividades comerciais, já que os usuários podem apropriar valor de suas inovações, pois o SL também possui câmbio (LindeX) para conversão em dólares norte-americanos.

O caso do *Second Life*, desse modo, ilustra a aplicação do modelo de Central de Improviso em mais um contexto – a indústria de experiências de consumo interativas. Embora as peculiaridades e detalhes possam ser diferentes dos contextos anteriores industriado setor de softwares e da pesquisa biomédica, os três pontos do modelo de Central de Improviso definidos antes também formam a essência do Second Life. Os residentes do SL (inovadores) colaboram e improvisam para criar novas experiências interativas (inovação) em um ambiente com liderança difusa na comunidade, que é suportado por uma infraestrutura de proteção e compartilhamento dos direitos sobre a inovação.

Improvisando juntos para criar música: myvirtualband (MVB)

O Myvirtualband.com (MVB), adquirido pela NetMusicMakers.com em dezembro de 2006, é um portal na internet que reúne músicos dispostos a formar "bandas virtuais" colaborativamente para escrever e produzir canções que eles podem compartilhar gratuitamente com os outros.[14]

O MVB teve início em 2004, com dois amigos de Madison, no estado norte-americano de Wisconsin, Kelly Senecal (guitarrista) e Scott Mason (baterista), que tocavam juntos em uma banda desde 1996. No entanto, quando um deles teve de mudar de cidade, eles sentiram falta de uma ferramenta que viabilizasse a continuidade do trabalho conjunto. Essa necessidade desatendida fez surgir a ideia de construir um portal na internet no qual pudessem escrever e gravar músicas colaborativamente.

O MVB oferece um fórum online no qual os músicos anunciam seus projetos individuais e convidam outros a participar, fazendo upload de trechos musicais tocados com seus próprios instrumentos e vozes, além de especificar que tipo de colaboração estão buscando. Os integrantes do fórum podem baixar os arquivos, acrescentar sua contribuição e recarregar a faixa musical – assim, a criação da música evolui com a colaboração de múltiplos membros da comunidade. Quando a criação de uma canção fica completa, o MVB publica um arquivo em formato MP3 em uma lista, e todos os membros e não membros podem acessá-la e ouvi-la.

O MVB opera com uma licença do Creative Commons chamada de "MVB Open Music Agreement", que se aplica a todos os arquivos de áudio e outros materiais de apoio (por exemplo, letras de música) que são carregados nos servidores do portal. Assim, todo integrante pode gratuitamente copiar, distribuir, divulgar, tocar e, com certeza, colaborar e modificar as músicas, desde que dê os devidos créditos e agradecimentos aos autores da canção original. O MVB também oferece uma infraestrutura mais formal de distribuição denominada MVB Radio, que faz o podcast das músicas criadas. Os membros do fórum votam nas canções preferidas para que elas sejam incluídas no podcast. Em suma, o MVB representa a essência do modelo de Central de Improviso – uma comunidade de músicos que se reúnem para improvisar e criar novas canções, que são compartilhadas abertamente e, por isso, beneficiam toda a comunidade.

---

[14] Visite: <http://www.myvirtualband.com>.

◎ ELEMENTOS DO MODELO DE CENTRAL DE IMPROVISO

Quando comparamos os diferentes exemplos de modelo de Central de Improviso descritos neste capítulo, observamos alguns elementos comuns que definem a essência desse tipo de inovação centrada em redes. A Tabela 7.1 sintetiza esses elementos comuns.

Tabela 7.1 ◎ Elementos do modelo de Central de Improviso

Elementos da inovação centrada em redes	TDI/TSL	Second Life	Apache
Natureza do espaço de inovação	Descoberta de drogas para doenças tropicais e outros males negligenciados	Criação de ricas e diversificadas experiências interativas	Desenvolvimento de softwares para web
Estrutura de liderança na rede	Comitê do TDI dá as diretrizes gerais; os membros têm completa autonomia para desenvolver os projetos individuais	Os residentes individuais e grupos de residentes tomam as principais decisões	O conselho do ASF oferece as diretrizes gerais; os integrantes dos grupos têm completa autonomia para conduzir os projetos individuais
Papéis de inovação			
Arquiteto	TDI/TSL coordena a inovação	Linden Lab coordena a inovação	ASF coordena a inovação
Adaptador	Cientistas individuais são os inovadores	Residentes são os inovadores	Programadores individuais são os inovadores
Agente	Companhias farmacêuticas patrocinam a inovação	Empresas de consumo patrocinam a inovação	Companhias de software patrocinam a inovação
Gerenciamento de rede			
Governança de rede	Sistema baseado em confiança e reputação	Mecanismos formais (termos do serviço) e sociais (cultura do grupo e confiança, entre outros)	Meritocracia do Apache

(continua)

O modelo de Central de Improviso **171**

(continuação)

Elementos da inovação centrada em redes	TDI/TSL	Second Life	Apache
Gestão do conhecimento	Aplicativos web para compartilhar informações e criar conhecimento cojuntamente	Fóruns online para usuários para ampliar o suporte aos demais	Fóruns online para suportar o compartilhamento de conhecimento
Direitos de propriedade e apropriação de valor	Science Commons; licença de direitos para "empresas farmacêuticas virtuais" sem fins lucrativos	Licença do Creative Commons	Licença pública do Apache

O primeiro desafio em comum de todos esses exemplos é a *natureza emergente das metas de inovação* e a necessidade contínua de improvisação nas repetições e nas interações. O espaço de inovação é definido apenas genericamente – seja o foco em doenças tropicais do TDI, os softwares para web da comunidade do Apache ou as experiências interativas do Second Life. As metas específicas de inovação, então, emergem da comunidade por meio das contínuas interações entre os membros. Esse estabelecimento de metas em duas fases (foco genérico da inovação e metas emergentes da comunidade) ficou evidente em todos os setores estudados e indica a natureza da liderança baseada na comunidade, que oferece estrutura para as atividades de inovação. Essas metas emergentes emprestam um sentido de pertencimento e propriedade aos integrantes da comunidade enquanto trabalham juntos para atingir seus objetivos compartilhados. Também impregnam a comunidade com um espírito de improviso que permeia o processo de inovação. De fato, a inovação é marcada por um padrão de "pergunta e resposta" – os membros respondem e improvisam uns sobre as contribuições dos outros repetidamente para fazer evoluir a inovação.

O segundo desafio relaciona-se à *natureza descentralizada do processo de decisão* na rede de inovação. Em todos os contextos, a liderança difusa é alcançada por dois mecanismos. O primeiro possibilita que toda a comunidade se reúna para tomar decisões críticas, considerando a agenda genérica de inovação ou as metas do grupo. No caso do TDI, essa tarefa é realizada por um comitê informal formado pelos membros fundadores e por alguns dos integrantes mais ativos da comunidade. No caso do Apache, essa função é exercida pelo conselho da Apache Software Foundation. O segundo mecanismo opera no nível dos grupos e permite a tomada de decisões localizadas envolvendo somente os participantes de cada projeto. A combinação desses dois mecanismos assegura a continuidade do engajamento dos participantes na agenda de inovação, assim como oferece a necessária flexibilidade para que os projetos individuais sigam suas próprias trajetórias.

Um terceiro desafio refere-se à *natureza da infraestrutura de colaboração*. Em virtude da natureza de improvisação do processo de inovação, o modelo de Central de Improviso deve basear-se em uma infraestrutura efetiva que facilite o constante "dá e toma" que envolve os múltiplos integrantes da comunidade. Geralmente, a infraestrutura tem de contar com elementos para suportar simultaneamente a "criação social de conhecimento" e o desenvolvimento de uma "visão de mundo compartilhada", o que é vital para manter a coerência das diversas atividades de inovação da comunidade.

Na maioria das vezes, o coordenador da inovação tem a responsabilidade de manter a infraestrutura de colaboração – seja um simples fórum online para os membros da comunidade interagirem (por exemplo, as salas de discussão da comunidade Apache) ou instalações mais complexas para o intercâmbio de conhecimento (por exemplo, os wikis e os bancos de dados do TDI ou o repertório de ferramentas para a criação de objetos no *Second Life*).

Outra importante observação sobre o modelo de Central de Improviso é a questão da apropriação de recompensas pela inovação. Embora haja a ênfase na repartição dos frutos da inovação com toda a comunidade, isso não significa necessariamente que todos os direitos de propriedade intelectual são liberados ou colocados em domínio público. De fato, como vimos no caso do *Second Life*, determinados direitos relacionados à inovação podem permanecer com um membro individualmente. No entanto, pode haver um mecanismo para que o integrante compartilhe alguns direitos com a comunidade para que outros possam construir e colaborar sobre a inovação original. Como ficou evidenciado pelos exemplos apresentados, a habilidade da comunidade para estruturar e aplicar mecanismos de compartilhamento de direitos de propriedade intelectual é essencial para assegurar o sucesso das iniciativas de inovação.

UNINDO-SE ÀS SESSÕES DE IMPROVISO: QUANTO AS EMPRESAS PODEM PARTICIPAR

Apesar da agenda de inovação definida pela comunidade e do sistema de governança do modelo de Central de Improviso, existem muitas oportunidades para que as grandes empresas com fins lucrativos participem dessas iniciativas. Porém, identificar essas oportunidades exige que as companhias compreendam os papéis específicos que podem assumir e as competências de que necessitam para desempenhar essas funções.

As grandes empresas podem assumir o papel de inovadoras ao contribuir com o tempo e o esforço de seus funcionários em projetos de inovação do modelo de Central de Improviso. Por exemplo, a IBM doou centenas de seus empregados à comunidade Linux. Esses funcionários escrevem códigos e contribuem para o desenvolvimento do Linux como qualquer outro integrante da comunidade faria. Eles participam dos fóruns online do Linux e discutem ideias para o aprimoramento dos módulos com outros desenvolvedores voluntários, codificam novas funcionalidades e realizam testes de outros aplicativos criados pelos demais membros da comunidade.

Da mesma forma, as companhias de pesquisas biomédicas podem se tornar inovadoras nesse tipo de projeto, cedendo o tempo e a especialização de seus funcionários. Por exemplo, uma empresa que participa de um dos projetos do TDI é a Inpharmatica, uma empresa de médio porte do setor de biotecnologia, sediada em Londres. Igualmente, outras grandes empresas da área farmacêutica, entre elas, a Eli Lilly e a Merck, estão explorando ativamente as oportunidades desses projetos capitaneados por comunidades para a descoberta de novas drogas. Em um cenário típico, um cientista empregado em uma dessas empresas farmacêuticas ou de biotecnologia pode participar como pesquisador voluntário em um projeto – por exemplo, trabalhando na identificação de proteínas na pesquisa básica e ajudando a comunidade a avançar com a descoberta de drogas antes do estágio experimental. Desempenhar esse papel de inovadora, porém, requer que a empresa tenha um compromisso estratégico com a iniciativa já que, certamente, isso envolverá uma contribuição valiosa e recursos dispendiosos (*expertise* na área, talento científico, entre outros) com o projeto diante de uma grande incerteza da obtenção de retornos econômicos diretos.

As companhias também podem promover e facilitar o desenvolvimento de projetos liderados por comunidades, assumindo o papel de patrocinadoras. Elas têm condições de oferecer recursos computacionais, laboratórios e outros tipos de suporte de infraestrutura para as atividades de inovação. Por exemplo, a Collaborative Drug Discovery, uma empresa com sede em São Francisco que cria softwares para a pesquisa biomédica, provê acesso livre a seus bancos de dados para os integrantes da comunidade do TDI. Esse acesso oferece aos membros do TDI um rico acervo no qual buscam informações chave para os projetos de descoberta de novas drogas que conduzem. Em abril de 2006, a Microsoft lançou uma iniciativa de colaboração denominada BioIT Alliance, cujo objetivo é unir os setores farmacêutico, de biotecnologia, de software e hardware para explorar novas formas de compartilhamento de dados biomédicos complexos e de colaboração entre equipes multidisciplinares, para acelerar o ritmo de descobertas das ciências da vida.[15] Os outros integrantes da aliança incluem Amylin Pharmaceuticals, Applied Biosystems, Geospiza, Hewlett-Packard, Interknowlogy, Scripps Research Institute, Sun Microsystems e VizX Labs. A Microsoft desempenha o papel de patrocinadora nessa rede, oferecendo recursos de gerenciamento de dados e também *expertise* técnica específica aos membros da comunidade. Um dos primeiros projetos, o Collaborative Molecular Environment, consiste no desenvolvimento de um ambiente para a captura eletrônica de dados laboratoriais, possibilitando que os cientistas pesquisem e registrem as informações de modo mais eficaz. O projeto utiliza as ferramentas de software e outros recursos técnicos disponibilizados pela Microsoft.

Embora as empresas contribuam "gratuitamente" com recursos para essas comunidades, esses investimentos não são inteiramente altruístas. A colaboração da IBM com o projeto de desenvolvimento do Linux conquistou a boa vontade da comunidade. Isso também valeu à IBM um assento na mesa de decisões da comunidade do Linux. Por exemplo, a colaboração da empresa no Open Source Development Lab (OSDL) possibilitou não somente a participação ativa da IBM na promoção do Linux como também permite que esta tenha influência sobre a agenda geral de inovação da comunidade.

---

[15] Visite: <http://www.bioitalliance.org>.

Da mesma forma, as contribuições da IBM com a aliança BioIT também trazem benefícios comerciais. Como comentou Don Role, consultor estratégico de plataformas da Microsoft: "Lançamos o olhar sobre uma área na qual estão ocorrendo mudanças drásticas (o setor farmacêutico) e temos a oportunidade de dar foco em versões demo de aplicativos com potencial para aliviar os gargalos existentes em outros setores industriais. Os avanços conquistados irão beneficiar a Microsoft assim como todas as outras empresas que colaboram no projeto."[16]

CONCLUSÃO

O modelo de Central de Improviso na inovação centrada em redes é uma grande promessa como forma de organizar e estruturar as atividades de inovação em diversos setores e mercados que vão desde o setor de softwares à descoberta de drogas, passando pelo entretenimento interativo. No entanto, uma questão que ainda não discutimos aprofundadamente é a adequação desse modelo a contextos particulares. Quais são os fatores que determinam a aplicabilidade do modelo de Central de Improviso em contextos específicos de inovação? Retornaremos a essa questão depois de descrever, no próximo capítulo, o quarto e último modelo de inovação centrada em redes, o modelo de Estação de Modificação.

---

[16] "Redmond forms biotech alliance", *Red Herring*, 04 abr. 2006.

CAPÍTULO 8
O modelo de Estação de Modificação

No capítulo anterior, vimos como uma comunidade de inovadores pode se reunir para improvisar sua trajetória em direção à inovação. No entanto, nem toda iniciativa baseada em liderança comunitária precisa ser gerenciada dessa maneira. As comunidades também podem se reunir em torno de tecnologias ou de plataformas muito bem definidas.

No Capítulo 3, falamos a respeito de uma abordagem baseada em comunidade para a criação do filme *Sanctuary*. O filme, oferecido em domínio público por uma licença aberta, impulsionou a energia criativa de colaboradores individuais que adaptaram, interpretaram e desenvolveram o vídeo original. Essa abordagem aberta tem dois requisitos. Primeiro, o projeto de inovação deve ser estruturado em módulos para que seus elementos sejam divididos e manipulados por diferentes integrantes da comunidade. Segundo, o patrocinador do projeto deve oferecer as ferramentas para que os membros da comunidade possam modificar, adaptar, recombinar os elementos e desenvolver a inovação. Essa abordagem de modificação comunitária é outra forma da inovação centrada em redes – uma que combina a certeza de uma arquitetura de inovação bem definida com a diversidade e a criatividade da comunidade de colaboradores.

Neste capítulo, vamos examinar esse modelo de inovação centrada em redes, que denominamos modelo de Estação de Modificação (MOD). Como comentamos no Capítulo 4, o termo MOD está mais associado às "modificações" criadas em jogos de computadores pelos usuários, que acabaram sendo conhecidas como "mods" na indústria do setor. Generalizando a partir dessa definição, nos referimos ao modelo de Estação de Modificação da inovação centrada em redes como *um contexto inovador no qual uma comunidade de inovadores reúne-se para criar novas ofertas pela modificação, extensão ou aprimoramento de uma plataforma preexistente de forma a beneficiar todos os membros da rede, inclusive, o criador da plataforma original.*

Para entender como funciona o modelo de Estação de Modificação, vamos analisar a indústria de jogos para computadores na qual começou esse tipo de iniciativa colaborativa. Depois, abordaremos outros contextos, incluindo a indústria de semicondutores.

"MODIFICANDO" NA INDÚSTRIA DE JOGOS PARA COMPUTADORES

Uma arena na qual o modelo de Estação de Modificação é bastante popular é a indústria de jogos para computadores. A maioria dos jogadores está bastante familiarizada com programação e um bom número deles também acredita na cultura "hacker" – indo atrás de ideias inovadoras para mudar o jogo, ao adicionar dimensões extras de desafio, aumentar a emoção da competição ou melhorar seu desempenho como jogador. Então, os usuários formam um grupo ávido por quebrar a linguagem dos jogos ou modificá-los, liberando suas contribuições para outros jogadores da comunidade online. Grande parte dos jogos para PCs hoje em dia já é projetada para facilitar as modificações pelos usuários. A combinação da cultura "hacker" com a facilitação das modificações pelos fabricantes deu origem ao fenômeno das "mods" na indústria dos jogos para computadores.

Os benefícios das modificações atingem os jogadores assim como os desenvolvedores dos jogos originais. E isso levou muitos fabricantes (entre eles, Epic Games, id Software, Valve Software e Bethesda Softworks) a adotar uma abordagem mais proativa na promoção e apoio das iniciativas inovadoras da comunidade de jogadores, o que abriu novas possibilidades comerciais para os jogos originais, assim como aprimorou a experiência de jogar como um todo.

A modificação e os modificadores

O jogo original oferece a infraestrutura para a atividade de inovação da comunidade de jogadores. A natureza e a extensão das modificações, porém, podem variar enormemente. Em geral, as "mods" são de dois tipos – conversões parciais ou conversões totais.

As conversões parciais são relativamente menores e não alteram os elementos ou a estrutura subjacente ao jogo. Por exemplo, essas modificações parciais podem mudar a execução de certas funções do jogo, incluindo o comportamento de algum personagem específico ou a operação de algumas armas. A conversão parcial também envolve a adição de novos elementos ao jogo – novas armas, novos mapas ou novas "peles" – que acrescentam mais complexidade sem mudar a estrutura geral do programa. Por exemplo, o *Team Fortress*, uma das mais populares modificações, é uma conversão parcial do jogo original chamado *Quake*.

A conversão total, ao contrário, envolve a modificação de todo o modo de jogar e também de seus elementos centrais. Enquanto uma conversão total pode empregar a estrutura básica do jogo original, o resultado final terá uma aparência e navegação (*look & feel*) completamente diferentes. Em geral, por envolver muito tempo de desenvolvimento e tarefas de alta complexidade, as conversões totais são realizadas como se os usuários formassem um grupo de projeto.

As mods existem para a maioria dos jogos, mas alguns delas conquistam mais atenção da comunidade de jogadores. Um exemplo notável é o *Half-Life:* produzido pela Valve Software em 1998, o jogo é para um único usuário e tem uma história complicada, na qual o protagonista, um especialista em física avançada, tem de salvar a Terra dos ataques de alienígenas. Com mais de 8 milhões de cópias vendidas desde o seu lançamento, o *Half--Life* é até hoje um dos jogos para PCs mais vendidos na categoria de usuário único. O sucesso desse jogo deve ser atribuído não apenas a seus elementos originais mas também às mods altamente inovadoras que foram desenvolvidas e distribuídas desde o lançamento da versão do fabricante.

As modificações no *Half-Life* variaram desde conversões parciais, como a adição de novos elementos, até conversões totais, como a mudança do formato de jogador único para o de multijogadores. A conversão total mais conhecida do *Half-Life* é o *Counter Strike*, que utiliza a sua base original, mas é uma versão para multijogadores online. Liberado logo depois do jogo original, o *Counter Strike* chegou a contar, em determinado momento, com 94 mil jogadores simultaneamente, que chegaram a somar mais de 5 bilhões de minutos de jogo por mês.[1] De fato, o *Counter Strike* tornou-se tão popular que gerou suas próprias mods e conquistou comunidades dedicadas ao jogo.

Como a maioria das conversões totais usa a base do jogo original, realizar essas alterações exige também a sua compra. No entanto, algumas dessas bases tornaram-se softwares gratuitos, permitindo a criação de novos jogos autônomos – ou seja, que podem ser desenvolvidos sem a compra do jogo original. Os exemplos incluem as mods *Tremulous* do *Quake III Arena* e a *D-Day: Normandy* do *Quake II*.

Nessa rede de inovação, o desenvolvedor do jogo faz o papel de catalisador, por criar o programa de forma "modificável", isto é, liberando-o ao mercado em um formato que admite, por princípio, alterações. Por exemplo, os desenvolvedores podem facilitar as modificações no jogo ao adotar variáveis em formatos não proprietários e usar gráficos em formato padrão (como os arquivos bitmap). Também podem colocar à disposição dos jogadores ferramentas para a extensão do programa e documentação para ajudá-los nas mods. Por exemplo, no caso do *Homeworld 2*, que requer uma ferramenta sofisticada chamada Maya para a criação de novos objetos dentro do jogo, uma versão gratuita foi oferecida às comunidades de modificadores.

Como no caso do *Half-Life*, a Valve Software disponibilizou ferramentas e códigos para os jogadores. Como parte do software do jogo, por exemplo, a empresa incluiu o Worldcraft, uma ferramenta de design utilizada durante o seu desenvolvimento. O fabricante também liberou um abrangente conjunto de ferramentas de desenvolvimento que facilitam muito as modificações pelos jogadores. Finalmente, também o código do jogo foi liberado e se tornou a base para muitas mods para multijogadores que foram criadas a partir do jogo (inclusive, o *Counter Strike*).

As pessoas que participam da criação das mods assumem o papel de inovadores e, na indústria de jogos, são chamados de "os modificadores". Muitos deles pertencem à comunidade de fãs associada a um jogo específico. Os fóruns online dessas comunidades são também a plataforma para que os modificadores promovam e distribuam seu trabalho.

---

[1] Veja: <http://steampowered.com/status/game_stats.html>.

Os fóruns online são também o contexto no qual os modificadores se reúnem como uma equipe para perseguir as metas de projetos de interesse comum. Alguns desses grupos já criaram mais do que uma MOD. Um exemplo é a chamada Team Reaction, uma equipe prolífica, que ficou conhecida pelas mods *QPong* e *Jailbreak*.

Estímulo para as modificações

Todo jogo de computador envolve uma combinação de direitos de propriedade intelectual – copyrights, marcas registradas, patentes tecnológicas e segredos comerciais. No entanto, o copyright é o mecanismo de gerenciamento de direitos intelectuais mais utilizado na indústria de jogos para computadores para proteger a linguagem de código do desenvolvedor (seja incorporado em um DVD-ROM ou como arquivo disponível para download) e outros elementos (como a arte gráfica ou os sons) criados por diferentes entidades.

Os direitos autorais relacionados às mods são uma questão complexa, que ainda está para ser solucionada.[2] A maioria dessas alterações é um trabalho derivado de outro, já que são desenvolvidas ou usam partes de jogos preexistentes. Dessa forma, os fabricantes de jogos exigem que as mods sejam não comerciais ou gratuitas. Como observado antes, alguns fabricantes abriram o acesso a seus códigos, enquanto outros o fizeram parcialmente. Por exemplo, a base do jogo *Quake 2* foi liberada pela id Software para a comunidade de acesso aberto sob um licenciamento do tipo GPL – GNU Public License. Da mesma forma, a Raven Software (que obteve uma licença particular da base do *Quake 2* para criar em cima o jogo *Heretic II*) liberou parte do código do *Heretic II* para a comunidade de modificadores, mantendo proprietárias outras partes do programa que considera segredos comerciais.

Apesar dessas questões ambíguas referentes aos direitos de propriedade intelectual, em geral, os fabricantes de jogos adotaram uma abordagem positiva em relação às comunidades de modificadores, porque entenderam que o resultado de suas inovações traz benefícios indiretos importantes. Afinal, as boas mods ajudam a atrair e manter um grande portfólio de clientes para

---

[2] Veja o artigo "Mod, man and law: a reexamination of the law of computer game modifications", de Zvi Rosen, *Chicago-Kent Journal of Intellectual Property*, 2005.

o jogo. Quanto maior a quantidade de modificações associadas a um jogo, maior a comunidade de jogadores. As mods também estendem o ciclo de vida do produto. Cada vez que uma modificação é divulgada, o jogo original atrai uma nova geração de compradores, já que a maioria ainda exige a compra do programa original. Dessa forma, o lançamento de novas mods acaba por estimular a venda do produto inicialmente criado pelo fabricante. Por exemplo, no caso do *Half-Life*, as mods mais populares, como *Counter Strike*, *Team Fortress Classic*, *Deathmatch Classic*, *Firearms*, *Ricochet* e *Day of Defeat*, ajudaram a estender a vida do produto, lançado em 1998, por vários anos e alavancaram as vendas do jogo original para acima das 15 milhões de unidades.

Os fabricantes também podem comprar as modificações mais populares e convertê-las em diferentes produtos. Por exemplo, o *Counter Strike* e o *Day of Defeat* ficaram tão populares entre os jogadores que foram adquiridos pela Valve Software e transformados em novos produtos comerciais, com todos os direitos reservados. Com isso, as empresas conseguem economizar custos e reduzir o tempo de desenvolvimento de novos jogos. Além disso, os fabricantes também incentivam o trabalho dos modificadores quando decidem contratar alguns de seus mais famosos inovadores.

Embora os incentivos anteriores pareçam beneficiar somente os fabricantes, as comunidades de jogadores também ganham com as modificações que são capazes de gerar. A maioria das mods é não comercial e pode ser acessada gratuitamente. Isto é, as mods multiplicam o retorno pela compra do jogo original. E também servem como uma estrada que canaliza a criatividade dos jogadores individuais. Com uma grande quantidade de códigos e de ferramentas de desenvolvimento disponíveis em domínio público, a criação das mods está facilitada. Além do mais, o prestígio reputacional associado à criação de modificações de alta qualidade serve como um poderoso mecanismo para atrair novos usuários para a comunidade de modificadores.

Em resumo, a indústria de jogos para computadores oferece uma excelente ilustração para o modelo de Estação de Modificação da inovação centrada em redes – uma comunidade de inovadores que se reúne em torno de um muito bem definido e estruturado espaço de inovação e compartilha os benefícios alcançados com outros integrantes da rede. Esse modelo, porém, não se limita à indústria dos jogos para computadores. De fato, tem aplicabilidade em diversos outros setores. Vamos analisar agora um exemplo desse modelo em um projeto na indústria de semicondutores, denominado OpenSPARC Initiative.

MODIFICANDO A ARQUITETURA DO CHIP: A INICIATIVA OPENSPARC

No início de 2006, a Sun Microsystemns Inc. lançou a OpenSPARC Initiative – um projeto comunitário para incentivar a inovação aberta e colaborativa sobre a até então proprietária arquitetura do microprocessador SPARC. A iniciativa envolveu a criação de um site para a comunidade (www.OpenSPARC.net), no qual a Sun liberou o código-fonte e outras especificações para domínio público sob uma licença aberta, que permitiu a qualquer pessoa colaborar, modificar e fazer desenvolvimentos sobre a arquitetura SPARC.

A sigla SPARC significa Scalable Processor Architecture e é uma tecnologia baseada na revolucionária arquitetura RISC – Reduced Instruction Set Architecture, criada na Universidade da Califórnia, Berkeley, na década de 1980. Foi inicialmente implementada em estações de trabalho de alto desempenho, utilizadas geralmente por cientistas e profissionais do mercado financeiro. Mais tarde, foi usada para o desenvolvimento de processadores para grandes servidores, uma aplicação bastante diferente. As máquinas com SPARC geralmente rodavam no sistema operacional Solaris, da Sun, mas, com o passar dos anos, foram adotados também outros, como o FreeBSD, o OpenBSD e o Linux. Uma das mais populares implementações da SPARC – a SPARCstation1 – foi lançada pela Sun em 1989.

No mesmo ano, a Sun estabeleceu uma instituição independente, denominada SPARC International, para promover a arquitetura SPARC e realizar testes de conformidade. A SPARC International detém e gerencia o licenciamento da arquitetura SPARC e as marcas registradas associadas. A instituição tornou-se operacional no final da década de 1980 e, no início da década de 1990, licenciou a tecnologia para diversas manufaturas, incluindo a Texas Instruments, a Cypress e a Fujitsu.

Ao longo dos anos, várias versões da arquitetura SPARC têm sido lançadas – entre as mais notáveis, a SPARC version 8 para arquitetura de 32 bits, do final da década de 1980; a SPARC version 9 para arquitetura de 64 bits, lançada em 1994; e a UltraSPARC, definição da extensão da arquitetura, em 2005.

No final daquele mesmo ano, a Sun também introduziu no mercado a UltraSPARC T1, uma nova implementação de microprocessador que está em conformidade com a UltraSPARC Architecture 2005 e executa integralmente o SPARC V9. A UltraSPARC T1 foi criada para operar múltiplas linhas de execução simultâneas (*multithreading*) em um hardware com múltiplos CPUs (*multicore*) e se tornou o coração de uma nova linha de servidores da Sun, a Fire T2000, e dos servidores Fire T1000.

Em 21 de março de 2006, a Sun abriu o design do processador Ultra-SPARC T1 sob uma licença GNU General Public (GPLv2), por meio da iniciativa OpenSPARC.

A Sun segue a estratégia de abrir licenças por duas razões. Primeiro, a Sun entendeu que as receitas derivadas de seus desenvolvimentos proprietários e serviços de suporte poderiam ser significativamente incrementadas pelas inovações externas complementares criadas sobre sua arquitetura. Segunda, a empresa também compreendeu que existiam diversificadas aplicações para a arquitetura do microprocessador SPARC, desde produtos eletrônicos de consumo até aparelhos médicos. Entrar nesses novos mercados poderia se tornar mais fácil se a empresa adotasse uma abordagem mais aberta e encorajasse as comunidades de inovadores a focar nas áreas nas quais a Sun não dispunha de grande especialização.

Por isso, o objetivo primário da iniciativa OpenSPARC foi capacitar a comunidade de inovadores a usar o código-fonte e as especificações do UltraSPARC T1 para modificá-lo ou desenvolver uma nova geração de processadores *multicore* e *multithreads*, além de produtos complementares de software. Os novos processadores e softwares seriam capazes de abrir novos mercados, o que beneficiaria todos os membros da comunidade.

Embora a modificação e o improviso sobre a arquitetura básica do SPARC seja o objetivo primário da OpenSPARC, outro objetivo igualmente importante é incentivar o design sistema-em-um-chip (SoC – *System on a*

Chip). Esse movimento é ditado pela necessidade de baixar os custos de produção e de aumentar a velocidade dos ciclos de desenvolvimento de produtos na indústria de semicondutores. A meta é integrar em um único chip um número de funções modulares que, no passado, eram realizadas por vários deles. Um dos principais desafios é o gerenciamento dos direitos de propriedade intelectual das partes separadas (necessárias para a integração em um único chip) por meio de um mecanismo que agilize a customização e a rápida integração ao chip. A iniciativa OpenSPARC tem como alvo incentivar o movimento SoC.

Dessa forma, o espaço de inovação no projeto OpenSPARC é claramente definido e estruturado pelas especificações da arquitetura SPARC e pelo conjunto de especificações que a Sun liberou em domínio público. Especificamente, a Sun liberou o código fonte da linguagem Verilog para o processador UltraSPARC T1 de 64 bits e 32 threads. A nova versão de fonte aberta é chamada de OpenSPARC T1. Junto com essa versão, a Sun também liberou as especificações completas da UltraSPARC Architecture 2005, assim como o ambiente de simulação e os testes de verificação do Open-SPARC. Além disso, também foram liberadas ferramentas e tecnologias de suporte, como o software Sun Studio e o compilador otimizado do SPARC. Tudo isso foi disponibilizado sob uma licença GPLv2, que dá o direito de uso, modificação e/ou redistribuição das tecnologias, possibiltando, assim, uma ampla gama de atividades de inovação.

A comunidade OpenSPARC e as atividades de inovação

A associação à comunidade OpenSPARC é aberta e gratuita a qualquer entidade interessada – empresas ou indivíduos. Ao se registrar no site da comunidade, o colaborador tem acesso ao código e às ferramentas e também pode participar de qualquer um dos projetos abertos. Em meados de 2007, havia mais de duzentas entidades registradas no site, sendo a maioria formada por empresas.

Quem são os jogadores chave nessa comunidade? O primeiro é a própria Sun. A empresa desempenha o papel de *catalisadora da inovação*, ao contribuir com a arquitetura básica do SPARC sobre a qual todos irão trabalhar e ao criar a infraestrutura do site para suportar as atividades da comunidade. A Sun também participa ativamente da governança da comunidade e oferece um roteiro geral para a evolução da arquitetura SPARC.

O segundo papel chave é o de *inovador*. Todos os integrantes da comunidade que contribuem para o aprimoramento da arquitetura SPARC assumem esse papel. Esses membros da comunidade ou inovadores vão desde empresas de software e hardware até programadores e pesquisadores individuais que colaboram de diferentes formas com o projeto. Por exemplo, os fabricantes de softwares pegam o código-fonte da arquitetura SPARC e criam aplicativos inovadores com performance altamente otimizada e grande conformidade com o hardware. As companhias designers e as manufaturas de microprocessadores partem da arquitetura SPARC para modificá-la ou criar novos chips. Da mesma forma, vendedores de hardware aplicam o conhecimento das especificações da arquitetura SPARC para estruturar ferramentas altamente customizadas e de verificação. Finalmente, os desenvolvedores individuais e os pesquisadores trabalham sobre a arquitetura SPARC e suas especificações para criar novas gerações de chips. Muitos desses desenvolvedores individuais costumam trabalhar para empresas ou instituições de pesquisa.

A natureza da comunidade OpenSPARC permite que seus integrantes não tenham, necessariamente, um relacionamento com a Sun. A OpenSPARC.net é uma entidade independente e, como tal, todos os membros formam vínculos entre si por meio da comunidade. Além disso, não existem intermediários nessa comunidade. Os vínculos entre seus integrantes são formados ao longo do tempo, com base na natureza dos projetos em que trabalham juntos.

Os membros da comunidade OpenSPARC são livres para inovar dentro ou fora da arquitetura. Dentro da arquitetura, eles podem, por exemplo, adicionar ou deletar núcleos, acrescentar novas instruções ou modificar diferentes tipos de interfaces (de memória, input/ouput ou cache, entre outros). Podem também inovar fora da arquitetura, ao formatar componentes adicionais que a estendam – por exemplo, componentes gráficos ou de vídeo e interfaces de rede.

Em julho de 2007, haviam ocorrido mais de 7.400 downloads do OpenSPARC T1 RTL por meio do site da comunidade. Os projetos mais típicos da comunidade OpenSPARC variam desde a adaptação de sistemas

O modelo de Estação de Modificação **187**

operacionais ao atual processador SPARC até o desenvolvimento de novos chips na arquitetura SPARC.

Por exemplo, na Itália, uma pequena empresa chamada Simply RISC formatou e publicou o primeiro produto derivado da OpenSPARC. Essa é uma companhia que desenvolve e dá suporte a núcleos de CPUs, periféricos e interfaces liberados sob o esquema de licenciamento aberto GNU-GPL para construir designs gratuitos de microprocessadores, sistemas-em-um--chip e redes-em-um-chip. Em 2006, uma equipe de engenheiros da Simply RISC criou uma versão reduzida (núcleo único) do OpenSPARC T1 chamada S1, que roda no Ubuntu Linux e pode ser usada em PDAs, conversores de sinal e câmeras digitais. Essa versão pode ser baixada gratuitamente e implementada em hospedagem Linux.

Outros projetos relacionam-se a softwares. David Miller, um desenvolvedor individual, liderou a comunidade do Linux na criação de uma adaptação para o processador OpenSPARC T1, que foi acrescentada ao sistema operacional. A adaptação possibilitou que um amplo conjunto de aplicações rodasse na arquitetura OpenSPARC e abriu caminho para uma adoção mais geral da tecnologia. A partir desse trabalho, dois distribuidores Linux – Ubuntu Linux e Gentoo Linux – passaram a oferecer outros programas específicos com base no OpenSPARC.

E, finalmente, um projeto ainda mais ambicioso está sendo conduzido por uma equipe de pesquisadores da Universidade de Berkeley. O projeto, denominado RAMP – Research Accelerator for Multiple Processors, tem como alvo o desenvolvimento de uma nova arquitetura de microprocessador multinúcleo com foco na computação paralela. Os pesquisadores trabalham para construir uma arquitetura massivamente poderosa e complexa, que envolve chips de 1 até 24 núcleos. A equipe do RAMP adotou o processador OpenSPARC T1 nesse projeto porque ele está disponível em domínio público.

Infraestrutura e governança da comunidade

Embora a Sun tenha iniciado o projeto OpenSPARC, essa é uma iniciativa de liderança da comunidade que determinou um mecanismo formal, um comitê eleito de conselheiros, para exercê-la. Refletindo a estrutura de governança comunitária, o conselho deve solicitar informações aos integrantes da rede sistemática e regularmente, para, com isso, dar diretrizes à evolução da iniciativa. A carta de fundação do OpenSPARC explicita que "o conselho deve ser selecionado e deve conduzir as questões de acordo com os princípios democráticos e representar os interesses da comunidade OpenSPARC".[3] Dessa forma, o papel do conselho é semelhante aos dos comitês que são comuns nas comunidades do software livre.

O conselho auxilia o estabelecimento de uma agenda coerente de inovação para que ela incorpore os desejos e os interesses de todos os integrantes da comunidade. Como afirma David Weaver, representante da Sun no conselho: "O conselho existe para incentivar o desenvolvimento da comunidade e para atuar como um juiz de última instância, caso surja alguma disputa."[4] O conselho também auxilia na promoção de um conjunto de princípios diretivos das atividades e práticas de inovação colaborativa. Esses princípios diretivos incluem direitos e oportunidades iguais para todos os membros, processos justos em todos os projetos comunitários e a obrigação de tornar disponíveis, sempre que possível, os direitos de propriedade intelectual a todos os integrantes da comunidade para que estes possam ser compartilhados e desenvolvidos.[5]

Como um membro pode iniciar e participar de um projeto colaborativo no OpenSPARC.net? Todo integrante cadastrado na comunidade pode começar um novo projeto. Quando alguém faz a requisição para iniciar um novo trabalho, ela é avaliada por um gestor comunitário para assegurar que a ideia proposta atende aos princípios diretivos da comunidade. Depois de aprovada, o membro que fez a requisição tem todos os direitos e responsabilidades para gerenciar as atividades e tomar todas as decisões relacionadas ao projeto, podendo os membros assumir nele diferentes papéis de contribuição – de líder a programador ou desenvolvedor de conteúdo.

O OpenSPARC.net constitui o fórum central para que os membros interajam, baixem e utilizem as ferramentas e tecnologias. O site lista os projetos em andamento em detalhes, a fim de que os integrantes possam aderir a eles. E também oferece instalações para facilitar a interação entre os membros,

---

[3] Veja: <http://www.opensparc.net/opensparc-charter.html>.

[4] Entrevista dos autores com David Weaver, da Sun Microsystems, em dezembro de 2006.

[5] Veja: <http://www.opensparc.net/opensparc-guiding-principles.html>.

O modelo de Estação de Modificação **189**

como salas de discussão, wikis e blogs. Além disso, dispõe de ferramentas de suporte ao trabalho colaborativo, o que inclui listas de endereços, código de fonte em versão para controle, marcadores de assuntos e compartilhamento de arquivos.

A comunidade também está desenvolvendo um "livro aberto" sobre o OpenSPARC T1, que está sendo licenciado no Creative Commons. O objetivo é descrever a arquitetura detalhadamente (uma espécie de manual de usuário) para ajudar a comunidade de desenvolvedores.

Gestão de propriedade intelectual e apropriação de valor

A Sun colocou a arquitetura OpenSPARC e suas especificações à disposição da comunidade sob uma GPLv2, um tipo de licença aprovada pela Open Source Initiative que oferece um amplo escopo para que os usuários rodem, copiem, distribuam ou modifiquem a tecnologia. A GPL segue o princípio do copyleft, que concede a todas as pessoas permissão para reproduzir, adaptar, modificar ou distribuir um trabalho (softwares, imagens e textos, entre outros), desde que esses mesmos direitos sejam preservados sobre as modificações e adaptações resultantes.

Os membros da comunidade estão autorizados a realizar versões privadas de modificações da tecnologia, sem nenhuma obrigação de divulgá-las ou compartilhá-las, desde que ela não seja distribuída a mais ninguém. No entanto, se o integrante escolher modificar e redistribuir a tecnologia, então a nova versão precisa ser licenciada para a comunidade do OpenSPARC sob a mesma licença GPLv2. Essa prática garante que toda a comunidade beneficie-se dos esforços de inovação. Observe que os membros estão autorizados a distribuir uma tecnologia modificada e cobrar honorários por ela, desde que a versão também esteja disponível sob a licença GPLv2 para a comunidade do OpenSPARC.

Todos os contribuintes da comunidade OpenSPARC têm que assinar um *Acordo de Colaboração* (AC) antes de começar a trabalhar com os demais membros em algum projeto.[6] O AC assegura que a comunidade tem uma

---

[6] Disponível em: <http://www.opensparc.net/ca_policy.html>.

licença de patente sobre todas as contribuições dadas a um projeto. O acordo estabelece o copyright conjunto no qual o contribuinte retém a propriedade e também assegura esses direitos à Sun como patrocinadora do projeto. No entanto, o AC não altera nenhum dos direitos e responsabilidades derivados da licença GPLv2 ou de qualquer outro tipo de licença de acesso aberto utilizada pelo site da comunidade.

A marca registrada SPARC continua sendo propriedade da SPARC International. Sendo assim, quando uma modificação da arquitetura OpenSPARC for comercializada por algum integrante da comunidade, ele terá de licenciar a marca registrada se quiser associar a nova versão ao nome SPARC.

Uma questão interessante aqui é: como a Sun se beneficia da iniciativa OpenSPARC? Ou: de que forma a Sun apropria valor desse projeto?

Como a Sun ainda desenvolve e comercializa sistemas baseados na arquitetura do UltraSPARC T1, ao abrir o acesso ao OpenSPARC T1 e incentivar a formação de uma comunidade vibrante em torno dele, a empresa beneficia-se com a expansão dos negócios para novos setores do mercado. Por exemplo, com a adaptação para o Linux rodar também na plataforma OpenSPARC, o mercado para os sistemas baseados em UltraSPARC ampliou-se consideravelmente. Como observou David Weaver, da Sun:

> Nossa esperança é que a criatividade desencadeada na plataforma aberta possa nos conduzir e novas e inovadoras aplicações – aplicações que a Sun jamais pensou e que talvez nunca pensasse – para expandir e aprimorar nosso ecossistema como um todo. Uma torta muito maior e uma fatia crescente da torta para todo mundo.

Outro benefício é que a iniciativa OpenSPARC capacita mais "olhos" externos a focar nos desafios e oportunidades de desenvolvimento relevantes para a Sun, o que viabiliza que essas tecnologias evoluam mais depressa nos projetos internos da empresa. Além disso, ao ampliar o número de pessoas com acesso ao código da arquitetura SPARC, a iniciativa OpenSPARC também aumenta o número de aplicações e a base de clientes dispostos a pagar por sistemas, softwares e serviços da Sun.

Para membros colaboradores, a comunidade oferece, ainda, outros tipos de incentivos. O site do OpenSPARC é um mercado para a troca ou comercialização de produtos e tecnologias desenvolvidas pelos integrantes da comunidade com base na arquitetura OpenSPARC. Os membros podem trocar gratuitamente seus produtos ou vendê-los. Para os desenvolvedores individuais, assim como para outros integrantes da comunidade, o retorno também ocorre sob a forma de exposição ao mercado. Ao participar e contribuir com a comunidade, as empresas podem melhorar sua reputação entre as parceiras e ainda acompanhar a evolução tecnológica e a dinâmica do mercado que, por sua vez, dão diretrizes a suas próprias estratégias internas de desenvolvimento de produtos e serviços.

Combinando a OpenSPARC a outras iniciativas da Sun

A Sun estendeu seu modelo do OpenSPARC para suas outras tecnologias – mais notavelmente, para seu sistema operacional Solaris – com o projeto da comunidade OpenSolaris e com a iniciativa OpenJava.

O Solaris é o sistema operacional sobre o qual a Sun tem marca registrada, testa, mantém e dá suporte como produto. O projeto OpenSolaris abre o código e as ferramentas "de construção" necessárias para seu desenvolvimento e disponibiliza a infraestrutura de comunicação e compartilhamento de informações.[7] Com o passar do tempo, a Sun tem a expectativa de que a maioria do desenvolvimento da fonte (talvez todo) aconteça na comunidade OpenSolaris. Desde que lançou a iniciativa, a Sun reporta um crescimento significativo da base instalada do Solaris (mais de 6 milhões de licenças registradas).[8]

Em maio de 2007, a Sun liberou sua implementação da tecnologia Java como um software de livre acesso sob uma licença do tipo GNU GPLv2 – reaplicando efetivamente o mesmo modelo de inovação colaborativa baseada em comunidade já utilizado com as tecnologias OpenSPARC e OpenSolaris. O código fonte de todas as três implementações – a Java Plataform Standard Edition (Java SE), a Micro Edition (Java ME) e a Enterprise Edition (Java EE) – foi liberado para a comunidade para a realização de modificações e aprimoramentos.

---

[7] Disponível em: <http://www.opensolaris.org/os>.

[8] Artigo "Enterprise open source", de Simon Phipps, publicado em novembro de 2006 no site *Line56.com* e disponível em: <http://www.line56.com/articles/default.asp?ArticleID=8034>.

192 Cérebro Global

O sucesso dessas iniciativas baseadas em comunidades dependerá da habilidade da Sun para ser uma eficaz catalisadora de inovação – oferecendo uma infraestrutura apropriada, sendo criativa na definição dos mecanismos de gerenciamentos de direitos de propriedade intelectual e também uma parceira de comunidade responsável. Além disso, a capacidade da Sun para encontrar sinergias potenciais entre as três iniciativas também será decisiva para seu crescimento e sucesso.

◎ MODIFICANDO NA WEB: O MOVIMENTO DE *MASHUP*

Um exemplo mais recente do modelo de Estação de Modificação na inovação centrada em redes é o movimento de *mashup*, que emergiu na arena web a partir de 2005. Esse movimento representa a criatividade dos desenvolvedores independentes e entidades para misturar e combinar dados e elementos de apresentação de múltiplas fontes da internet para oferecer novos e inovadores serviços online.

Nesse contexto, a arquitetura da inovação é definida pelos dados e elementos de apresentação publicados nos sites de informação mais populares, como Yahoo!, Google Maps, Flickr, Virtual Earth, Technorati, YouTube, Zillow e Amazon. As atividades de inovação envolvem a combinação de diferentes elementos dessas arquiteturas para criar *mashups* ou novos serviços.

Há dois tipos de jogadores na comunidade de *mashup*: as grandes empresas de informação da web, que assumem o papel de catalisadoras da inovação, e as pequenas companhias, que desempenham o papel de inovadoras, ao criar os *mashups*. As interfaces de programação de aplicações (API – Application Programming Interfaces) liberadas pelos sites de informação mais conhecidos são o mecanismo primário para que os inovadores combinem os elementos de múltiplas fontes. Além do mais, as grandes empresas oferecem livre acesso a seus dados (assim como aos formatos de apresentação), o que incentiva o movimento de *mashup*. Em muitos casos, também dão visibilidade a esses esforços inovadores, fazendo o link entre os *mashups* e seus sites.

Consideremos o Mappr, um *mashup* desse tipo,[9] que foi desenvolvido por uma equipe de designers e programadores sediada em São Francisco.

---

[9] Visite o Mappr: <http://mappr.com>.

O serviço utiliza os APIs do Flickr para garimpar todas as fotos postadas (por cerca de mais de 300 mil usuários do Flickr) e, então, as transpõe contra um mapa dos Estados Unidos –, criando um guia fotográfico de diferentes lugares e diferentes pessoas de diversas regiões do país.

Em julho de 2007, havia mais de 2 mil *mashups* publicados na internet, dos mais simples aos mais sofisticados.[10] Muitos mais estão sendo criados a uma taxa média de 3 por dia – o que indica a riqueza desse espaço de inovação.

Qual é a o incentivo para que uma grande empresa como a Flickr ofereça esse livre acesso e assuma o papel de patrocinadora da inovação? Os *mashups* ajudam a companhia a explorar a criatividade dos desenvolvedores externos de um modo que aumente a visibilidade e o uso de seus próprios produtos. Por exemplo, com o serviço Mappr, o Flickr.com pode conquistar mais navegadores na internet (ou mais clientes), sendo que alguns deles podem estar dispostos a pagar por serviços premium. Em outras palavras, o movimento de *mashup* possibilita que as grandes empresas da web expandam o alcance dos serviços de suas plataformas para novos mercados e consumidores. Segundo Paul Levine, gerente geral do Yahoo! Nos Estados Unidos, "Nós queremos encorajar a participação da comunidade [com os *mashups*]. Para nós, isso é essencialmente pesquisa, desenvolvimento e marketing". [11]

Como uma verdadeira iniciativa baseada na liderança da comunidade, o movimento de *mashup* também incorpora uma expectativa de retorno para todos os integrantes da rede. Por exemplo, no caso do Mappr, o serviço publica seu próprio API que outros usuários podem utilizar também. Em suma, um *mashup* pode ser criado sobre outro com o emprego do API adequado, formando, desse modo, um processo real de inovação colaborativa.

REUNINDO OS ELEMENTOS DO MODELO DE ESTAÇÃO DE MODIFICAÇÃO

Os três exemplos apresentados do modelo de Estação de Modificação são diferentes em muitos aspectos, mas têm em comum alguns pontos, como mostra a Tabela 8.1. A seguir, abordaremos essas questões chave.

---

[10] Para obter uma lista de *mashups*, visite: <http://programmableweb.com/mashup>.

[11] "Mix, match and mutate", *BusinessWeek*, 25 jul. 2005, também disponível em: <http://www.businessweek.com/magazine/content/05_30/b3944108_mz063.htm>.

194 Cérebro Global

Tabela 8.1 ⊕ Comparação entre os exemplos do modelo de Estação de Modificação

Elementos da Inovação Centrada em Redes	Iniciativa do OpenSPARC	Jogos para computadores	Movimento de *mashup*
Natureza do espaço de inovação	Definido pela arquitetura SPARC	Definido pela base tecnológica do jogo original	Definido pelos dados, elementos de apresentação e arquitetura dos sites de informação mais conhecidos
Estrutura da liderança na rede	Liderada pela comunidade OpenSPARC	Comunidade de modificadores	Comunidade de desenvolvedores
Papéis de inovação			
Arquiteto (catalisador da inovação)	Sun Microsystems	Fabricantes de jogos	Fornecedores de serviços de informação na web (sites mais conhecidos)
Adaptador (inovador)	Indivíduos e entidades inovadoras	Indivíduos e equipes de modificação	Indivíduos e empresas inovadoras
Gerenciamento da rede			
Governança da rede	Conselho oferece diretrizes gerais à comunidade; projetos individuais geridos com autonomia	Fóruns da comunidade de modificadores com as normas e valores elaborados em torno de cada projeto e a avaliação da qualidade da modificação	Os fóruns da comunidade servem de plataforma para estabelecer os "sims" e os "nãos" da comunidade e avaliar a qualidade dos *mashups*
Gestão do conhecimento	O OpenSPARC.net oferece toda a infraestrutura	Os fóruns online servem para o compartilhamento de ferramentas, documentos e tudo que se relacione ao jogo	Os APIs são o mecanismo primário para compartilhar dados e integrar conhecimento
Direitos intelectuais e apropriação de valor	Esquema de licença aberta: GPLv2	Combinação de licenciamento aberto (por exemplo, GNU-GPL) com mecanismos proprietários	Os desenvolvedores individuais decidem o tipo de direitos sobre seus *mashups*

Um dos pontos em comum a se abordar é que, em cada um dos exemplos, a plataforma para as atividades de inovação estava claramente definida ou bem especificada – por exemplo, a arquitetura OpenSPARC ou o jogo para computadores *Half-Life*. A disponibilidade de um espaço bem estruturado de inovação serve como um catalisador para reunir a comunidade de inovadores e dar coerência às suas contribuições criativas. Enquanto uma única entidade é responsável por colocar a plataforma de inovação em domínio público, a natureza das atividades de inovação na plataforma é uma atribuição deixada para a comunidade. Por exemplo, no caso dos jogos para computadores, as equipes de modificadores decidem o tipo específico de modificação que desejam fazer no jogo.

Outra questão em comum é a presença de algum tipo de governança comunitária. No caso da comunidade do OpenSPARC, um mecanismo formal – um conselho diretivo – canaliza e facilita o exercício da liderança comunitária. No caso dos jogos de computadores, as comunidades de modificadores estão organizadas mais frouxamente em torno dos diferentes fóruns online. A interação entre os membros da comunidade nesses fóruns provê o contexto para o estabelecimento e a aplicação das normas e valores comunitários. As interações também servem para regular e validar a qualidade das mods, além de viabilizar o compartilhamento de uma visão comum sobre o tipo de modificação que é objetivado. Nos três exemplos considerados, o sucesso da inovação está amplamente baseado no seu uso pelos próprios membros da comunidade. Dessa forma, os integrantes da comunidade exercem forte influência sobre a agenda de inovação como um todo e os resultados alcançados.

O terceiro ponto em comum relaciona-se aos direitos de propriedade intelectual e aos incentivos associados às contribuições inovadoras da comunidade. Nossos exemplos sugerem que o modelo de Estação de Modificação da inovação centrada em redes requer uma combinação de mecanismos de direitos de propriedade intelectual e incentivos para promover e manter as atividades de inovação na comunidade. Ficou também evidente que os mecanismos abertos (copyleft) e fechados (copyright) de gerenciamento de direitos de propriedade intelectual podem coexistir em muitos desses contextos e ajudar a canalisar as contribuições da comunidade para áreas específicas da plataforma de inovação. Por exemplo, ao abrir certas partes de um jogo, o fabricante pode encorajar o desenvolvimento de mods relacionadas àqueles elementos específicos do programa. Da mesma forma, no setor dos sites de informação, ao liberar cuidadosamente acesso a certos elementos da arquitetura, as empresas incentivam o desenvolvimento de *mashups* mais criativos. Esses exemplos demonstram que a aplicação de uma combinação adequada de mecanismos de gestão de direitos de propriedade intelectual e incentivos tem efeito catalisador sobre as atividades comunitárias de inovação, de forma que beneficiam todos os integrantes da rede, incluindo as empresas que oferecem a plataforma para a inovação.

GRANDES EMPRESAS E O PAPEL DE CATALISADOR DA INOVAÇÃO

Nossos exemplos demonstram claramente que as empresas que assumem o papel de catalisadoras da inovação, oferecendo uma plataforma sobre a qual a comunidade pode realizar suas atividades inovadoras, obtêm diversos benefícios – diretos e indiretos. Por exemplo, nós especificamos alguns dos benefícios que a Sun retira da iniciativa OpenSPARC – expansão da base existente de clientes, maior alcance em novos mercados e exploração de potenciais aplicações da arquitetura SPARC, entre outros. Também indicamos os diferentes tipos de benefícios que as fabricantes de jogos conquistam com as modificações associadas a seus produtos – maiores vendas, extensão do ciclo de vida do produto, comunidade de fãs maior e mais diversificada e reconhecimento de marca, entre outros. De fato, abrindo algumas partes de seus produtos ou arquitetura tecnológica à contribuição de inovação da comunidade, as grandes empresas criam situações ganha-ganha para todos os integrantes da rede.

Como as companhias podem adotar o modelo de Estação de Modificação para promover essas iniciativas de inovação comunitárias com foco em determinadas partes de seus produtos ou arquitetura tecnológica de modo a beneficiar todas as entidades envolvidas? Que capacidades e recursos específicos devem trazer à rede para desempenhar o papel de catalisador da inovação?

Nós trataremos dessas questões detalhadamente nos próximos dois capítulos. Uma observação chave a ser feita é a de que uma aplicação bem--sucedida do modelo de Estação de Modificação requer a clara compreensão dos incentivos esperados pelos membros da comunidade para suas contribuições de inovação sobre a plataforma e a definição e prática de uma combinação de mecanismos de direitos de propriedade intelectual para dar suporte a esses benefícios. Isso também exige que a empresa atue como uma real "parceira" da comunidade de inovação e fique confortável em operar em um contexto no qual as metas de inovação, os objetivos e as atividades são amplamente formatados pelo desejo coletivo dos integrantes da comunidade.

CONCLUSÃO

O modelo de Estação de Modificação da inovação centrada em redes é um fenômeno relativamente novo. A maioria das aplicações desse modelo ainda se limita aos produtos e serviços de informação (por exemplo, softwares, jogos para computadores e filmes) que são mais maleáveis para as atividades modulares da inovação comunitária. Mas como segue crescente a tendência de intensificação do fluxo de informações e de novos produtos, é provável que vejamos esse modelo ser aplicado em outros mercados.

Completamos agora a descrição integral dos quatro principais modelos de inovação centrada em redes. No início do próximo capítulo, trataremos de uma questão lógica: qual modelo é o mais apropriado para uma empresa específica? E o que faz com que cada modelo funcione adequadamente? Exploraremos esse tema mostrando como combinar o modelo ao contexto de mercado e ao ambiente de uma companhia. Também detalharemos as competências e as melhores práticas associadas aos papéis específicos de cada modelo.

PARTE IV
Executando a inovação centrada em redes

CAPÍTULO 9
Onde e como entrar no jogo

No mercado das comunicações, costuma-se afirmar que uma boa apresentação deve responder a três questões: o quê? E então? E agora? Neste livro, até aqui, abordamos as respostas às duas primeiras perguntas, ao apresentar o cérebro global e seu fantástico poder para turbinar o processo de inovação e ao descrever os quatro modelos de inovação centrada em redes. Mas ainda devemos abordar a terceira questão – e talvez a mais importante: e agora, o que fazer com isso? Como sua empresa pode beneficiar-se do cérebro global? Qual modelo deve adotar? E como você deve preparar sua empresa para a implementação da inovação centrada em redes? Nesse capítulo, oferecemos um roteiro prático para que companhias e gestores identifiquem e busquem oportunidades de inovação centrada em redes de acordo com seu contexto e ambiente de negócios específicos.

No levantamento de informações para escrever esse livro, entrevistamos um executivo sênior de uma grande empresa de tecnologia com sede no meio oeste dos Estados Unidos, que era o responsável por liderar as iniciativas de inovação colaborativa naquele contexto. Em nossa conversa, ele afirmou que há 2 anos ou mais a empresa girava em torno de iniciativas "abertas" de inovação. No entanto, não estava satisfeito com o progresso dos projetos. Ele achava que muita energia e investimentos tinham sido dedicados a esses esforços sem que houvesse ainda resultados tangíveis a apresentar.

O problema não era falta de comprometimento dos gestores seniores, da equipe de P&D ou da organização de desenvolvimento de produtos. Em vez disso, ele acreditava que a dificuldade estava na falta de uma abordagem coerente para identificar, avaliar e perseguir oportunidades externas de inovação. Completando o quadro, estava o fato da empresa atuar em diversos mercados e contar com milhares de produtos sob a gestão de diferentes unidades de negócios. Diante de uma ampla gama de oportunidades, o executivo achava que a companhia perdia o foco de quais oportunidades e relacionamentos deveria perseguir e como fazer para se manter investindo em questões realmente promissoras.

Essa preocupação foi manifestada em muitas das grandes empresas que estudamos para escrever este livro. Nós abordamos essa questão oferecendo uma abordagem de três passos para que uma empresa possa explorar o cérebro global com uma estratégia de inovação centrada em redes:

1. Avaliamos como uma empresa deve examinar as iniciativas de inovação centrada em redes para determinar as oportunidades mais apropriadas.

2. Mostramos como a companhia precisa se autopreparar em termos de capacidades organizacionais e recursos para buscar essas oportunidades específicas.

3. Enfatizamos as melhores práticas que podem ser adotadas para a implementação dessa estratégia de inovação centrada em redes.

Nesse capítulo, trataremos do primeiro passo, oferecendo as diretrizes para que os gestores possam avaliar os diferentes tipos de oportunidades a partir dos fatores específicos de seu setor ou mercado e selecionar as que melhor aproveitem as capacidades e recursos da empresa e estejam adequadamente alinhadas à agenda de inovação como um todo.

POSICIONANDO SUA EMPRESA NO HORIZONTE DA INOVAÇÃO

A discussão dos quatro capítulos anteriores ilustra que os quatro modelos existentes no horizonte da inovação centrada em redes têm diferentes implicações para uma empresa participante dessa estratégia – implicações sobre a natureza dos papéis de inovação, das capacidades de inovação, dos resultados derivados e da apropriação de valor . Se existem "diferentes papéis para diferentes pessoas", como uma empresa deve responder à pergunta semelhante, que parece simples, mas é muito importante: como minha empresa posiciona-se no horizonte da inovação centrada em redes? (Figura 9.1)

Figura 9.1 ⊛ Posicionando sua empresa no horizonte da inovação centrada em redes

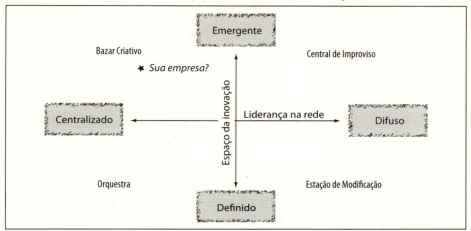

O primeiro passo para responder à pergunta exige uma análise das características do setor e do mercado para sua empresa e a identificação do quadrante do horizonte da inovação centrada em redes mais apropriado ao seu contexto específico. Para grandes companhias multinegócios, como P&G, DuPont, GE, IBM e Unilever, essa análise deve ser conduzida pela unidade de estratégia de negócios que busca as oportunidades de inovação, porque o setor e o contexto tendem a ser muito diferentes entre si. Por exemplo, na GE, a GE do negócio de assistência à saúde é um negócio muito diferente das unidades da GE que atuam no setor financeiro ou no de entretenimento.

O segundo passo é examinar a natureza da contribuição que a empresa pretende oferecer e o papel que pode assumir naquele quadrante do horizonte da inovação centrada em redes. Essa análise tem que levar em consideração os requisitos do papel de inovação, assim como os recursos e as capacidades que a companhia trará ao contexto.

Vamos começar pelo primeiro passo.

A escolha do modelo mais adequado

O contexto de inovação da empresa é um fator chave para determinar qual é o modelo de inovação centrada em redes mais apropriado. Três grupos de questões compõem a moldura do contexto:

• Quão definido é o espaço de inovação? As metas de inovação são claramente articuladas? A inovação é definida por uma nova arquitetura ou pela extensão/aprimoramento da arquitetura existente? Quão visíveis são as oportunidades de mercado? As metas de inovação e a arquitetura estão bastante vinculadas a essas oportunidades de mercado?

- Qual é a natureza do conhecimento e das capacidades demandadas pela inovação? Os projetos de inovação exigem um conhecimento altamente especializado ou avanço em outros domínios técnicos? Qual é a extensão da integração de conhecimento requerida? Quais são as capacidades necessárias para participar dessas atividades de inovação? Quão bem distribuídas ou disponíveis estão essas capacidades?

- Os mecanismos de apropriação de valor da inovação estão bem estabelecidos? A inovação vai exigir mudanças radicais nos sistemas de apropriação de valor já definidos? O contexto de inovação permite que haja uma combinação de sistemas de direitos de propriedade intelectual "abertos" e "fechados"? É possível estabelecer um conjunto de incentivos que atraia diferentes tipos de contribuintes?

A Tabela 9.1 apresenta condições importantes no setor e no mercado referentes às perguntas anteriores e estrutura a escolha entre os diferentes modelos de inovação centrada em redes. Baseados nesses fatores, nós descreveremos os contextos mais típicos que combinam com cada um dos quatro modelos.

Primeiro, consideremos um contexto no qual haja uma arquitetura de inovação ou plataforma tecnológica muito bem definida e que ela esteja bem articulada com as oportunidades de mercado e com mecanismos de apropriação de valor estabelecidos. Como vimos nos exemplos da Boeing e da Salesforce.com, esse contexto é o mais apropriado para o modelo de Orquestra, particularmente se o conhecimento necessário para a implementação da arquitetura for altamente especializado e de domínio somente de algumas entidades ou se as capacidades dos parceiros forem importantes para aprimorar o alcance e a riqueza do ecossistema. Além disso, se o risco tecnológico ou mercadológico do projeto de inovação for relativamente alto, é importante compartilhá-lo com uma rede de parceiros. Os mercados que assumem essas características, em geral, estão na indústria de semicondutores, softwares, hardwares, biotecnologia, equipamentos de rede e produtos eletrônicos de consumo, entre outros; em cada um desses setores, existem diversos exemplos do modelo de Orquestra.

Tabela 9.1 ⊕ As contingências dos modelos de inovação centrada em redes

Fatores do setor e dos mercados	Modelos da inovação centrada em redes			
	Orquestra	**Bazar Criativo**	**Central de Improviso**	**Estação de Modificação**
Metas de inovação e arquitetura	Metas de inovação bem definidas; arquitetura de inovação modular e claramente especificada	Metas de inovação gerais que podem ser conectadas a um espaço específico de mercado; articulação limitada da arquitetura de inovação	Metas de inovação gerais, mas que não podem ser conectadas a um espaço específico de mercado; articulação limitada da arquitetura de inovação	Arquitetura bem definida e relativamente modular; as oportunidades de inovação não são previsíveis ou bem definidas
Dimensão de mercado da inovação	Oportunidades de mercado claramente definidas (com frequência significativas – maiores do que 300 milhões de dólares)	Oportunidades de mercados são evidentes, mas tendem a ser pequenas ou médias	Nem sempre as oportunidades são bem definidas; podem envolver mercados imaturos, que têm potencial para crescer rapidamente	As oportunidades de mercado não estão muito evidentes e tendem a ser de nicho
Natureza das contribuições de inovação	Implementar, complementar ou estender a arquitetura de inovação	Inovações individualizadas que atendem às metas gerais de inovação da empresa	Contribuições especializadas que ajudam a definir e implementar a arquitetura de inovação	Complementa ou aprimora a arquitetura de inovação existente; novas oportunidades de mercado
Natureza da mudança tecnológica	Previsíveis, mas potencialmente grandes mudanças tecnológicas	Mudanças tecnológicas relativamente moderadas	Significativas e, com frequência, imprevisíveis mudanças tecnológicas	Previsíveis e relativamente moderadas mudanças tecnológicas

(continua)

Fatores do setor e dos mercados	Modelos da inovação centrada em redes			
	Orquestra	**Bazar Criativo**	**Central de Improviso**	**Estação de Modificação**
Natureza do risco da inovação	Alto risco de desenvolvimento e comercialização	Risco de desenvolvimento de moderado a alto; risco de comercialização moderado	Alto risco de desenvolvimento e comercialização	Baixo risco de desenvolvimento; risco de comercialização de moderado a alto
Natureza do conhecimento da inovação	Conhecimento da inovação é complexo/diversificado e dominado por um número limitado de entidades; requer integração de conhecimento entre diversos domínios	Conhecimento da inovação varia entre simples e moderada complexidade e diversidade; alguma integração de domínios é requisitada	Envolve a integração de conhecimento complexo, novo e diversificado que, no entanto, é amplamente distribuído (disponível)	Conhecimento da inovação é relativamente complexo e especializado, mas bem distribuído
Instalações de suporte à inovação	Desenvolvimento e teste da ideia requer instalações e recursos caros e sofisticados	Desenvolvimento e teste da ideia em instalações mais acessíveis e que tendem a ser entre pouco caras e baratas	Desenvolvimento e teste da ideia podem se tornar mais acessíveis, embora tendam a ser mais sofisticados e moderadamente caros	Desenvolvimento e teste da ideia estão disponíveis e são relativamente baratos
Natureza da gestão de direitos de propriedade intelectual (PI)	Contexto de direitos de PI altamente previsível e gerenciável	Proteção de PI é exequível e previsível, mas requer mais trabalho	Contexto amplamente imprevisível; admite a combinação de sistemas abertos e fechados	Contexto razoavelmente previsível de PI; admite a combinação de sistemas abertos e fechados
Sistemas de apropriação de valor	Mecanismos claramente definidos de apropriação de valor	Mecanismos de apropriação de valor claramente definidos e já existentes	Mecanismos de apropriação de valor limitados ou não existentes	Combinação de mecanismos de apropriação de valor novos e já existentes

Em contrapartida, mesmo quando a arquitetura da inovação está muito bem definida, se as oportunidades existentes de mercado já tiverem sido exploradas ou se as novas oportunidades não estiverem muito claras, então, o contexto sugere a adoção do modelo de *Estação de Modificação* da inovação centrada em redes. O caso da iniciativa OpenSPARC da Sun é ilustrativo desse modelo. O modelo de Estação de Modificação funciona particularmente bem se o conhecimento da inovação é difuso ou amplamente distribuído e o contexto de inovação demanda uma combinação de sistemas de gerenciamento de direitos de propriedade intelectual abertos e fechados. Nesse contexto, a abertura total ou parcial da arquitetura para facilitar a busca de inovação mais "aberta" e colaborativa pode revelar novas oportunidades de aplicação ou extensão da arquitetura – oportunidades que poderiam nunca ter sido detectadas pela empresa que desenvolveu a plataforma. E, como sugerem os exemplos da indústria de jogos para computadores e de serviços de informação na internet, desde que a mistura adequada de incentivos (e sistemas de gerenciamento de propriedade intelectual) tenha sido criada, a inovação conduzida pela comunidade poderá beneficiar todos os integrantes da rede, inclusive a empresa que criou a arquitetura ou a plataforma.

Em outras situações, a arquitetura de inovação ou os resultados específicos almejados não estão definidos, mas as oportunidades de mercado são visíveis e/ou bem articuladas. Se esse contexto também se caracterizar por *expertise* de inovação e instalações que não são tão complexas e estão bem acessíveis, então, o modelo de Bazar Criativo torna-se o mais relevante. Como vimos com vários exemplos no Capítulo 6, vários mercados no setor de produtos de consumo (por exemplo, produtos de escritório e limpeza doméstica, entre outros) são típicos desse contexto de inovação. Os inventores individuais podem ter ideias inovadoras de produtos que estejam bem alinhadas com as metas gerais de mercado e os objetivos articulados que foram divulgados pelas grandes empresas. Além disso, é importante utilizar uma infraestrutura preexistente para a comercialização da inovação, a qual só pode ser oferecida por uma companhia dominante na rede.

Uma questão adicional interessante refere-se à natureza das oportunidades de mercado. Nossa pesquisa sugere que a dimensão típica do mercado-alvo associado ao modelo de Bazar Criativo tende a ser relativamente modesta. De fato, se a oportunidade de mercado for relativamente grande, então, ela pode chamar a atenção de uma companhia de porte, que irá persegui-la de forma mais agressiva. O contexto do modelo de Bazar Criativo funciona bem quando a oportunidade de mercado é diversificada e rica em detalhes – demandando, assim, por soluções bastante inovadoras (ainda que simples).

Finalmente, considere um contexto em que a arquitetura de inovação não é muito bem definida e nem haja oportunidades específicas de mercado. Em vez disso, somente os contornos gerais do domínio da inovação estão delineados. Nesse contexto, há um risco de desenvolvimento e de mercado razoavelmente alto e é o ideal para o modelo de Central de Improviso da inovação centrada em redes. Exemplos desse contexto incluem áreas tecnológicas novas e emergentes (entre elas, biotecnologia, nanotecnologia e energias renováveis) ou segmentos ainda inexplorados de domínios já existentes (entre outros, no setor de software e na descoberta de drogas).

Dentro desse contexto, se o conhecimento da inovação ou *expertise* está bastante distribuído, então pode ocorrer a formação de uma rede de inovadores com interesses compartilhados, mas que não tenham foco imediato na apropriação de valor. A arquitetura e as metas de inovação emergirão das interações entre os integrantes da rede, como no caso da iniciativa de doenças tropicais discutido no Capítulo 7. A necessidade de atrair e manter a energia criativa dos membros da rede exige um sistema de governança mais "aberto", que seja capaz de assegurar a habilidade de dar voz e influência a cada um nos procedimentos da inovação. Além disso, quanto maior for a facilidade de aplicação das políticas abertas de gerenciamento de direitos intelectuais, maior será o poder atrativo da comunidade. E mais: uma combinação de fatores – incluindo a falta de clareza do potencial imediato de mercado, tempo mais longo de incubação da inovação e maior grau de risco da inovação – contribuirá para que entidades corporativas assumam o papel de patrocinadoras mais que o de participantes ativas no processo de inovação.

A identificação do modelo mais apropriado a cada contexto de inovação é somente uma parte da solução. O segundo passo é identificar o papel mais adequado para a empresa assumir no contexto da inovação.

A escolha do papel mais apropriado

Nos capítulos anteriores, durante a discussão sobre os quatro modelos de inovação centrada em redes, nós identificamos os vários papéis de inovação que as empresas podem adotar. A Tabela 9.2 apresenta a lista desses papéis. A decisão das companhias em relação a esses papéis deve contemplar as questões chave subjacentes e as condições que determinarão a adequação do papel e da oportunidade.

Tabela 9.2 ⚙ Papéis na inovação centrada em redes

Modelo da Inovação centrada em redes	Papéis de inovação		
	Arquiteto	Adaptador	Agente
Modelo de Orquestra	Líder integrador da plataforma	Desenvolvedor de componentes ou complementador	—
Modelo de Bazar Criativo	Portal de inovação	Inventor	Caçador de ideias / corretor, capitalista da inovação
Modelo de Central de Improviso	Coordenador da inovação	Inovador	Patrocinador da inovação
Modelo de Estação de Modificação	Catalisador da inovação	Inovador	—

◎ PARTICIPANDO DO MODELO DE ORQUESTRA

Os dois tipos de papéis que as empresas podem desempenhar no modelo de Orquestra são o de integrador ou líder de plataforma ou o papel de desenvolvedor de componente ou complementador.

Integrador ou líder de plataforma

Como nossos dois estudos de caso – Boeing e Salesforce.com – mostraram, as empresas que queiram assumir o papel de arquiteto no modelo de Orquestra precisam contar com a própria arquitetura (ou plataforma) de inovação que tenha um apelo significativo para uma ampla gama de potenciais parceiros desenvolverem componentes ou produtos e serviços complementares à estrutura original. Além disso, dois fatores chave determinam se a companhia poderá desempenhar o papel de integrado ou líder de plataforma.

O primeiro refere-se ao dimensionamento do mercado da plataforma ou da arquitetura de inovação. A oportunidade de mercado definida pela arquitetura de inovação é bastante grande e ampla para oferecer suporte à rede? Vimos no caso da Boeing que a consideração inicial mais importante para a companhia era a capacidade de contar com um mercado suficientemente grande – com uma dimensão que poderia suportar e justificar os investimentos realizados e os riscos assumidos pelos parceiros da Boeing. Da mesma forma, o papel de líder de plataforma será mais bem-sucedido se a plataforma for relevante para contextos diversificados de mercado, inclusive nichos. Vamos considerar o papel da IBM como líder de plataforma em sua rede Power. Enquanto o mercado alvo original da plataforma (por exemplos, PCs e estações de trabalho) é consideravelmente grande, a habilidade de encontrar novos nichos de mercado é vital para manter o apelo da rede e atrair novos parceiros. Por exemplo, a HCL Technologies, uma empresa de tecnologia da informação sediada na Índia, recentemente começou a inovar sobre o design da arquitetura Power – especificamente sobre os núcleos dos microprocessadores dos PowerPC 405 e o PowerPC 440 – para estender sua aplicabilidade em funções sem fio e aparelhos conectáveis. Sendo assim, uma consideração fundamental para avaliar uma oportunidade de assumir o papel de arquiteto no modelo de Orquestra é o dimensionamento do mercado.

A segunda questão relaciona-se aos recursos internos e ao apetite *para* risco da empresa. Desenvolver uma arquitetura (ou plataforma) de inovação e construir uma rede de parceiros em torno dela requer tempo e recursos consideráveis. Associados a tal investimento estão os riscos de mercado e da própria inovação. Na maioria dos casos, uma plataforma definida conduz a uma batalha longa e amarga com outras tecnologias (por exemplo, a disputa entre o formato de vídeo de alta definição Blu-Ray e o HD-DVD) e uma ou mais de uma delas terminarão marginalizada no mercado (lembre-se da Sony e da tecnologia Betamax). Antes de decidir desempenhar o papel de integrador ou de líder de plataforma, a companhia deve avaliar cuidadosamente se tem estômago para assumir esse nível de risco. Como mostrou o exemplo da Salesforce.com, uma empresa pode evoluir gradativamente para o papel de líder de plataforma, comprometendo mais e mais recursos para construir a rede, enquanto consolida seus principais produtos e tecnologias no mercado. Dessa forma, outros pontos importantes a serem levados em consideração pela companhia é a quantidade de recursos que esta pretende investir na construção da rede de inovação e o tamanho do risco que deseja assumir.

Desenvolvedor de componentes ou complementador

No papel de adaptador no modelo de Orquestra da inovação centrada em redes – ou seja, como desenvolvedora de componentes ou complementadora –, uma empresa precisa contribuir com sua especialização técnica ou com suas capacidades para a inovação, assim como assumir sua parcela de risco associado à inovação da plataforma (ou arquitetura). Duas considerações são relevantes no exame dessa oportunidade.

A primeira está relacionado à natureza da conexão entre as capacidades de especialização da companhia (isto é, sua contribuição) e a rede (ou a plataforma de inovação). Por um lado, quanto mais forte for a conexão, mais os parceiros de rede receberão contribuições valiosas da empresa. Por outro, quanto mais forte for a conexão, mais os parceiros dificultarão que a companhia persiga suas próprias metas e estratégias de inovação. Conseguir um equilíbrio entre essas duas forças é importante. A pergunta a se fazer é a seguinte: a companhia conseguirá especializar seus ativos para atender as metas da rede sem comprometer seu próprio futuro com o sucesso da rede? Existe a oportunidade de a empresa empregar os mesmos ativos em outra rede? Ou, ainda: a oportunidade de assumir o papel de adaptadora em uma rede vai afastá-la de outras? Uma companhia deve avaliar essas questões importantes antes de se comprometer com uma plataforma de inovação ou uma em particular.

Outro ponto que pode indicar a decisão pelo papel de adaptador é o *potencial de aprendizado* associado à iniciativa. Ao participar do modelo Orquestra, uma companhia pode adquirir novas capacidades e *expertises* (tecnológicas ou mercadológicas) que justificam todo o risco assumido ao desempenhar esse papel. Por exemplo, no caso dos parceiros da Boeing, algumas das empresas japonesas, incluindo a Kawasaki e a Mitsubishi, têm planos de longo prazo para se tornarem manufaturas autônomas de aeronaves. Elas acreditam firmemente que a experiência e a *expertise* tecnológicas adquiridas no programa de desenvolvimento do 787 poderá ajudá-los a conquistar suas metas futuras. Da mesma forma, empresas que desenvolvem soluções complementares sobre uma plataforma de inovação (por exemplo, as plataformas Microsoft.net e o AppExchange da Salesforce.com) podem descobrir o potencial de conquistar novas *expertises* dos demais integrantes da rede, o que tem o poder de contrabalançar os riscos associados ao fracasso da rede. Portanto, uma consideração chave para a avaliação do papel de adaptador, particularmente para empresas pequenas, deveria ser o potencial de aquisição de *expertises* adicionais a partir das interações com outros integrantes da rede.

PARTICIPANDO DO MODELO DE BAZAR CRIATIVO

Nós identificamos três tipos de papéis no modelo de Bazar Criativo: portal de inovação, inventor e caçador de ideias/capitalista da inovação. Dado que o papel de inventor é assumido amplamente pelos indivíduos (consumidores e inventores amadores, entre outros), neste capítulo vamos tratar somente dos outros dois, que se referem mais diretamente às empresas.

Para se tornar um portal de inovação

As companhias podem desempenhar o papel de portal de inovação para assegurar um fluxo rico e contínuo de ideias inovadoras para sua estrutura interna de desenvolvimento de produtos. Ao examinar a oportunidade de se tornar um portal de inovação, a consideração chave refere-se à gama de mecanismos de fontes de inovação a que a empresa terá acesso nesse setor ou mercado em particular. Especificamente, a companhia será capaz de contar com um portfólio equilibrado de fontes de inovação, que seja capaz de possibilitar o manejo dos riscos associados à atração, entretenimento e hospedagem das ideias externas?

Como discutimos no Capítulo 6, as opções de fonte no final do lado esquerdo do *continuum* do Bazar Criativo (por exemplo, caçadores de ideias e corretores de patentes) são atraentes para setores e mercados nos quais os inventores amadores podem trabalhar autonomamente com recursos limitados para chegar a novos conceitos de produtos. Sendo assim, empresas como a Dial, Staples, Sunbeam, Lifetime Brands e Church & Dwight (representadas como Empresa "A" na Figura 9.2), que têm centenas de pequenos e diversificados produtos, podem se beneficiar desses mecanismos.

Entretanto, as opções de fonte no final do lado direito do *continuum* (por exemplo, capitalistas de risco e incubadoras externas, entre outros) são mais apropriadas para contextos de inovação que exijam considerável domínio de *expertise* técnica, capital financeiro significativo, tempo para seu desenvolvimento e validação de mercado. Empresas como a DuPont, 3M e Kodak (representadas por Empresa "B" na Figura 9.2), que atuam em mercados com maior base científica, preferem confiar nesses mecanismos.

Figura 9.2 ⊚ Buscando o equilíbrio das fontes no portfólio de inovação

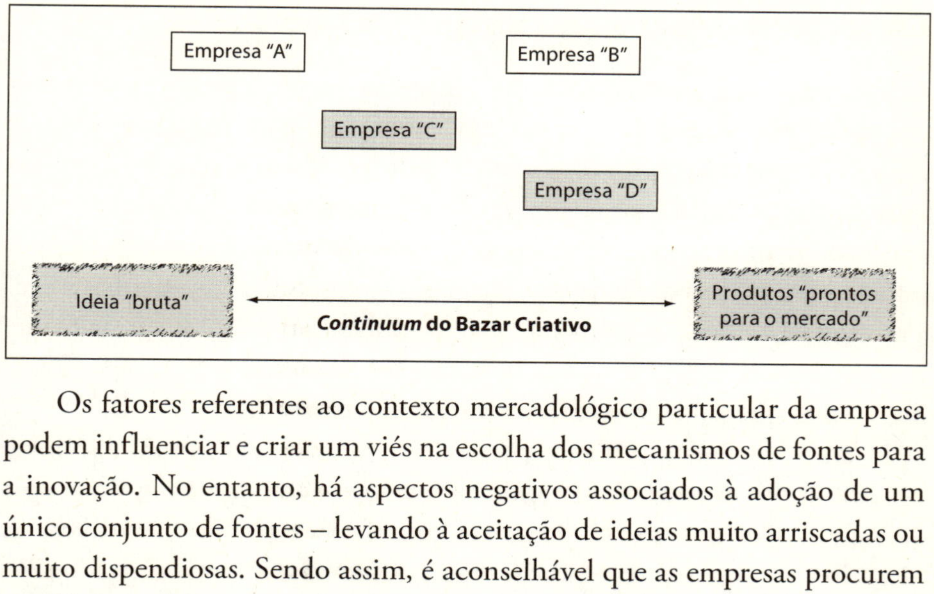

Empresa "A"

Empresa "B"

Empresa "C"

Empresa "D"

Ideia "bruta" ⟷ *Continuum* **do Bazar Criativo** Produtos "prontos para o mercado"

Os fatores referentes ao contexto mercadológico particular da empresa podem influenciar e criar um viés na escolha dos mecanismos de fontes para a inovação. No entanto, há aspectos negativos associados à adoção de um único conjunto de fontes – levando à aceitação de ideias muito arriscadas ou muito dispendiosas. Sendo assim, é aconselhável que as empresas procurem equilibrar as fontes, complementando o mecanismo selecionado com outras abordagens possíveis no *continuum*. Esse "movimento para o centro" pode envolver um trabalho conjunto com entidades como as capitalistas da inovação, que representam um acordo entre os dois extremos tradicionais do *continuum*. Olhando para a Figura 9.2, a Empresa "C" e a Empresa "D" têm uma estratégia de fontes de inovação mais equilibrada, embora seus mercados e fatores específicos impliquem a manutenção de um viés mais à esquerda e mais à direita, respectivamente. Retomando o exemplo da DuPont, enquanto a empresa, em sua maturidade de negócios, considera preferível adquirir outras companhias, não descarta, porém, abordagens alternativas – como o uso de capitalistas da inovação – para segmentos emergentes, como os materiais orgânicos e os eletrônicos.

Sendo assim, as empresas que planejam desempenhar o papel de portal de inovação devem primeiro avaliar a possibilidade de empregar um conjunto de mecanismos de busca de inovação, com o objetivo de minimizar o risco de formar um portfólio de fontes desequilibrado. Em resumo, quanto maior for a gama de opções de inovação disponíveis em um setor ou mercado, melhor a oportunidade de adotar o papel de portal de inovação com riscos considerados aceitáveis.

Caçadores de ideias e capitalistas da inovação

As empresas que pretendam assumir o papel de agente (caçadores de produtos, corretores de patentes, capitalistas as inovação e outros) no modelo de Bazar Criativo devem, antes, decidir a natureza de suas contribuições (ou intermediação da inovação). Em geral, quanto maior for a adição de valor que a companhia agregar ao processo de fonte de inovação, maiores serão os retornos que poderá obter de seus clientes. No entanto, duas questões merecem cuidadosa atenção: primeira, qual é o diferencial do valor agregado que a empresa pode trazer das fontes de inovação? Segunda, qual a importância desse valor agregado sob a perspectiva das empresas clientes?

Vamos analisar o primeiro ponto de atenção. A companhia dispõe de um acesso privilegiado a uma fonte de inovação que possa ser aprimorado? A empresa tem *expertise* sólida ou em processos de patente para filtrar as ideias inovadoras ou para conduzir rapidamente validações de mercado? Por exemplo, como vimos anteriormente, o Big Idea Group (BIG) cultiva sua própria rede de inventores e realiza eventos exclusivos em várias cidades norte-americanas, reunindo inventores e um grupo de especialistas para buscar boas ideias. Ou a empresa conta com a capacidade de integrar diferentes áreas de conhecimento para aprimorar ou transformar uma ideia inovadora? Existem relacionamentos fortes com grandes companhias que o agente poderia trazer para o processo de inovação? Por exemplo, a Ignite IP baseia-se em sua rede exclusiva de executivos seniores das grandes empresas para se manter atenta às tendências críticas em tecnologias e mercados. Sem diferenciais em capacitação ou relacionamento, é pouco provável que uma companhia consiga ser mais do que uma corretora com retornos limitados no modelo de Bazar Criativo.

Geralmente, as entidades formadas por caçadores de ideias ou capitalistas da inovação colocam o foco sobre um ou dois mercados ou setores nos quais têm um profundo e vantajoso domínio. É importante para esses intermediários considerar cuidadosamente como as empresas clientes percebem a adição de valor que são capazes de dar ao processo de inovação. Por exemplo, em certos mercados nos quais as ideias inovadoras são menos necessárias (reformas de casa, ferramentas de uso doméstico e brinquedos, entre outros), a "filtragem" pode ser percebida como valiosa; em contrapartida, em outros setores marcados pela efervescência ou por contextos imprevisíveis de gerenciamento de direitos de propriedade intelectual, a validação de patentes pode ser vista como mais relevante. Assim, uma empresa deve considerar com precisão a importância relativa das diferentes atividades de adição de valor em determinado mercado e decidir o papel específico que pareça mais promissor.

PARTICIPANDO DO MODELO DE CENTRAL DE IMPROVISO

No modelo de Central de Improviso, o papel mais provável para uma empresa é o de patrocinador. Dado que a inovação emerge da comunidade, o papel de coordenador da inovação deve ser assumido pelas entidades (principalmente indivíduos) que ofereçam a centelha inicial para o contexto de inovação. Até mesmo o papel de inovador será amplamente desempenhado pelos indivíduos integrantes da comunidade. Dessa forma, aqui limitaremos nosso foco à adequação do papel de patrocinador da inovação.

Patrocinador da inovação

As empresas não assumem o papel de patrocinador da inovação apenas como um ato de altruísmo ou de ação social. Essas decisões são baseadas (e nós acreditamos que assim deve ser) em uma visão de negócios.

Vejamos a IBM. A empresa tem uma participação importante no movimento do software livre e investe continuamente no papel de patrocinadora em iniciativas desse tipo. Em uma entrevista, Irving Wladawsky-Berger (ex-vice-presidente de estratégia tecnológica e inovação da IBM) destacou o rigoroso processo de decisão da companhia em relação à inovação nesse modelo:

> A IBM leva muito a sério o Linux, o Apache e outras comunidades de livre acesso. Para nós, trabalhar com eles não é uma decisão de negócios aleatória e nós a tomamos somente após uma análise apurada das tendências tecnológicas e de mercado, da qualidade e do comprometimento da comunidade como um todo, seus mecanismos de licenciamento e governança e o resultado de suas entregas. Em nossa opinião, a chave dessas iniciativas de inovação aberta é a qualidade da comunidade, e não se poderemos ter acesso ao código do software. E, se não for uma boa comunidade, não há nenhuma razão para que nos unamos a ela. Portanto, fazemos todos os questionamentos mais rigorosos em relação à comunidade, suas metas e seus objetivos bem como sua forma de organização antes de assumir o compromisso de patrociná-las.[1]

Uma "decisão de negócio" não significa, porém, que uma empresa só deve assumir esse papel se houver benefícios diretos e tangíveis imediatos. Em muitos casos, esses retornos diretos podem não existir, pelo menos, no curto prazo. Em vez disso, os patrocinadores da inovação devem focar nos benefícios indiretos e sempre de longo prazo que esse papel pode trazer para a companhia. Para a IBM, esses benefícios incluem a consolidação de uma imagem positiva da marca e a conquista de influência na comunidade de softwares livres. No caso da TDI, as grandes empresas farmacêuticas de biotecnologia que atualmente exploram o potencial do papel de patrocinadoras da comunidade consideram o benefício de se expor a tendências e evoluções em descobertas de drogas que estão fora do escopo de suas unidades de negócios mais tradicionais.

Existem outras questões relacionadas aos resultados da inovação. Quais são os tipos de resultados esperados? Quão promissores e significativos devem

---

[1] Entrevista dos autores com Irving Wladawsky-Berger, em 07 de abril de 2006.

ser esses resultados? Eles têm potencial para realmente mudar os mercados existentes? Que tipos de mecanismos de gerenciamento de direitos de propriedade intelectual são mais adequados para esses resultados?

Finalmente, também é importante avaliar como as contribuições da empresa com a comunidade de inovação serão percebidas. Os insumos oferecidos pela companhia como patrocinadora da inovação serão reconhecidos como fundamentais para o processo? E exatamente como esse apoio ajudará a comunidade a avançar na agenda de inovação?

As respostas às questões anteriores indicam o sucesso de longo prazo da agenda da comunidade, assim como os benefícios mais prováveis que a empresa obterá como patrocinadora da iniciativa. Sendo assim, é importante levar em consideração seriamente cada uma dessas questões antes de comprometer recursos com o patrocínio da inovação no modelo de Central de Improviso.

PARTICIPANDO DO MODELO DE ESTAÇÃO DE MODIFICAÇÃO

Uma empresa pode desempenhar basicamente dois papéis no modelo de inovação de Estação de Modificação: catalisador da inovação ou inovador.

Catalisador da inovação

No papel de catalisador da inovação, uma companhia contribui com a arquitetura ou com a plataforma de inovação sobre a qual a comunidade vai operar. Anteriormente, no Capítulo 8, nós identificamos diversos incentivos para que uma empresa assuma essa contribuição. Todavia, embora esses benefícios para sua organização possam ser evidentes, isso não significa que será capaz de dar início à energia criativa da comunidade. De fato, a oportunidade de assumir esse papel é bastante dependente da natureza da plataforma de inovação e de todas as questões que giram em torno dessa dependência.

A primeira questão refere-se ao potencial de inovação associado à plataforma. A menos que a plataforma de inovação tenha um valor inerente percebido e ofereça um leque diversificado de oportunidades de inovação, é pouco provável que a companhia consiga atrair uma comunidade de inovadores em torno dela. Assim, alguns dos questionamentos para a companhia são: a plataforma de inovação é modular? A modularidade da plataforma combina com os interesses de inovação da comunidade? As diferentes oportunidades de inovação oferecidas pela plataforma são visíveis? As oportunidades mercadológicas específicas estão vinculadas a essas possibilidades de inovação?

A segunda questão relaciona-se aos incentivos para que a comunidade inove. A empresa será capaz de criar um conjunto diversificado de incentivos para atrair e manter o interesse da comunidade de inovação? A companhia conseguirá facilitar o gerenciamento de direitos de propriedade intelectual com uma combinação de mecanismos (por exemplo, esquemas de licenciamento abertos e fechados) que atenderia uma ampla parcela de membros da comunidade – tanto indivíduos quanto outras entidades?

Além das questões precedentes, deve ser considerado o próprio comprometimento da companhia com a iniciativa. Como o exemplo da Sun e de sua iniciativa OpenSPARC indica, o processo de construção de uma comunidade em torno de uma arquitetura de inovação pode ser demorado e demandar comprometimento contínuo da empresa. Além disso, a habilidade da companhia para gradualmente deixar o controle sobre a plataforma de inovação e, de forma ativa, estimular a governança comunitária será decisiva para a continuidade da participação de seus integrantes e o sucesso da iniciativa. A Sun decidiu integrar membros comunitários no primeiro conselho de governança que ajudou a ser estruturado. O sucesso da OpenSPARC dependia de como o sistema de governança comunitário funcionaria e quão bem as oportunidades de inovação oferecidas pela OpenSPARC seriam capazes de capturar a imaginação dos integrantes da rede.

Dessa forma, acima de tudo, uma empresa deve considerar cuidadosamente como pode abrir a plataforma de inovação para a comunidade de forma a beneficiar a todos, inclusive a si mesma.

Inovador

Agora vamos considerar o papel de inovador. Embora esse papel ocorra em fóruns de inovação liderados por comunidade, como vimos em diferentes exemplos no Capítulo 8, existem diversas maneiras para que uma empresa aproprie valor de uma iniciativa desse tipo. Sendo assim, sob certas condições, esse valor pode ser apropriado por uma companhia que desempenhe o papel de inovador no modelo de Central de Modificação. Quais são essas condições de contexto?

Primeiro, e talvez o mais importante, são as políticas relacionadas aos direitos de propriedade intelectual. Embora a maioria das políticas de licenciamento aberto (por exemplo, a GPLv2) exclua o desenvolvimento de atividades lucrativas, algumas variações desse mecanismo podem permitir transações comerciais, especialmente no que se refere a produtos derivados do original.

Outra consideração relaciona-se à dimensão e à saúde da comunidade. Quanto maior e mais ativa for a comunidade, maior é o potencial de que a plataforma sustente-se no longo prazo e maior a probabilidade de que haja interesse de mercado por soluções complementares baseadas na plataforma. Dessa forma, a empresa deve avaliar seriamente a qualidade da comunidade que o catalisador de inovação foi capaz de atrair em torno de sua plataforma e, então, decidir quão valioso poderá ser assumir o papel de inovadora nessa comunidade.

A Tabela 9.3 sintetiza os pontos chave discutidos até aqui a respeito dos diferentes papéis nos quatro modelos de inovação centrada em redes. Como mencionamos antes, esses são somente os mais importantes; podem haver considerações exclusivas para cada companhia, que devem ser avaliadas de acordo com as diversas oportunidades de inovação.

Tabela 9.3 ❋ Considerações sobre os papéis na inovação centrada em redes

Papel na inovação centrada em redes	Pontos chave para consideração
Modelo de Orquestra	
Integrador, líder de plataforma	Posicionamento de mercado da arquitetura/ plataforma de inovação; apetite da empresa pelo risco
Desenvolvedor de componentes, complementador	Dependência da rede; oportunidade de aprendizado (crescimento)
Modelo de Bazar Criativo	
Portal de inovação	Habilidade para formar um portfólio equilibrado de fontes de inovação
Caçador de ideias, capitalista da inovação	Diferenciação do valor agregado; importância percebida da adição de valor

(continua)

(continuação)

Papel na inovação centrada em redes	Pontos chave para consideração
Modelo de Central de Improviso	
Patrocinador da inovação	Qualidade da comunidade; importância das contribuições da empresa
Modelo de Estação de Modificação	
Catalisador da inovação	Habilidade de "deixar" o controle sobre a plataforma de inovação; habilidade de atrair e reter a comunidade
Inovador	Natureza das políticas de gerenciamento dos direitos de propriedade intelectual; saúde geral da comunidade

CRIANDO O PORTFÓLIO DE PAPÉIS DE INOVAÇÃO E ENCONTRANDO O "CENTRO DE GRAVIDADE"

Algumas vezes, não existem apenas diferentes papéis para diferentes entidades, pode haver diferentes papéis aplicáveis à mesma empresa. Grandes companhias, como IBM, Unilever e DuPont, com unidades de negócios bastante diversificadas costumam considerar que existe mais de um papel de inovação que podem potencialmente buscar de acordo com seus vários contextos. Sendo assim, é importante pensar em um portfólio de papéis que uma grande empresa pode assumir ao formular a estratégia de inovação centrada em redes. Vamos analisar alguns exemplos.

A IBM desempenha o papel de líder de plataforma em algumas de suas áreas tradicionais de negócios, incluindo sistemas e servidores, semicondutores, entre outros. A arquitetura Power discutida anteriormente é um bom exemplo. A IBM planejou, articulou a plataforma e cultivou uma rede de parceiros para expandir o alcance e o potencial de suas aplicações. Mesmo com seus negócios com produtos de software (por exemplo, a plataforma WebSphere e o sistema operacional AIX, entre outros), a companhia assume o papel de líder de plataforma. Contudo, mais recentemente, a companhia tem desempenhado o papel de patrocinador da inovação em algumas das iniciativas lideradas por comunidades no setor de software, mais especificamente na comunidade Linux. A empresa também começou a assumir esse papel em comunidades de inovação em outros domínios – por exemplo, no setor de biotecnologia.

Da mesma forma, vamos avaliar a P&G. No negócio de produtos de consumo, a empresa segue o modelo de Bazar Criativo e assume ativamente o papel de portal de inovação. A P&G é parceira de um conjunto diversificado de agentes de inovação, incluindo caçadores de ideias, ambientes de mercados de P&D e capitalistas da inovação, para buscar projetos inovadores que possa vir a comercializar. Em contrapartida, em alguns negócios diferentes – químicos e farmacêuticos, entre outros –, a companhia segue o modelo de Orquestra e assume o papel de integrador. As capacidades de especialização das entidades parceiras são internalizadas para o desenvolvimento e comercialização de novos produtos.

A Sun Microsystems é um exemplo de companhia que participa dos modelos de Orquestra e de Estação de Modificação. Em grande parte de seu negócio em servidores, a Sun é líder de plataforma, desenvolvendo e promovendo tecnologias proprietárias que formam a base de seus produtos, como os servidores Sun Fire e as estações de trabalho Sun Ultra. Nos últimos anos, a empresa contribuiu com algumas de suas tecnologias proprietárias para estimular iniciativas de inovação lideradas por comunidades, como a OpenSPARC. Outras ações, como a abertura do código Java para a inovação comunitária, expandiram o papel da companhia como catalisadora de inovação.

Os exemplos anteriores demonstram o potencial para que as empresas busquem um portfólio de papéis em diferentes geografias do cenário da inovação centrada em redes. A natureza desse portfólio será formatada pelas características setoriais e mercadológicas das diferentes unidades de negócios da companhia. Além disso, é também provável que um desses papéis do portfólio vá assumir predominância, dependendo do tamanho relativo e da importância das diferentes unidades de negócios. Esse determinado papel predominante indica a localização do "centro de gravidade" da empresa nas iniciativas de inovação centrada em redes. Retomando o exemplo da IBM, apesar de todas as iniciativas de inovação lideradas por comunidades que a empresa aderiu em anos recentes, seu papel como líder de plataforma ainda é dominante em sua estratégia de colaboração como um todo. Da mesma forma, é evidente que, na P&G, o centro de gravidade está no modelo de Bazar Criativo.

Por que você deveria estar interessado no centro de gravidade de uma estratégia de inovação centrada em redes? Como verá no próximo capítulo, a natureza dos recursos e das capacidades que a companhia precisa reunir depende de seu centro de gravidade no cenário da inovação centrada em redes.

CONCLUSÃO

Neste capítulo, mostramos como uma empresa pode avaliar as diferentes oportunidades para explorar o cérebro global e identificar os papéis mais apropriados para se desempenhar. Depois que a empresa se posiciona no cenário da inovação centrada em redes, surge um novo conjunto de questões: como eu posso preparar minha organização para que desempenhe esses papéis de modo efetivo? Quais serão as capacidades e os recursos necessários? A empresa deve estar atenta para quais são as melhores práticas? No próximo capítulo, trataremos desses temas.

CAPÍTULO 10
Como preparar a organização

Imagine que você vai participar de uma caminhada por uma remota região montanhosa. O primeiro passo para o planejamento da expedição é conhecer mais sobre a geografia da região e definir a melhor rota. Feito isso, você vai ter de se preparar para o desafio. Precisará formar um grupo e se certificar de que todos estão em boas condições físicas e mentais para fazer a viagem. E terá também que reunir os suprimentos e as ferramentas necessários para que o grupo sobreviva e a expedição seja bem-sucedida. Sem uma preparação cuidadosa, assumir esse desafio pode ser perigoso, não importa quão bem você conheça o terreno e a rota.

Esse caso é semelhante ao planejamento de sua expedição para explorar o potencial do cérebro global. No capítulo anterior, focamos a compreensão do terreno de oportunidades e a escolha de uma rota de ação para sua organização. Depois que as oportunidades estão identificadas, você tem de olhar para dentro da empresa para se assegurar de que dispõe das capacidades necessárias para capitalizá-las.

Neste capítulo, nós trataremos de como sua empresa deve ser preparada para estar "pronta para a inovação". Consideramos que a inovação centrada em redes exige dois fatores chave nessa preparação: *prontidão organizacional* e *prontidão operacional*.

A prontidão organizacional refere-se à dimensão das pessoas. Essencialmente, consiste na criação do ambiente interno adequado a encorajar e apoiar a participação na inovação centrada em redes. Isso inclui a construção de uma mentalidade "aberta", o engajamento das lideranças, a estrutura organizacional apropriada e a comunicação interna e externa da estratégia de inovação. A prontidão operacional, por sua vez, está relacionada a processo. Isso inclui a estruturação de processos para a seleção de projetos, escolha de parceiros, gerenciamento de riscos, integração interna e externa de processos e gestão de direitos de propriedade intelectual. A prontidão operacional também está ligada à criação de ferramentas e tecnologias que suportem a inovação com foco externo e métricas para mensurar os avanços e avaliar o sucesso das iniciativas.

O ponto de partida para preparar a empresa é mudar a mentalidade interna sobre a inovação centrada em redes. Esse é o passo mais importante e mais difícil da prontidão organizacional, porque vai contra a mais arraigada mentalidade da maioria das empresas em relação à inovação. Vamos avaliar a seguir os desafios dessa mudança de mentalidade e como as companhias fazem para superá-los.

◎ ABRINDO A MENTE DA SUA ORGANIZAÇÃO

Como observamos no Capítulo 1, o principal desafio para as empresas que querem participar de iniciativas de inovação centrada em redes é criar uma mentalidade que incentive os funcionários a olhar para fora e se tornar mais receptivos às ideias externas. Isso é especialmente complexo quando a propriedade intelectual e o sigilo são valores organizacionais. Considere o Inno-Centive, o mais conhecido "mercado de inovação", que foi criado como uma divisão da Eli Lilly há alguns anos. Dr. Alph Bingham, fundador e membro do conselho do InnoCentive, recorda a forte resistência que encontrou dentro da empresa. Quando o conceito foi apresentado internamente, as equipes do departamento de Pesquisa & Desenvolvimento (P&D) e do jurídico rejeitaram o que classificaram de proposta herética, isto é, publicar na internet os secretos problemas de P&D da Eli Lilly para que o mundo inteiro pudesse acessar. De fato, era uma heresia para cientistas acostumados à imagem de trabalhar em "*skunk works*"* – apelido oficial do Lockheed Advanced Development Projects, no qual os pesquisadores e engenheiros trabalhavam em projetos de aviões em absoluto segredo e autonomia, afastados do mundo

---

* O apelido, que se tornou marca registrada da Lockheed, teve origem em uma história em quadrinhos, porque as instalações dessa divisão de projetos ficavam próximas a uma fábrica de plásticos, que emitia gases malcheirosos (N.T.).

Como preparar a organização **225**

e sem contato até com outras áreas da empresa. Mas a equipe do InnoCentive persistiu e, hoje em dia, o conceito de mercado de livre inovação parece bastante lógico.

A responsabilidade pela criação de uma mentalidade "aberta" recai sobre os executivos e começa pelo presidente da companhia. Na nossa experiência, as empresas que progrediram na inovação centrada em redes foram sempre dirigidas pelo CEO na trajetória de adoção de uma mentalidade mais colaborativa e focada no ambiente externo. É positivo quando o principal executivo declara publicamente o intento e as metas da empresa para a mudança de sua estratégia de inovação. Isso acaba por deixar as pessoas sem outra opção senão aderir. Por exemplo, em 2000, quando o CEO da P&G, A.G. Lafley, anunciou que metade dos novos produtos da companhia viria *de seus próprios laboratórios* e a outra metade viria *por meio* deles, o que catalisou a atenção das pessoas.[1] Como nos contou Tom Cripe, diretor de desenvolvimento externo da P&G:

> A alta direção está bastante focada e em todos os eventos internos eles repetem a nova estratégia de inovação. A mentalidade vai se fixando e avançando lentamente para uma cultura mais aberta, na qual as pessoas se tornam mais receptivas às ideias surgidas no mundo exterior à empresa.[2]

Superando a síndrome do "nós sabemos tudo" (NST)

Malcolm S. Forbes disse que "o propósito da educação é substituir uma mente vazia por uma aberta". O mesmo acontece com a mudança de mentalidade para a inovação. Não há maior inimigo do aprendizado que nossa convicção de que já sabemos tudo. De fato, somos prisioneiros do que sabemos, porque temos a tendência de rejeitar as ideias dos outros quando acreditamos que já sabemos tudo o que precisamos saber. Muito já foi escrito sobre a síndrome do "isso não foi criado aqui" – uma cultura que rejeita ideias, pesquisa e conhecimento que não se originaram dentro da organização.

---

[1] "Connect and develop: P&G's new innovation model", de Larry Huston e Nabil Sakkab, *Harvard Business Review*, v. 84, n. 3, mar. 2006.

[2] Tom Cripe em entrevista com os autores, em 03 de março de 2006.

Nós analisamos esse mal a partir de uma perspectiva um pouco diferente, como a síndrome do "nós sabemos tudo" (NST), que definimos como uma mentalidade organizacional fechada às ideias externas por causa da crença de que o conhecimento e a *expertise* internos são suficientes e não há necessidade de importar nada de outros ambientes.

A síndrome de NST é particularmente perigosa para companhias que contam com uma longa e notória história de conquistas em P&D, como Boeing, Kodak, 3M, DuPont, Merck, Motorola, Sony e IBM. Essas empresas praticamente inventaram seus setores de atuação e corretamente consideram-se pioneiras em seus mercados. São associadas a inovações lendárias e contam em seus quadros de funcionários com os mais talentosos engenheiros e cientistas. Além disso, em muitas dessas organizações, o tempo médio de carreira desses especialistas é longo e eles acumulam uma tremenda quantidade de conhecimento e experiência. Em empresas assim, é difícil acreditar que alguém do lado de fora tenha algo a acrescentar ao que já se sabe!

Consideremos a 3M como exemplo. A companhia tem mais de 6 mil cientistas e pesquisadores na área de P&D trabalhando em 30 principais focos de ciência e tecnologia, que vão desde adesivos, abrasivos e filmes até fibras ópticas, imagem e células fotoelétricas. Esses cientistas trabalham em unidades de P&D em diferentes níveis da companhia – na divisão de laboratórios, em laboratórios setoriais e nos laboratórios corporativos. Existe tanto talento científico dentro da 3M que seus pesquisadores e engenheiros formaram diversos grupos informais ou redes para compartilhar conhecimento e descobertas em suas áreas de especialidades. A 3M lutou para superar a síndrome do NST. A admissão explícita por parte do CEO e do principal executivo da área de tecnologia de que existe na empresa a síndrome do NST é o passo mais importante para tratá-la. No caso da 3M, Jay Ihlenfeld, vice-presidente sênior de P&D, teve um papel chave para ajudar a empresa a aceitar esse desafio e começar a trabalhar para superá-lo.[3]

A mera admissão desse problema, para não falar em ações específicas para superá-lo, já é capaz de gerar confusão e resistência dentro dos quadros

---

[3] Baseado na entrevista dos autores com o Dr. Robert Finnocchiaro, da 3M, em 26 de julho de 2006.

da empresa. Por exemplo, quando o novo diretor de P&D da Merck, Peter Kim, declarou que o talento científico interno não seria suficiente para abastecer a empresa com inovação no futuro, ele imediatamente provocou uma onda de protestos. Os veteranos de P&D da Merck, como Emilio Emini (vice-presidente sênior da área de vacinas), Kathrin Jansen (gerente de pesquisa que teve um papel importante na busca de uma vacina para câncer de colo de útero) e Scott Reines (pesquisador pioneiro em doenças psiquiátricas), deixaram a Merck. Uma das principais tarefas de Kim foi estabelecer na equipe científica da empresa a noção de que ninguém sabe tudo. E, mais importante, havia a necessidade de tratar com respeito e humildade as pequenas empresas que procuram colaboração potencial com a Merck – e não agir como uma parceira "arrogante". Sessões de aconselhamento foram sistematicamente realizadas com esse objetivo – nas palavras do Dr. Merv Turner, chefe de licenciamento da Merck, "nós mandamos nossa equipe para uma escola de boas maneiras".[4]

Essas iniciativas adotadas pelos executivos podem introduzir no ânimo uma mentalidade capaz de admitir as limitações da base interna de conhecimento e tornar a empresa mais convidativa às ideias externas.

O poder de "perder o controle"

Outro aspecto da síndrome de NST é a habilidade da empresa para abrir seu conhecimento proprietário e ativos intelectuais ou ceder o controle do processo de inovação para fazer avançar a agenda. Essa atitude é particularmente desafiadora para organizações acostumadas a controlar todos os aspectos das atividades de inovação e superproteger a propriedade de cada um de seus ativos intelectuais.

Como a empresa passa a colaborar com entidades externas (sejam companhias ou indivíduos) em iniciativas de inovação, tem que conseguir ficar confortável com a perda de controle sobre o processo. E deve sentir-se confortável também com a ideia de que terá que contribuir com parte ou com todo seu conhecimento proprietário para alavancar os esforços de inovação. Essa necessidade de "perda de controle" pode se tornar uma surpresa

---

[4] "Research stirs up Merck seeks outside aid", *The Wall Street Journal*, 07 jun. 2006.

desagradável também para os gestores seniores. No Capítulo 2, nós descrevemos o caso da IBM quando trabalhava no desenvolvimento do website para as Olimpíadas de Atlanta, o primeiro a divulgar o resultado das competições simultaneamente e em tempo real. Nas palavras de Irving Wladawsky-Berger, que coordenou esse projeto da IBM em meados da década de 1990, essa percepção pode causar comoção:

> Lembro quando fizemos o website das Olimpíadas em 1996. Minha equipe que desenvolveu o site utilizou o Apache em vez do produto proprietário da IBM. Eles se reportaram a mim na época, e eu disse: 'Bem, por que vocês estão usando o Apache?' E eles responderam: 'Porque é muito melhor. Você quer um bom site ou quer alavancar nosso produto?' E eu respondi: 'Não, nós temos de ter um bom site porque ninguém se importa com a plataforma. As pessoas querem que o site funcione bem.' E essa era a primeira vez que alguém publicava os resultados das disputas olímpicas em um site e queríamos ter certeza de que tudo funcionaria bem. De fato, eles preferiram descartar o produto da IBM, que quase não tinha mercado e era inferior, e uniram forças em torno do Apache. Naquela época, isso parecia revolucionário. Hoje em dia, você olha para isso e parece até lugar-comum.

O conceito de "perda de controle" é algo com que a empresa tem que se sentir confortável ao longo do tempo. De fato, algumas companhias acabam percebendo que estão abrindo mão de um controle que elas realmente nunca tiveram, mas somente acreditavam que tinham. No entanto, mesmo que seja uma ilusão, fazer com que todo mundo na organização aceite isso pode ser bastante desafiador para os gestores seniores. E, como demonstra o exemplo da IBM, algumas vezes isso se infiltra da equipe de cientistas e engenheiros que estão conduzindo o projeto para a hierarquia até os principais gestores.

A preparação da organização para adotar essa mentalidade requer que os líderes comuniquem os benefícios da "perda de controle". Esse processo torna-se ainda mais desafiador quando os resultados esperados da "perda de controle" não são imediatos ou nem mesmo desfrutados pelo mesmo mercado ou divisão de negócios. Em outras palavras, o retorno da "perda de controle" pode estar distante no tempo e no espaço. Além disso, com frequência, a simples atitude de perder o controle pode causar abalos de curto prazo nas receitas, tornando o processo ainda mais doloroso e fazendo a resistência aumentar na organização. Assim, a habilidade dos executivos seniores para olhar de forma abrangente a agenda de inovação e comunicar como a "perda de controle" poderá realmente ser benéfica (ou necessária para sustentar o crescimento da companhia) torna-se crucial.

Uma analogia com as relações familiares pode ajudar a ilustrar os desafios e os benefícios da perda de controle. Sendo pai ou mãe, você pode ter a ilusão de controle sobre as aspirações, carreiras e interesses de seus filhos, e, dessa forma, "perder o controle" pode ser bem difícil. No entanto, você realmente não tem muito controle sobre seu filho, pelo menos, não tanto quanto pensa. Portanto, quando mais você abre mão dessa noção de controle, mais autoconfiança e autonomia estão sendo oferecidas a seu filho. Da mesma forma, em uma organização, quanto mais ela for capaz de deixar de lado o controle ou seu conhecimento proprietário, maior será a probabilidade de ganhar com a participação dos colaboradores.

◎ ESTRUTURANDO A ORGANIZAÇÃO

Depois que a empresa conquista uma mentalidade aberta, o próximo passo para a prontidão é a criação da estrutura apropriada para que uma equipe conduza a inovação centrada em redes. Nesse ponto, temos ouvido duas questões muito frequentes: temos de ter uma unidade para liderar nossas iniciativas de inovação centrada em redes? E devemos criar uma nova unidade ou usar a de P&D (ou outra já existente) para assumir essa liderança? Nossa resposta para as duas perguntas tem sido – depende!

Em algumas empresas, as unidades já existentes (por exemplo, a unidade de P&D corporativo ou a unidade de desenvolvimento de negócios, entre outras) podem evoluir ou se adaptar para conduzir as iniciativas de inovação centrada em redes. Em outros casos, novas unidades e novas posições precisam ser estabelecidas para assumir essa liderança. Três fatores compõem essa decisão:

230 Cérebro Global

- A empresa conta com uma *história* de participação em negócios colaborativos em P&D?

- O espaço de inovação colaborativa da companhia tem uma natureza mais definida ou mais difusa? Além disso, quão potencialmente diversos podem ser os parceiros de inovação da empresa?

- As iniciativas de inovação consideradas pela organização relacionam-se a produtos já existentes ou a novas/emergentes áreas de negócios?

Vamos começar pelo primeiro fator. Se a empresa já conta com uma longa e considerável experiência em colaboração (por exemplo, *joint ventures* em P&D ou consórcios tecnológicos, entre outros), então, é provável que os elementos desse espírito de abertura, assim como as competências associadas a ele, estejam presentes e internalizados. Nesse caso, não há necessidade de criar uma nova unidade organizacional dedicada às iniciativas da inovação centrada em redes. Em vez disso, a companhia pode adaptar uma ou mais unidades já existentes, que tenham essa experiência colaborativa, para assumir as novas responsabilidades relacionadas à liderança e coordenação das iniciativas.

Uma boa ilustração desse histórico de colaboração é o grupo EBD da P&G – uma unidade com mais de cinquenta pessoas. Desde o início, no final da década de 1990, a área assumiu a maior parte da responsabilidade sobre a iniciativa Connect+Develop. A equipe já tinha uma experiência considerável na interação com entidades externas para comercialização de tecnologias e acordos de licenciamento. Dessa forma, teve apenas de se adaptar para interagir e coordenar um número maior de parceiros externos (incluindo, caçadores de produtos e capitalistas da inovação, entre outros). Outras unidades de negócios utilizam a EBD para buscar oportunidades externas de inovação, negociar acordos e interagir com parceiros externos e, como retorno, esses clientes internos contribuem para o orçamento da área. Dessa forma, a prévia experiência colaborativa da P&G possibilitou a transformação de uma unidade interna já existente para assumir a responsabilidade de coordenar as iniciativas de inovação centrada em redes da empresa.

Em contrapartida, se a experiência colaborativa da organização é limitada ou pouco difundida dentro da empresa, a criação de uma nova unidade pode ser necessária para sinalizar a mudança de estratégia de inovação. Essa foi a abordagem que a Kodak adotou. A companhia conta com a tradição centenária de ser uma companhia altamente integrada verticalmente, com abundantes recursos tecnológicos internos. No entanto, quando a Kodak começou a se transformar de companhia química/analógica para digital, a direção percebeu que não poderia realizar essa mudança sozinha e que teria de ser muito mais agressiva na busca externa por ideias inovadoras. Sendo assim, a empresa passou a criar novas unidades organizacionais e posições, como o grupo de alianças externas, para facilitar o desenvolvimento de novas parcerias com redes externas de inovação. As novas unidades organizacionais estão ajudando a Kodak a quebrar as barreiras relacionadas à busca externa por inovação e a estabelecer sistemas e processos para identificar e colaborar com uma ampla gama de parceiros externos, desde empresas incipientes até inventores individuais e cientistas acadêmicos.[5]

O segundo fator relaciona-se à natureza do espaço de inovação e à diversidade dos parceiros. Evidentemente, se você participa de um modelo de Orquestra, muito do espaço de inovação está claramente definido e é provável que vá interagir com uma gama menos diversificada de parceiros. Nesse contexto, o papel de uma unidade organizacional dedicada seria estabelecer o conjunto padrão de práticas que cada parte da companhia deve seguir. Embora a unidade deva assumir uma liderança mais forte nos estágios iniciais, quando os processos e as práticas começam a se enraizar pela organização, esta pode recuar e assumir um papel mais de suporte.

Contudo, se a empresa participa de um modelo de Bazar Criativo ou de um modelo de Central de Improviso, a incerteza associada ao espaço de inovação e a necessidade de interagir com uma diversidade muito maior de parceiros exigem um papel bem diferente da unidade organizacional responsável pelas iniciativas de inovação centrada em redes. Primeiro, como a IBM e a Sun perceberam, a parceria com comunidades de inovação e outras entidades desse tipo sempre envolve interações espontâneas, e não

---

[5] Entrevista dos autores, em junho de 2006, com executivos da Kodak: Gary Einhaus, diretor do laboratório de pesquisa; Kim Pugliese, gestor do grupo de alianças externas; e Richard Marken, diretor de relações externas.

232 Cérebro Global

planejadas, entre os funcionários da empresas e os integrantes das redes externas. A unidade organizacional dedicada pode ajudar a aumentar a coerência dessas interações e facilitá-las para que a agenda de inovação progrida. Mais especificamente, o objetivo é assegurar que o valor gerado nessas interações seja capturado, e não "escape pelos corredores". Quanto mais diversificado for o conjunto de parceiros de inovação, mais diferenciado será o conjunto de capacidades necessárias para interagir. Assim, outra função da unidade organizacional dedicada é buscar e integrar as capacidades de diferentes interlocutores. Em suma, em um espaço de inovação difuso e com uma rede diversificada de parceiros, a unidade dedicada age menos como uma legisladora de processos e mais como uma *câmara de compensação para melhores práticas e habilidades.*

O fator final a ser considerado para decidir a estrutura apropriada é se a iniciativa de inovação refere-se aos mercados já existentes (produtos/serviços) ou levará a empresa a novas arenas de negócio. Se a empresa for permanecer próxima dos mercados existentes, terá de criar vínculos mais fortes entre a unidade dedicada que vai liderar as iniciativas de inovação centrada em redes e as áreas internas de P&D e as demais que já conhecem profundamente o segmento de atuação. Por exemplo, a 3M decidiu usar a unidade de P&D corporativa para liderar as atividades de inovação centrada em redes. No entanto, como as iniciativas referiam-se a mercados e produtos existentes, o primeiro passo foi a aproximação com as unidades de P&D divisionais para o desenvolvimento de um plano de inovação coerente.

Em contrapartida, quando as iniciativas relacionam-se a novas ou emergentes áreas de negócios, uma estrutura bem diferente pode ser necessária. Por exemplo, no caso da DuPont, os materiais biológicos são um mercado em que a companhia pretende buscar ativamente a abordagem de inovação centrada em redes. Por isso, criou novas posições para coordenar as atividades de procura de fontes externas de inovação especificamente na área de biomateriais. Por enquanto, esse novo arranjo estrutural ainda não está vinculado às unidades de P&D de outras áreas de negócios. Espera-se, porém, que, conforme a estratégia de inovação da DuPont se expanda, essas ligações se estabeleçam.

De modo geral, consideramos que as unidades dedicadas tendem a ser mais eficientes para liderar e dar coerência às atividades de inovação centrada em redes de uma empresa. No entanto, a extensão do controle e influência que ele irá exercer vai depender da natureza do portfólio de iniciativas de inovação adotado.

◎ LIDERANDO E INTERAGINDO COM OS PARCEIROS

Ao participar da inovação centrada em redes, as companhias precisam com frequência liderar suas redes e, no mínimo, relacionar-se bem com outros parceiros. Nos quatro modelos discutidos neste livro, a natureza dessa liderança e as capacidades de relacionamento requeridas são bastante diferentes.

Anteriormente, vimos como no modelo de Orquestra uma empresa como a Boeing tem de exercitar a liderança de forma a dar coerência às metas e atividades dos membros da rede e instaurar um sentido de equidade e previsibilidade aos processos relacionados à criação e apropriação de valor.

Em nossas entrevistas com os gestores dessas companhias, um tema em relação à liderança foi recorrente: a necessidade de projetar uma imagem de *decisiva* sem aplicar uma abordagem despótica na tomada de decisões. Essa imagem decisiva refere-se a uma ou mais das seguintes questões: quem tem de entrar no jogo; qual é a arquitetura que vai guiar o jogo; e como o jogo vai acontecer?

De fato, a maioria das empresas que assume o papel de adaptador (complementador, inovador) no modelo de Orquestra procura "decisividade" no líder da rede, porque isso as ajuda a avaliar a oportunidade de participação com mais clareza e possibilita que planejem suas contribuições de modo a dar estabilidade a suas próprias metas e estratégias.

Mesmo no caso do modelo de Bazar Criativo, embora a empresa desempenhando o papel de portal de inovação não tenha que interagir diretamente com todos os parceiros da rede, sua habilidade para criar condições equitativas de "jogo" para todos os participantes é um elemento crítico. A liderança inclui dar mais transparência ao processo de inovação – por exemplo, tornando explícito o que a empresa está procurando, como ele irá avaliar as ideias inovadoras de produtos e como procederá para apresentar essas ideias ao mercado. Enquanto a Kraft colocou convites em seu site para que os consumidores participem da inovação, a ênfase deveria ser informar a comunidade de inventores sobre como esse processo será conduzido.

Nos dois modelos liderados pela comunidade – Central de Improviso e Estação de Modificação –, embora a empresa não desempenhe o papel de liderança, esta pode oferecer suporte considerável para as metas comunitárias de inovação e exercer uma liderança mais indireta. Nesse caso, a liderança se parece mais com boa cidadania. Depois que o líder conquista a confiança da comunidade e é aceito, os membros da comunidade esperam que ele dê sua contribuição para a agenda de inovação. Em alguns casos, os funcionários da companhia podem assumir papéis de liderança na comunidade com suas capacidades e *expertises* – por exemplo, alguns empregados da IBM desempenham esse papel na comunidade Linux. Em outros casos, a iniciativa liderada pela comunidade pode se beneficiar com a experiência de gerenciamento de inovação das grandes empresas. Por exemplo, algumas das maiores companhias farmacêuticas, como a Pfizer e a Eli Lilly, começaram a dar esse tipo de contribuição em projetos de inovação liderados por comunidades no setor biomédico.

Tratando das questões relacionais, dois importantes temas emergem dos quatro modelos de inovação centrada em redes.

O primeiro refere-se à potencial *assimetria em poder e recursos* entre os grandes e os pequenos participantes ou os integrantes da rede nos quatro modelos da inovação centrada em redes. Isso é óbvio no que diz respeito aos modelos de Orquestra e Bazar Criativo. Evidencia-se também nos projetos liderados por comunidades, já que os parceiros vão de indivíduos a grandes empresas e entidades não lucrativas. Dessa forma, uma importante capacidade relacional é a habilidade de interagir com um grupo diversificado de parceiros com uma variada extensão de recursos e influência no processo de inovação.

Como afirmou o gestor de uma grande companhia de produtos de consumo:

> A primeira competência que tratamos de desenvolver foi a capacidade de interagir com nossos pequenos parceiros sem fazer com

que estes se sintam constrangidos. Não queremos ser percebidos como o gorila de 800 quilos tentando roubar as ideias deles – em vez disso, desejamos ser vistos como o parceiro sênior que tem a responsabilidade de cuidar do bem-estar de todos os nossos parceiros, inclusive dos pequenos. Para isso, nós investimos esforços consideráveis para educar nossos gerentes para suas interações cotidianas com nossos parceiros.

Outra questão relaciona-se à habilidade de *construir confiança* com comunicações e interações mais abertas. Novamente, a confiança é importante nos modelos de Orquestra e de Central de Improviso, embora os mecanismos para construí-la entre os parceiros da rede possam variar. Quando a Dial conquistou a ajuda da associação norte-americana de inventores para comunicar aos inventores individuais suas iniciativas colaborativas de inovação, estava focando a construção de confiança diante desses potenciais contribuintes. Igualmente, quando a Boeing desenvolveu um sistema robusto de colaboração virtual para melhorar o compartilhamento de informações entre os parceiros, objetivava facilitar as interações baseadas em confiança entre os integrantes de sua rede.

Ou, como a P&G descobriu ao desempenhar o papel de portal de inovação, a confiança cresce com as repetidas interações com cada parceiro externo. A companhia chama isso de "a lei das boas sementes"[6] – "O segundo acordo com um parceiro demora a metade do tempo do primeiro. E o próximo leva metade do tempo do segundo e assim por diante [...]". Como discutimos no Capítulo 5, o cultivo de relacionamentos com um grupo seleto de capitalistas da inovação e outros intermediários ajuda a P&G a usar a compreensão mútua e a confiança construída nas interações para acelerar o processo de inovação. Por isso, a habilidade de identificar os mecanismos apropriados para construir essa confiança em diferentes contextos pode ser decisiva para o sucesso das iniciativas da empresa na inovação centrada em redes.

---

[6] A "lei das boas sementes" (*weed's law*, em tradução livre para o português) é atribuída a Jeff Weedman, vice-presidente do grupo EBD, da P&G.

GERENCIANDO DEPENDÊNCIAS COM FLEXIBILIDADE

Por definição, a inovação centrada em redes cria dependências entre a empresa e sua rede de contribuintes – dependência dos planos de inovação de outras companhias parceiras e dependência das capacidades dos inventores externos e de outras entidades desse tipo. Por exemplo, uma empresa que desenvolve um programa para rodar na plataforma tecnológica da Salesforce.com fica presa ao futuro dela. Da mesma forma, quando uma capitalista da inovação como a Evergreen IP decide focar um mercado em particular (digamos, brinquedos) para abastecer as necessidades de um grupo selecionado de grandes empresas do setor, ela está, de fato, criando uma dependência que vincula seu portfólio de projetos às demandas mercadológicas desses clientes. Mesmo no modelo de Central de Improviso, quando as empresas se comprometem com um projeto comunitário específico e começam a dar contribuições de recursos e *expertises* para avançar com a inovação, são criadas dependências menos explícitas, mas não menos relevantes. Sendo assim, é importante que a companhia admita essas dependências e adote bastante flexibilidade em sua estratégia para gerenciar os riscos associados.

Uma dimensão da flexibilidade está ligada aos ativos com que a empresa contribui no esforço de inovação. A habilidade de identificar *oportunidades de aplicações alternativas* para esses ativos capacita a companhia a reduzir ou gerenciar as dependências nos projetos de inovação centrada em redes. Lembremos o projeto de desenvolvimento do Boeing 787. Muitas das tecnologias sendo desenvolvidas pelos parceiros japoneses envolvem uma *expertise* aprofundada que essas empresas podem aplicar em outros projetos – particularmente, em iniciativas independentes na manufatura de aeronaves.

Outra abordagem para dar flexibilidade à estratégia de inovação é participar em mais de uma rede, se possível. Diversificar as apostas pode possibilitar que a empresa equilibre os riscos associados e gerencie as dependências tecnológicas e mercadológicas. Por exemplo, algumas das companhias que desenvolvem aplicativos na plataforma da Salesforce.com incorporam arquitetura e padrões que permitem que elas adaptem soluções para outros sistemas de *Customer Relationship Management* (CRM) e, dessa forma, reduzam seus riscos. O objetivo desse tipo de estratégia é gerenciar a distância ou separação entre as metas de inovação da empresa e as metas do projeto de inovação centrada em rede de que está participando.

A seguir, abordaremos a segunda etapa da preparação da organização – a prontidão operacional para a inovação centrada em redes. Começaremos pelos processos necessários para dar suporte aos esforços de inovação.

PROCESSOS DE SUPORTE À INOVAÇÃO CENTRADA EM REDES

Quando a maioria das empresas decide olhar para fora em busca de ideias inovadoras, é mais do que provável que as primeiras iniciativas iniciem-se de um modo não muito planejado, mas com um propósito determinado. No entanto, conforme mais e mais recursos vão sendo comprometidos, a necessidade de criar processos bem definidos torna-se evidente. A menos que os processos básicos sejam estabelecidos para direcionar e gerenciar a participação da companhia em iniciativas externas de inovação, sua habilidade para obter retornos efetivos dessas atividades pode ser seriamente comprometida.

Nossas conversas com gestores em companhias como 3M, DuPont, Unilever, P&G e Kodak nos levaram a concluir que o estabelecimento de processos precocemente na evolução das iniciativas de inovação centrada em redes tem importância vital e auxilia a disciplinar essas atividades. Embora a especificidade dos diferentes processos e da implementação deles dependa do contexto organizacional particular, nós apresentamos alguns pontos genéricos necessários para dar suporte à inovação centrada em redes.

O processo mais importante é o de seleção das áreas de negócios da empresa mais apropriadas para a adoção dessa estratégia de inovação. Como a companhia deve decidir a natureza e seu nível de envolvimento? Quem deve tomar esse tipo de decisão? Que critérios devem ser considerados na tomada dessas decisões?

Outro foco da inovação centrada em redes deveria ser a seleção das redes e parceiros externos. É vital que a empresa disponha de políticas coerentes para escolher seus parceiros (seja uma empresa, isoladamente, ou uma comunidade de inovação) e que elas sejam praticadas em toda a organização. As grandes companhias já podem contar com processos estabelecidos para a seleção de parceiros para *joint ventures* e alianças tecnológicas. Por exemplo, a 3M tem um comitê diretivo que avalia todos os projetos potenciais de colaboração externa e seleciona os mais adequados com um conjunto de critérios, incluindo a habilidade de definir parâmetros de sucesso e relevância para o negócio. Conforme aumenta a diversidade dos parceiros, esses processos precisam ser modificados para atender a uma série de fatores que poderiam não ter importância na avaliação individual das parcerias. Geralmente, esses processos devem considerar questões como os relacionamentos prioritários da empresa e a complementaridade de tecnologia/ *expertise*, entre outras.

Terceiro: também devem ser definidos processos para identificar e gerenciar os riscos associados à participação em projetos de inovação centrada em redes. Participar de iniciativas lideradas por comunidades impõe riscos diferentes do que no caso da adesão a projetos liderados pela própria companhia. Por exemplo, ideias inovadoras na área de entretenimento propostas por inventores amadores e consumidores apresentam riscos relacionados aos direitos de propriedade intelectual e a empresa precisa institucionalizar processos para mitigá-los. Por sua vez, ao participar de projetos abertos como o Linux ou a TDI, a empresa tem de autorizar seus funcionários a fazer contribuições intelectuais. Diferentes tipos de riscos estão associados a esses cenários. Sendo assim, a natureza dos riscos varia de acordo com o tipo de projeto de inovação e alguns deles a companhia jamais encarou antes. Além disso, alguns dos relacionamentos gerados do atendimento da agenda de inovação também podem exigir uma cuidadosa consideração de suas implicações legais. É bom instituir processos para o exame das questões legais envolvidas em cada um dos projetos.

Em adição aos aspectos precedentes, também devem ser estabelecidos processos em relação a outras questões da participação da empresa nesses projetos, incluindo o compartilhamento de conhecimento, a coordenação das atividades de inovação e o gerenciamento dos relacionamentos com um diversificado conjunto de parceiros externos.

O objetivo genérico dessa infraestrutura de processos é capacitar a empresa a usar uma régua única para monitorar e mensurar o desempenho das atividades de inovação centrada em redes nas diferentes unidades de negócios da organização e assegurar um nível adequado de reprodutibilidade desse desempenho.

Implementando ferramentas e tecnologias

Ao longo dos últimos anos, foi criada uma ampla gama de ferramentas e tecnologias para dar suporte à inovação colaborativa. Algumas facilitam a comunicação e o compartilhamento de conhecimento entre os membros da rede, enquanto outras possibilitam a coordenação e o gerenciamento dos processos de inovação colaborativa.

Como vimos anteriormente no caso da Boeing e de seu desenvolvimento do 787, o uso da tecnologia de informação (TI) mais apropriada pode melhorar significativamente a qualidade da colaboração entre as empresas parceiras e levar a contribuições mais efetivas nesses projetos de inovação externa. Da mesma forma, no projeto da TDI, a infraestrutura na internet oferecida pela TSL, organização sem fins lucrativos, é útil para facilitar a colaboração entre os cientistas e outros participantes da rede.

As ferramentas de TI podem ser usadas em quatro áreas da inovação centrada em redes:[7]

- Como mecanismos de gerenciamento de processos e para oferecer um nível de rigor e estabilidade às atividades de inovação. Embora algumas dessas ferramentas sejam específicas, como o modelo de Capability Maturity (CMM Model) para o setor de software e o modelo Stage Gate para o desenvolvimento de produtos, existem também processos genéricos, como o modelo PACE. Essas ferramentas e tecnologias auxiliam os membros da rede a integrar seus processos de inovação sem perder o controle sobre eles.

- Facilitam as funções básicas de *gerenciamento de projetos* complexos – cronograma, coordenação e gerenciamento de recursos, seja no modelo de Orquestra como o desenvolvimento do Boeing 787 ou no de Central

---

[7] "Information systems as a reference discipline for new product development", de S. Nambisan, *MIS Quarterly*, v. 27, n. 1, p. 1-18.

de Improviso, como o da TDI. Algumas dessas ferramentas oferecem um "comando central" virtual, dando acesso a todas as informações do projeto em uma interface comum.

- Suportam o *compartilhamento de informações* entre os diferentes integrantes da rede. Utilizam dados e padrões diferentes (por exemplo, ISO-STEP) para o manejo de diferentes tipos de informação (incluindo gráficos, áudio e vídeo, entre outros). Algumas dessas ferramentas também possibilitam aplicações mais versáteis para a combinação em tempo real de informações estruturadas e não estruturadas.

- Oferecem suporte à comunicação, desde a facilitação de reuniões da comunidade de inovadores até os mais seguros fóruns, para que um grupo restrito de parceiros da empresa possa interagir e trocar documentações.

Embora essas ferramentas possam ser implementadas separadamente, existem algumas bastante abrangentes, que incluem todas as funcionalidades descritas anteriormente. Por exemplo, os aplicativos de gerenciamento do ciclo de vida de produtos oferecem uma ampla gama de diferenciais e funções para dar suporte aos projetos de inovação centrada em redes, especialmente nos modelos de Orquestra e de Bazar Criativo. Em particular, as funcionalidades relacionadas ao gerenciamento de recursos, à gestão da plataforma de produto, à gestão de dados e ao gerenciamento da colaboração assumem importância considerável no contexto desses projetos.

Por exemplo, no setor aeroespacial e de defesa, a Northrop Gunman utiliza soluções de gerenciamento de ciclo de vida de produtos para dar suporte ao desenvolvimento colaborativo da próxima geração de destróieres da Marinha norte-americana. O projeto, um bom exemplo do modelo de Orquestra, envolve múltiplos parceiros, e a companhia aplica essas soluções da Dassault Systems (uma das líderes em soluções de gerenciamento de ciclo de vida de produto) para dar suporte às atividades de design e desenvolvimento.[8] Da mesma forma, Herman Miller (fabricante de móveis para escritório) implementou soluções de gerenciamento de ciclo de vida de produto

---

[8] "Northrop Gunman CIO talks collaborative CAD and data management", *Manufacturing Business Technology*, fev. 2005.

para dar suporte às atividades colaborativas de design entre a empresa e seus parceiros, inclusive consumidores e representantes comerciais.[9]

Embora essas soluções e outras ferramentas possam variar em características e funcionalidades, a questão chave aqui é quanto elas ajudam os integrantes da rede a alcançar suas metas gerais de inovação. Quanto mais as ferramentas estiverem integradas aos processos subjacentes, aos processos de inovação e às capacidades dos integrantes da rede, maior será o seu potencial de retorno. Sendo assim, o melhor para as empresas é usar essas ferramentas para gerar um ambiente integrado de inovação que acolha os integrantes da rede e dê coerência a suas atividades e contribuições.

◎ MENSURANDO O SUCESSO

Um elemento importante da prontidão operacional é a habilidade de avaliar o desempenho da organização e os retornos alcançados com a inovação centrada em redes. Essa habilidade demanda a criação de um portfólio apropriado de métricas de inovação.

Como diz o velho ditado: "Tenha cuidado com o que mede". Uma mensuração equivocada pode conduzir a empresa por uma trajetória inconveniente. Por exemplo, contar o número de parceiros pode dar uma falsa impressão sobre a intensidade da atividade de colaboração. Da mesma forma, contar o número de patentes obtidas com as iniciativas de colaboração pode novamente oferecer um quadro ambíguo do sucesso da inovação, porque as patentes "não pagam as contas". Por isso, identificar o melhor conjunto de métricas é de suma importância.

As métricas da inovação centrada em redes diferem em foco e natureza. Algumas delas são mais genéricas e se aplicam a todos os modelos da inovação centrada em redes, enquanto outras são específicas para o modelo do qual a empresa participa e para o papel que desempenha. Algumas métricas são definidas no nível da rede de inovação; outras focam na empresa e refletem o impacto da participação sobre as atividades internas e os resultados alcançados.

---

[9] Veja também "Building collaborative innovation capability", de Morgan Swink, *Research Technology Management*, mar. 2006.

242 Cérebro Global

A Tabela 10.1 faz um inventário das métricas em cada uma dessas categorias. Note que essa lista tem o objetivo de ser representativa, e não exaustiva.

Tabela 10.1 ⊛ Métricas da inovação centrada em redes

Natureza/foco da métrica de inovação	Rede relacionada	Companhia relacionada
Genérica	Capacidades e reputação dos parceiros da empresa Extensão da confiança e comprometimento entre os parceiros da empresa Qualidade dos mecanismos de apropriação de valor da rede Natureza dos mecanismos sobre direitos de propriedade intelectual implementados	Difusão da cultura de inovação centrada em redes dentro da organização Maturidade dos sistemas e processos relacionados à inovação centrada em redes Percepção da empresa entre os parceiros de rede Prontidão para as oportunidades de inovação centrada em redes entre os gestores de divisões Extensão da coerência nas iniciativas de inovação centrada em redes adotadas pela empresa
Específica para os modelos de inovação		
Modelo de Orquestra	Extensão dos investimentos realizados/riscos assumidos pelos parceiros da empresa Diferencial das contribuições dos parceiros Clareza do produto/arquitetura da plataforma	Alcance de mercado da plataforma/produto Tempo para colocação no mercado Extensão dos riscos assumidos pela companhia
Modelo de Bazar Criativo	Tamanho e escopo geográfico da rede de inventores Natureza do vínculo com os intermediários (capitalistas da inovação) Extensão da transformação da ideia (e risco assumido) pelos parceiros	Número de ideias fornecidas pela rede de inventores Número de novos produtos criados a partir de ideias externas Custo da busca pela inovação
Modelo de Central de Improviso	Número de membros da comunidade de inovação Rotatividade dos integrantes da rede de inovação Qualidade da infraestrutura de inovação	Imagem da companhia na comunidade de inovação Extensão da influência da empresa sobre os resultados da inovação Extensão do "aprendizado" adquirido

(continua)

(continuação)

Natureza/foco da métrica de inovação	Rede relacionada	Companhia relacionada
Modelo de Estação de Modificação	Intensidade da atividade de inovação da comunidade Diversidade dos integrantes da comunidade Envolvimento da comunidade na governança da rede	Alcance de novos ou emergentes mercados Aumento do ciclo de vida do produto/plataforma Qualidade do relacionamento com os membros da comunidade

O primeiro conjunto de métricas refere-se à rede como um todo. Essas métricas ajudam a empresa a avaliar se está em parceria com a rede "certa" e também indicam quando a estratégia de colaboração deve ser repensada. Por exemplo, para companhias com a Dial, Staples ou P&G que desempenham o papel de portal da inovação no modelo de Bazar Criativo, uma métrica valiosa pode ser o alcance e escopo geográfico da rede – o número de inventores e intermediários que a empresa é capaz de atingir. Da mesma forma, para uma companhia no papel de patrocinadora da inovação no modelo de Central de Improviso, uma medida útil relaciona-se à estabilidade da comunidade. Essas métricas apontam a saúde geral e a qualidade da rede, além de informar o potencial atual e futuro das iniciativas. Além disso, ajudam a empresa a avaliar continuamente se ela está se relacionando com o mais adequado conjunto de entidades externas.

O segundo grupo de métricas, que refletem o impacto da colaboração sobre a empresa, indica quanto a empresa se beneficia ou ganha com a participação no projeto de inovação. Retomando o exemplo do Bazar Criativo, o número de ideias externas que entram no processo de desenvolvimento interno da empresa ou o número de novos produtos gerados por essas fontes externas indicam o impacto mais direto resultante da participação da empresa na iniciativa. Da mesma forma, uma companhia desempenhando o papel de catalisadora da inovação pode considerar o número de novos mercados em que foi capaz de ingressar como um indicador do impacto de sua participação na rede.

Algumas das medidas específicas da empresa podem ser mais genéricas e relacionadas à infraestrutura interna de inovação ou a suas capacidades. Por exemplo, uma auditoria nos processos internos de inovação – grau de maturidade – pode indicar o nível geral de prontidão para a identificação e exploração dos diferentes tipos de oportunidades da inovação centrada em redes. Igualmente, algumas métricas percentuais são utilizadas para avaliar o desempenho geral da empresa. Por exemplo, a mensuração da qualidade da imagem da companhia entre seus parceiros de rede pode se mostrar bastante útil para avaliar e desenvolver competências relacionais e de liderança. As métricas internas que refletem a amplitude da prontidão dos gestores para as oportunidades de inovação centrada em redes apontam as questões culturais e comportamentais que impactam sobre o desempenho da empresa.

Como mostra a Tabela 10.1, uma companhia pode aplicar uma ampla gama de métricas. Dado que cada uma delas oferece uma visão ou perspectiva única do sucesso da inovação centrada em redes, é imperativo que a empresa adote um portfólio dessas métricas. Mais importante ainda, a seleção de métricas deve refletir o foco desejado pela companhia ao participar da inovação centrada em redes.

◎ CONCLUSÃO

Nesse capítulo, nós consideramos muitas questões que as empresas precisam levar em conta cuidadosamente para encaminhar a preparação de sua organização para navegar na paisagem da inovação centrada em redes. A Tabela 10.2 captura essas diferentes questões.

Como observamos no começo deste capítulo, nossa missão aqui foi identificar as dimensões importantes dessa prontidão para a inovação centrada em redes. Como cada organização traça seu próprio caminho nesse cenário, será preciso que disponha um conjunto particular de recursos e capacidades capazes de fazer com que trilhe uma trajetória diferenciada e coerente. Com esse foco na prontidão organizacional, encerramos a abordagem dos quatro modelos, iniciada no Capítulo 3 com a descrição do horizonte da inovação centrada em redes.

No próximo capítulo, ampliaremos a perspectiva. Vamos considerar o contexto global da inovação centrada em redes – especialmente, as oportunidades e as potencialidades para as companhias nas economias emergentes, como Índia, China, Rússia e Brasil, participarem dessas iniciativas colaborativas e aprimorarem seu talento para a inovação.

Como preparar a organização **245**

Tabela 10.2 ⊛ Dimensões da prontidão para a inovação centrada em redes

Dimensão da prontidão	Questões a considerar
Prontidão organizacional	
Cultura e mentalidade	A empresa sofre da síndrome do "nós sabemos tudo"? Em caso positivo, que atitudes os principais executivos adotaram para resolver isso? A empresa é capaz de "abrir mão" de seus ativos intelectuais e da percepção de controle para avançar com a agenda de inovação como um todo?
Arranjos estruturais	Como a companhia assegura a coerência das atividades de inovação centrada em redes em todas as divisões internas de negócios? Existe uma unidade que será responsável por liderar as atividades da inovação centrada em redes?
Liderança e capacidades relacionais	A companhia é capaz de oferecer liderança para os parceiros da rede, se for requisitada? As capacidades relacionais da empresa são bem desenvolvidas? Que mecanismos foram instituídos na companhia para construir e incutir o conjunto apropriado de capacidades relacionais?
Dependências e flexibilidade	Qual é a natureza da ligação entre as metas de inovação da empresa e os objetivos de inovação da rede da qual ela participa? A companhia está alerta para a natureza das dependências associadas à iniciativa de inovação centrada em redes? Que medidas proativas a empresa adotou para gerenciar essas dependências e tornar mais flexível sua estratégia de inovação?
Prontidão operacional	
Processos de inovação centrada em redes	A empresa implementou processos reproduzíveis e mensuráveis relacionados a suas diversas atividades de inovação centrada em redes? Esses processos foram amplamente adotados nas diferentes divisões da organização? Existe uma unidade ou profissional responsável por manter esses processos?
Ferramentas e tecnologias	A empresa identificou e implementou o conjunto apropriado de ferramentas e tecnologias para dar suporte às atividades da inovação centrada em redes? Essas ferramentas e tecnologias estão bem integradas aos processos de inovação? Quão depressa a companhia pode integrar essas ferramentas e tecnologias com aquelas das empresas parceiras?
Métricas da inovação centrada em redes	A empresa identificou um portfólio de métricas apropriado à natureza de suas atividades de inovação centrada em redes? O portfólio de métricas oferece uma perspectiva abrangente do desempenho da companhia em suas atividades de inovação? As unidades organizacionais ou os papéis foram bem especificados para a coleta dos dados relacionados a essa mensuração?

PARTE V
A inovação centrada em redes e a globalização

CAPÍTULO 11
Inovação centrada em redes globalizadas: o dragão e o tigre

Talvez nenhuma empresa tenha desempenhado um papel tão importante para tornar o mundo menor quanto a Boeing. Desde o lançamento do Boeing 707, em 1958, seguido do legendário Boeing 747 no início da década de 1970, a empresa tornou possível aos viajantes cruzar o globo para tratar de negócios multinacionais. A Boeing tem clientes em 145 países e, apesar dos avanços recentes conquistados pela Airbus, quase 75% de todas as aeronaves comerciais em serviço atualmente foram produzidas pela companhia.

Paradoxalmente, enquanto os aviões da Boeing cruzam os céus do mundo, até recentemente eles eram projetados bem perto de Seattle. Com exceção de alguns seletos parceiros japoneses e europeus, a Boeing realizava a maior parte do design e dos projetos de engenharia de suas aeronaves. As economias emergentes dificilmente pareciam ser fonte de talentos de pesquisa e engenharia, mas essa situação começou a mudar quando a indústria aeronáutica entrou em uma espiral de queda depois dos eventos de 11 de setembro de 2011. As vendas da Boeing despencaram e a empresa foi forçada a cortar custos. Para reduzir os custos de desenvolvimento, a Boeing começou a transferir algumas tarefas mais simples de engenharia, como validação, verificação e teste, para mercados emergentes, como a Índia.

Com o projeto 787 Dreamliner, a Boeing realizou avanços drásticos para tornar global seu processo de inovação e explorar o talento disponível nas economias emergentes. A empresa agora envolve empresas de tecnologia da informação (TI) da Índia em trabalhos de design de sistemas de ponta a ponta – desde a definição dos requisitos do sistema, design,

250 Cérebro Global

teste, certificação e suporte. Em um acordo histórico assinado no início de 2005 com a Boeing, a HCL Technologies, uma empresa de TI e serviços de engenharia da Índia, foi selecionada para fornecer diversas soluções para o 787, incluindo o sistema de alerta de colisão, os sistemas de controle dos painéis, os de alerta da tripulação, os de detecção de aproximação e as ferramentas de comunicação com os radares de terra, além da unidade auxiliar de energia. A Boeing também fez parceria com o Indian Institute of Science para a condução de pesquisas de materiais aeroespaciais, estruturas e tecnologias de manufatura. Essas parcerias não se relacionam com corte de custos e nem envolvem atividades de baixa complexidade: são alianças para direcionar a inovação e demandam alta capacitação em engenharia e em ciências aeroespaciais.

Até aqui, nesse livro, nós focamos a busca da criatividade fora das fronteiras organizacionais. Mas, como sugere o exemplo da Boeing, o cérebro global também transcende as barreiras geográficas. Particularmente, existe um vasto e inexplorado potencial cerebral no emergente BRIC, as economias do Brasil, Rússia, Índia e China. Até há uma década, as barreiras geográficas impediam que as empresas dos Estados Unidos e da Europa ocidental alcançassem a reserva de talento global em países como a Índia, China e Rússia. Mais recentemente, os avanços que implicaram a internet e novas tecnologias de comunicação mudaram dramaticamente esse quadro. O cérebro global agora pode ser acessado, sem maiores esforços, ao redor do mundo todo.

Nas palavras de Tom Friedman, autor *best-seller* e cronista pioneiro da globalização, nós agora vivemos em um "mundo plano" e interconectado, no qual a competitividade foi alavancada com os avanços das tecnologias da informação, fazendo as economias, como as da China e Índia, emergirem no cenário mundial.[1] Embora qualquer um possa se contagiar com o discurso eloquente de jornalistas e analistas, não há dúvida de que a inovação centrada em redes está se tornando rapidamente um fenômeno global. Mais importante do que isso, as empresas nos mercados emergentes têm potencial para assumir um papel relevante nessas iniciativas globais.

---

[1] *O mundo é plano*, de Thomas L. Friedman, Editora Objetiva, 2009.

Quais são as tendências que direcionam a globalização da inovação? Com que tipos de parceiros as empresas podem se beneficiar ao buscar a globalização de seus esforços de inovação? Quais são as oportunidades para companhias em países como China e Índia para participar das diversas formas de inovação centrada em redes? Como as empresas devem se preparar para essas oportunidades globais? Essas são as questões que responderemos neste capítulo.

O DRAGÃO E O TIGRE: A ASCENSÃO DA CHINA E DA ÍNDIA

Quase 40% da população mundial mora na China e na Índia. Esse fato tem duas implicações importantes para o comércio global. Pelo lado da demanda, esses países estão se tornando rapidamente os mais importantes mercados do mundo para uma ampla gama de produtos e serviços. Pelo lado da oferta, esses países já são a mais relevante fonte de talentos técnicos e científicos. Vamos analisar essas tendências a seguir.

Consumerismo* nas economias emergentes: a classe das massas

Uma característica importante de toda economia em rápido desenvolvimento é o apetite prodigioso por produtos de consumo e serviços. O consumerismo assumiu novas dimensões na maioria das economias emergentes, particularmente na China e na Índia. De fato, isso levou ao surgimento de uma nova categoria de consumidores, que tem sido chamada de classe das massas: "As centenas de milhões de consumidores globais que agora se unem à procura dos melhores acordos comerciais em oferta virtual e em escala global em cada categoria do B2C".[2] Mas de que tamanho é a classe das massas? Vamos analisar algumas estatísticas.

Estima-se que, em 2015, mais de 800 milhões de pessoas nos países do BRIC terão uma renda anual em torno de 3 mil dólares e, em 2025,

---

* Sem ser sinônimo de consumismo, a palavra consumerismo refere-se aqui à noção de que um aumento progressivo do consumo de bens e serviços é benéfico à economia, e não ao movimento que propõe a defesa dos direitos dos consumidores e o consumo consciente de bens e serviços (N.T.).

[2] Disponível em: <http://www.trendwatching.com/trends/MASS_CLASS.htm>.

252 Cérebro Global

aproximadamente, 200 milhões de indivíduos terão renda anual de 15 mil dólares. Essas projeções implicam uma onda de demanda para todos os tipos de produtos de consumo – não só itens básicos, como refrigerantes, aparelhos de ar-condicionado, celulares e televisores, mas também produtos de alto preço e marcas de luxo, como carros Mercedes, roupas Armani e joias de ouro.

Essa demanda já é evidente hoje. Em 2006, a classe média da Índia era composta por 260 milhões de pessoas, o que representava 25% de toda a população do país. Estima-se que esse número chegue a 628 milhões por volta de 2015. A classe média é amplamente responsável pelo mercado indiano de bens de consumo, que está atualmente em 450 bilhões de dólares, o que significa 65% do Produto Interno Bruto do país.

Uma parte importante da classe de consumo da Índia é formada por uma fatia jovem e educada da população – pessoas com menos de 30 anos de idade e que trabalham em setores intensivos em conhecimento, como o de tecnologia da informação ou o de terceirização de processos de negócios. Esses jovens e educados trabalhadores ganham, em média, 600 dólares por mês – uma renda relativamente alta na Índia – e formam a força motriz do consumerismo no país. Com mais de 2 milhões dessas pessoas gastando mais de 1,5 bilhão de dólares por mês, a demanda por bens de consumo, como joias assinadas, cosméticos e computadores, cresceu exponencialmente.

Essa crescente demanda por produtos de consumo nas economias emergentes gera importantes oportunidades de mercado para as empresas estrangeiras. Uma empresa que compreendeu as implicações do consumerismo em expansão nos países do BRIC é a Ikea, a gigante sueca do setor de móveis. A companhia já abriu megalojas na China e na Rússia.

Em muitas dessas economias emergentes, as pessoas também estão famintas por informação, criando novas oportunidades para as companhias ocidentais de comunicação. Por exemplo, o conglomerado Meredith Corp, com sede no Iowa, lançou na Índia a edição de sua mais vendida revista feminina, *Better Homes and Gardens*, no início de 2007. Da mesma forma, a Conde Nast Publications Inc., a gigante editorial sediada em Nova York, decidiu publicar uma edição indiana da revista *Vogue*.

A ascensão da classe das massas, desse modo, implica novas oportunidades para as companhias multinacionais de produtos de consumo, como

Ikea, P&G e J&J – e reinvindicam a criação de novas ofertas customizadas para esses mercados. No entanto, essa demanda por inovação – incentivada pelo consumerismo nos países do BRIC – tem seu outro lado da moeda. A rápida expansão da qualidade e a tendência do consumo consciente na Índia, China e Rússia também representam outra oportunidade para as empresas, que se relaciona diretamente com a inovação centrada em redes. Especificamente, a emergente classe das massas significa um grande e crescente estoque de inovadores cuja criatividade e talento estão esperando para ser explorados.

Sólido talento tecnológico e científico

As economias emergentes, particularmente a Índia, China e Rússia, tornaram-se também um grande reservatório de *expertise* tecnológica e científica em campos como ciências da computação, matemática, biotecnologia, medicina e ciência ambiental.

Muitas economias ocidentais estão enfrentando os efeitos de uma força de trabalho que diminui e envelhece – o rápido esgotamento do corpo de cientistas e tecnólogos. Em contrapartida, em países como Índia e China, o número de graduados em programas de tecnologia e engenharia está em expansão exponencial.

Consideremos alguns dados para colocar os fatos em perspectiva. A Índia tem 270 universidades e diversas instituições de pesquisa e engenharia de nível internacional. Em 2005, a Índia formou 220 mil engenheiros com 4 anos de faculdade e 195 mil em cursos com 3 anos de duração. Na China, anualmente são graduados 640 mil engenheiros (dos quais 350 mil são bacharéis e o restante de nível técnico). Por comparação, os Estados Unidos formam somente cerca de 60 mil engenheiros por ano, e as instituições europeias somadas, aproximadamente 100 mil.[3-4]

Já é, portanto, amplamente reconhecido que o balanço de fornecimento global de trabalho pende para as economias emergentes, e essa mudança, no futuro, tende a ser ainda mais evidente. Por exemplo, existe a projeção de

---

[3] Disponível em: <www.nasscom.in>.
[4] Disponível em: <http://nationalacademies.org>.

que 97% dos 4,38 milhões de pessoas que vão se somar à força de trabalho mundial em torno de 2050 virão dos países em desenvolvimento.[5] Consequentemente, a competição por esse talento global será mais acirrada à medida que as companhias multinacionais e as empresas regionais das economias emergentes procurarem explorar essa nova fonte de talento.

No entanto, esses países não dispõem somente de cientistas e engenheiros com formação básica. Também estão se tornando fonte de *expertise* altamente especializada em ciências e tecnologias. Por exemplo, a Rússia conta com engenheiros espaciais capazes de desenvolver cálculos matemáticos altamente complexos, com aplicações que vão desde a área securitária e financeira até o setor de software e a biotecnologia. A Rússia está se tornando fonte de talentos em uma área de nicho – cálculos complexos e computação. Igualmente, com uma base crescente de talentos em P&D de microprocessadores, a Índia evoluiu como centro global de design na área de informática.

A importância dessa combinação de talentos tecnológicos e científicos generalistas e altamente especializados é evidente para as multinacionais ocidentais. Por exemplo, a Índia hospeda atualmente centros de P&D de mais de 125 empresas listadas pela revista *Forbes* entre as 500 maiores do mundo. Sendo assim, esse vasto reservatório de talento também coloca importantes oportunidades para as companhias originadas naqueles países – entre elas, a possibilidade de assumir um papel relevante nas iniciativas globais de inovação centrada em redes.

Organizações não governamentais e sem fins lucrativos

Uma terceira tendência nos países do BRIC é o surgimento de um novo tipo de jogador capaz de participar das iniciativas globais de inovação – as organizações não governamentais (ONGs) e as sem fins lucrativos.

A abertura de mercado e o engajamento no capitalismo global nos países do BRIC também vieram acompanhados do nascimento de diversas

---

[5] "The rise of the multi-polar world", *Accenture Report*, 2007, também disponível em: <http://www.accenture.com/Global/Research_and_Insights/Policy_And_Corporate_Affairs/ExecutiveSummary.htm>.

organizações não governamentais e sem fins lucrativos com o objetivo de defender os interesses de vários segmentos da sociedade. Muitas das ONGs foram organizadas ao longo dos anos para protestar a favor de planos regionais de desenvolvimento e políticas corporativas que não causem impactos sociais e para promover iniciativas pelo desenvolvimento sustentável. Por exemplo, a luta das ONGs está focada em questões como a responsabilidade por vazamentos de óleo, trabalho infantil, violação dos direitos humanos em certos setores e padrões de qualidade dos alimentos, entre outros.

Nos últimos anos, porém, muitas dessas ONGs evoluíram e adotaram uma agenda mais aberta, que inclui parcerias com entidades corporativas para promover e avançar na direção de mútuos benefícios sociais e econômicos.[6]

Por exemplo, vamos analisar as iniciativas desenvolvidas pela Hewlett Packard em sua unidade de Soluções para Mercados Emergentes[7], que lançou o programa de *i-community* (comunidades de inclusão) para introduzir e desenvolver soluções de tecnologia da informação (TI) especialmente para mercados emergentes, dando suporte diretamente ao desenvolvimento econômico e social. Na Índia, a companhia fez parceria com ONGs para patrocinar a operação de um centro de informação comunitário (CIC) na remota cidade de Kuppam, no estado de Tamil Nadu. Da mesma forma, na África do Sul, ela está em parceria com a International Computer Driving License (ICDL) Foundation, uma ONG, para estruturar um centro de teste e treinamento em softwares abertos na *i-community* da HP em Mogalakwena.

Igualmente, a Microsoft está em parceria com a ONG indiana Pratham para difundir as tecnologias da computação em diversas cidades daquele país; a Nestlé fez parceria com uma ONG no Peru para distribuir alimentos fortificados para crianças carentes; e o ABN AMRO Bank, em conjunto com a ONG Accion International, busca difundir financiamentos de microcrédito para pequenos empreendedores da América Latina. Essas iniciativas mostram como a convergência das metas e dos objetivos

---

[6] Veja Jeb Brugmann e C. K. Prahalad, "Co-creating business's new social compact", *Harvard Business Review*, fev. 2007.

[7] Disponível em: <http://government.hp.com/content_detail.asp?contentid=3638agencyid=0&mtxs=home-pub&mtxb=B1&mtxl=L1>.

das instituições corporativas e das ONGs pode levar a oportunidades diferenciadas na criação de valor nas economias emergentes. Conforme cresce o número e a diversidade das ONGs nas economias emergentes, as empresas dispõem de novas e ampliadas possibilidades para suas parcerias – parcerias que se estendem também às iniciativas de inovação centrada em redes.

ECONOMIAS EMERGENTES E OPORTUNIDADES DE INOVAÇÃO CENTRADA EM REDES

Essas tendências evidentes nas economias emergentes nos apontam o papel valioso que as empresas nesses países podem assumir na inovação. Vamos explorar algumas dessas oportunidades em mais detalhes, confrontando-as com os quatro modelos da inovação centrada em redes.

Oportunidades no modelo de Orquestra

Como discutimos no Capítulo 5, no modelo de Orquestra, as companhias podem desempenhar o papel de líder (por exemplo, líder de plataforma) ou de adaptador. Em virtude das *expertises* e competências altamente especializadas das empresas das economias emergentes, consideramos que o papel de adaptador (complementador, inovador) promete ser a melhor oportunidade para a participação na inovação centrada em redes.

As empresas podem aprimorar suas capacidades em nichos tecnológicos para realizar contribuições diferenciadas e agregar valor como complementador em uma rede global de inovação baseada em plataforma. A HCL Technologies, uma das líderes em serviços de TI da Índia, oferece uma boa ilustração desse papel.

A HCL Technologies é parte da HCL Enterprise, uma gigante global de 2,7 bilhões de dólares, fundada em 1976 como uma das primeiras *startups* de garagem da Índia. A empresa oferece uma ampla gama de produtos, a maioria relacionada a soluções de softwares, terceirização de processos de negócios e infraestrutura de gestão. Uma parte chave de seus negócios está nos serviços de P&D, particularmente nos setores de semicondutores e de telecomunicações.

Ao longo dos anos, a empresa conquistou uma *expertise* considerável em VLSI (*Very Large Scale Integration*) e design de hardware, trabalhando em soluções para indústrias verticalizadas como eletrônicos de consumo e telecomunicações. Mergulhada em sua alta especialização interna, mais recentemente a companhia decidiu focar o desenvolvimento de aplicativos adicionais e soluções complementares para a arquitetura Power da IBM. Em 2005, inaugurou um centro de design na arquitetura Power (o primeiro desse tipo fora das próprias paredes da IBM) que oferece soluções SoC (*System-on-Chip*) na plataforma Power para uma diversificada gama de manufatura de equipamentos. Para realizar isso, a empresa sublicenciou os microprocessadores do IBM Power PC405 e do PowerPC 440 e, então, criou a partir deles soluções inovadoras customizadas para mercados específicos. Sendo assim, nessa iniciativa, o papel da HCL é o de complementador – usando sua *expertise* tecnológica diferenciada no design de semicondutores, ampliou as aplicações da arquitetura Power da IBM para novas áreas, como eletrônicos de consumo e redes sem fio. Essa abordagem, que envolve a canalização de *expertise* especializada para avançar a agenda de inovação de uma líder de plataforma, é uma das que devem representar um apelo especial para as empresas das economias emergentes.

Da mesma forma, muitas companhias de países como Índia, Rússia e China são especializadas em nichos, nos quais podem efetivamente assumir o papel de inovador no modelo de Orquestra integrador da inovação centrada em redes. Por exemplo, no início desse capítulo, nós descrevemos como a HCL Technologies assumiu o papel de inovador no projeto do Boeing 787 Dreamliner, ao contribuir com soluções de tecnologia de softwares.

A Wipro, um conglomerado indiano de serviços tecnológicos, é outro exemplo do papel de inovador. A empresa criou um grupo de soluções de engenharia de produtos que oferece serviços de P&D complexos para nichos que vão desde o setor de semicondutores e produtos eletrônicos de consumo até a indústria automotiva e aparelhos médicos. Muitas dessas soluções resultam do papel de inovador pelo uso estendido de duas capacidades de engenharia. Por exemplo, recentemente, uma distribuidora de jogos de computadores dos Estados Unidos queria que a próxima geração de seus produtos contasse com um acelerador de desempenho. Em vez de estruturar uma

258 Cérebro Global

equipe interna de hardware, a companhia resolveu contar com a *expertise* da Wipro em design VLSI e com sua metodologia em EagleVision, cujo objetivo é reduzir as iterações nos chips. A empresa de jogos integrou as capacidades da Wipro à sua arquitetura proprietária para definir o SoC, fazer seu design e testá-lo. Os engenheiros da Wipro foram capazes de desenvolver a solução em 15 meses e, dessa forma, ajudaram a empresa cliente a reduzir seu ciclo em cerca de 4 a 5 meses.[8]

Ainda outro exemplo do papel de adaptador é oferecido na indústria farmacêutica. Os testes clínicos – testar novos medicamentos quanto à segurança e eficácia em pacientes humanos para conquistar as devidas aprovações das agências governamentais – são uma etapa importante, cara e demorada do desenvolvimento de novas drogas. A possibilidade de aprimorar as capacidades especializadas e *expertise* residente em testes clínicos em países como a Índia tem atraído a atenção de grandes empresas farmacêuticas. Por exemplo, a Wyeth Pharmaceuticals Inc. está em parceria com o centro de ciências da vida da Accenture em Bangalore (Índia) para aprimorar seus testes clínicos.[9] Uma equipe abrangente de *experts* indianos em ciências da vida contratados pela Accenture – médicos, PHDs, farmacêuticos, estatísticos, entre outros profissionais de alta especialização – trabalhou na estruturação, desenvolvimento, execução e nos relatórios de testes clínicos para clientes como a Wyeth. Da mesma forma, a SIRO Clinpham, empresa indiana criada em 1996, oferece um conjunto completo de serviços de testes clínicos para atender companhias globais farmacêuticas e de biotecnologia.[10] A empresa aperfeiçoou suas já fortes competências em testes clínicos para se sintonizar com projetos de desenvolvimento de drogas das grandes farmacêuticas e ajudá-las a acelerar e reduzir os custos do processo de desenvolvimento de medicamentos. No caso da Wieth, sua parceria com a Accenture possibilitou à empresa reduzir o tempo médio de preparação de relatórios de testes clínicos de 6 meses para algumas poucas semanas – cada dia de redução se traduz na economia de 1 milhão de dólares em custos de desenvolvimento.

---

[8] "Wipro plugs R&D service into innovation networks", de Navi Radjou, *Forrester Research*, jul. 2005. Visite também: <http://www.wipro.com/pes/index.htm>.

[9] "How Accenture one-upped Bangalore", *BusinessWeek*, 23 abr. 2007.

[10] Disponível em: <http://www.siroindia.com>.

Oportunidades no modelo de Bazar Criativo

O rápido aumento do consumerismo nas economias emergentes traz duas implicações para as empresas – uma muito óbvia e outra um pouco menos. Primeiro, é bastante evidente que a classe das massas está impulsionando a demanda por produtos e serviços inovadores, isto é, ofertas inovadoras que sejam customizadas para atender às necessidades dos mercados emergentes. Segundo, o número crescente de consumidores articulados e sofisticados nesses países também indica o considerável potencial de novas ideias que podem ser buscadas pelas empresas nesses mercados. Essa segunda implicação pode ser menos óbvia atualmente, mas ganhará força no futuro. As inovações com custo-benefício efetivo criadas nos países emergentes podem encontrar morada nos mercados desenvolvidos. Vamos examinar essa implicação de forma mais detalhada para entender as oportunidades apresentadas para as empresas.

A classe das massas de países como Índia e China tem atraído uma horda de empresas ocidentais para esses mercados. No entanto, algumas das primeiras iniciativas dessas companhias terminaram em fracasso, o que, em uma análise posterior, verificou-se resultar de falta de compreensão das necessidades desses mercados. Por exemplo, vamos considerar a primeira incursão da Kellogg's no mercado indiano, em 1995, com o seu tradicional Corn Flakes. Apesar do reconhecimento da marca e do produto estar com preço acessível, os resultados foram bastante desapontadores. As vendas ficaram mais de 20% abaixo da meta inicial. O que deu errado? A empresa negligenciou um simples fato: os indianos preferem leite quente em seu cereal matinal, e um produto para leite frio não lhes pareceu muito atraente. Foi somente quando percebeu esse detalhe e renovou o produto que a Kellogg's teve sucesso no mercado indiano.

Esse e outros exemplos (entre eles, a introdução pelo McDonald's do sanduíche "Maharaja Mac") indicam a necessidade de que as empresas – estrangeiras e domésticas – compreendam profundamente as necessidades diferenciadas desses mercados emergentes e inovem, em vez de tentar impor marcas e produtos bem-sucedidos em outros países. Esses exemplos também mostram a importância crítica desse vasto e diversificado reservatório de

260 Cérebro Global

clientes inovadores, cujas ideias e opiniões podem ser exploradas para criar novas ofertas. Além disso, as ideias oferecidas por esses consumidores (e inventores amadores) podem ter também grande apelo em outros mercados.

Essa oportunidade tem implicações relevantes para as grandes empresas que pretendem desempenhar o papel de portal da inovação. Por exemplo, na Índia, companhias como a Hindustan Lever Limited (a subsidiária da Unilever no país), o Tata Group e a Reliance Industries, presentes no país há muitos anos e com sólida imagem de marca, estão bem adaptadas para buscar essas oportunidades. Têm capacidades e infraestrutura necessárias para procurar ideias inovadoras e tecnologias entre os inventores independentes para comercializá-las globalmente e nos mercados locais.

No entanto, como vimos no Capítulo 6, para desempenhar efetivamente o papel de portal da inovação, as grandes empresas precisam da ajuda das pequenas companhias, que servem como intermediárias da inovação. Os intermediários do tipo corretores de ideias e capitalistas da inovação podem filtrar as ideias inovadoras nas redes de inventores, fazer a mediação com as grandes empresas e agregar valor ao processo de inovação. Diferentes do contexto norte-americano, nas economias emergentes, existem poucas entidades desse tipo e, dessa forma, consideramos que essa pode ser uma oportunidade promissora para que pequenas empresas assumam um papel relevante na inovação centrada em redes.

Vejamos o caso da Ideawicket, uma intermediária de inovação com sede em Nova Delhi, lançada no início de 2007. A jovem empresa tem foco no papel de corretora de ideias – isso possibilita aos inventores independentes postarem suas ideias inovadoras em seu portal na internet e, assim, torná-las acessíveis pelas empresas (assinantes). Conforme as redes de inventores, como a da Ideawicket, crescem, aumentam também as oportunidades para que as empresas explorem a criatividade dos consumidores nessas economias emergentes.

Pequenas companhias que já desempenham atividades complementares nesse espaço – empresas de pesquisa de mercado e consultorias de inovação, entre outras – também estão com posicionamento diferenciado para assumir esse papel de intermediárias, dado o conhecimento que já detêm sobre os consumidores desses países. Precisariam somente desenvolver e aprofundar relações com redes de consumidores e com os inventores amadores. E, como descrevemos em detalhes no Capítulo 6, podem aprender com a experiência das intermediárias da inovação norte-americanas, como a BIG, a Evergreen IP e a Ignite IP.

A promessa das redes de inovação estende-se além dos produtos de consumo para o setor de tecnologia. Por exemplo, vamos analisar o caso do setor de software na Rússia. Com muitas pequenas *startups* de softwares e talentos altamente sofisticados, eles geraram um bom número de produtos inovadores e ideias tecnológicas que não progrediram por falta de *expertise* em comercialização e recursos. Os intermediários de inovação que forem capazes de buscar essas ideias e trazê-las à atenção dos comerciantes de softwares estarão prestes a encontrar um negócio útil e lucrativo na área de direitos de propriedade intelectual. Esse tipo de oportunidade, no entanto, não se limita ao setor de softwares. Os setores de alta tecnologia, desde gestão ambiental, energia e telecomunicações até aparelhos médicos e engenharia aeroespacial, são o palco principal para o lançamento de negócios relacionados a direitos de propriedade intelectual.

Oportunidades no modelo de Central de Improviso

Como observamos anteriormente, uma das principais características das economias emergentes é o grande número de cientistas e tecnólogos em muitos e diversificados campos. Esse grande reservatório científico representa inúmeras oportunidades para iniciativas de inovação baseada em comunidades que sejam focadas na solução das necessidades diferenciadas desses países. Ao facilitar e dar suporte a essas iniciativas de inovação lideradas pela comunidade, as empresas, assim como as organizações sem fins lucrativos, podem desempenhar um papel muito valioso como patrocinadoras da inovação (por exemplo, ao fornecer acesso a diversos recursos, incluindo capacidade computacional, base de conhecimento, ferramentas de inovação e infraestrutura, entre outros).

Algumas das questões enfrentadas por países como Índia e China relacionam-se à oferta de uma melhor infraestrutura para suas grandes populações – desde água potável até assistência médica e educação. Muitos desses problemas demandam soluções diferenciadas – soluções que possam aprimorar as capacidades e recursos locais com a melhor relação custo-benefício.

Algumas ONGs e outras entidades estão envolvidas na abordagem desses desafios. No entanto, como essas organizações já perceberam, o fator crítico para resolver essas questões não é a disponibilidade de recursos financeiros e tecnológicos, mas a criatividade e a inovação que emanam da "comunidade" para a criação de soluções customizadas. Por isso, a tarefa chave é formatar o ambiente adequado para a comunidade se reunir e contribuir para o desenvolvimento dessas soluções inovadoras.

Um dos trabalhos recentes de C. K. Prahalad coloca foco nas parcerias entre as organizações corporativas e as ONGs nas economias emergentes para desenvolver novos negócios, cujo alvo é atender a "base da pirâmide".[11] Nós acreditamos que as empresas e as ONGs podem estender essas parcerias para as iniciativas de inovação centrada em redes, patrocinando e oferecendo suporte a esses projetos, que têm metas sociais e econômicas.

Ao assumir o papel de patrocinadoras da inovação, as ONGs, assim como as entidades corporativas, devem reunir capacidades diferenciadas para avançar com a agenda de inovação comunitária. As ONGs podem acrescentar seu conhecimento aprofundado sobre as questões que podem beneficiar a comunidade. E também dão credibilidade à iniciativa de inovação, o que atrai os integrantes da comunidade com maior prontidão para contribuir com os processos de inovação. Em contrapartida, as organizações corporativas adicionam *expertise* e tecnologias para organizar e facilitar as interações comunitárias. E têm também competências a oferecer no desenvolvimento e na implementação da inovação.

Lembrando a iniciativa da TDI (*Tropical Disease Initiative*), discutida no Capítulo 7, um de seus projetos relaciona-se ao mal de Chagas – uma doença parasitária humana que atinge a América do Sul. Como essa é uma doença muito regional e não tem, vamos dizer, a visibilidade da malária, o mal de Chagas não atrai a atenção e o foco de pesquisadores em outras regiões do mundo. Essa é uma situação em que as ONGs e as entidades corporativas podem se unir para dar apoio e suporte às atividades de inovação.

---

[11] Por exemplo, "Co-creating business's new social compact", de Jeb Brugmann e C. K. Prahalad, *Harvard Business Review*, fev. 2007, e também o livro de Prahalad, *A riqueza na base da pirâmide*, editado no Brasil em 2009 pela editora Bookman.

Por exemplo, uma ONG em um dos países afetados pela doença, como na Venezuela, estaria mais bem posicionada para lidar com as comunidades atingidas e ajudar a encurtar a distância até os pesquisadores trabalhando na TDI. As indústrias farmacêuticas, por sua vez, podem patrocinar ou incentivar essas iniciativas de pesquisa ao oferecer acesso a bancos de dados proprietários ou disponibilizar ferramentas de trabalho ou tecnologias.

Com um amplo leque de questões e desafios sendo abordados por essas iniciativas lideradas por comunidades nas economias emergentes, as oportunidades para as empresas e ONGs fazerem parcerias e assumirem o papel de patrocinadoras da inovação também são bastante diversificadas.

Oportunidades do modelo de Estação de Modificação

Finalmente, as plataformas tecnológicas e de inovação que têm sido "abertas" para as iniciativas lideradas por comunidades também apresentam oportunidades diferenciadas para as pequenas empresas das economias emergentes participarem como inovadoras no modelo de Estação de Modificação da inovação centrada em redes.

Muitas pequenas companhias nesses países possuem *expertises* valiosas em um ou mais nichos relacionados a essas plataformas tecnológicas e podem contribuir com as iniciativas de inovação. Por exemplo, como você viu no Capítulo 8, alguns dos participantes da iniciativa do OpenSPARC da Sun são pequenas empresas sediadas na Europa.

Igualmente, vamos analisar o caso da SugarCRM – uma empresa sediada na Califórnia, que é especializada em soluções comerciais e abertas na área de *Customer Relationship Management* (CRM). Além da versão comercial (proprietária) de sua solução carro-chefe em CRM, a companhia oferece também uma versão aberta (*Sugar OpenSource*) que depende das contribuições da comunidade global no desenvolvimento de software. A comunidade da Sugar CRM cresceu para mais de 7 mil colaboradores, muitos deles em países com economias emergentes. Os integrantes da comunidade podem contribuir para o programa principal ou trabalhar em módulos adicionais e outras extensões ao produto com acesso aberto. Esses módulos adicionais e extensões aprimoram o alcance e as capacidades do produto

264 Cérebro Global

carro-chefe – por exemplo, adaptando-o a outras plataformas e linguagens. Pequenas empresas (assim como indivíduos) nas economias emergentes têm sido úteis para fazer a tradução do Sugar CRM de acesso aberto para mais de 40 diferentes linguagens em todo o mundo. Dessa forma, facilitam o uso do produto em países como Índia, China, Rússia e Coreia. Em muitos casos, esses colaboradores ganharam visibilidade e atraíram mais serviços de consultoria e projetos de companhias que empregam as soluções do Sugar CRM.

Esses exemplos mostram o potencial das companhias de tecnologia em países como Índia e China para se conectarem a essas redes globais "abertas". Ao ganhar exposição e conquistar visibilidade, esses benefícios podem ser transformados em outras oportunidades de inovação, com retornos econômicos mais diretos.

REDES GLOBAIS DE INOVAÇÃO COM A "CHÍNDIA" NO CENTRO

Ao discutir a globalização da inovação centrada em redes, nosso foco primário tem sido compreender os papéis específicos e as oportunidades para as companhias nas economias emergentes, como a Índia e a China. No entanto, há algo mais amplo e mais profundo para abordarmos também. Estamos testemunhando a reestruturação global das atividades de pesquisa e desenvolvimento nas corporações, o que resulta na criação das redes globais de inovação. A área de P&D não está mais geograficamente confinada em Redmond (no caso da Microsoft), Tóquio (no caso da Sony) ou Munique (no caso da Siemens). As corporações globais estão estruturando "centros de excelência" em áreas geográficas específicas para tirar vantagem das capacidades de inovação locais que sejam também relevantes regionalmente. Esses centros de excelência distribuídos por regiões diferentes, criados com a colaboração de uma rede local de parceiros, podem depois ser conectados entre si para gerar a rede global de inovação.

A indústria de computadores oferece um excelente exemplo dessas redes globais em ação. No mercado de notebooks, os grandes fabricantes, como HP, IBM e Apple, durante algum tempo apoiaram-se nas redes globais de inovação para o design (sim, design!), desenvolvimento e manufatura de seus produtos. O caso da Quanta Computer ilustra muito bem como essas redes operam e evoluem.

A Quanta Computer é uma empresa com sede em Taipei, fundada em 1988, que se especializou no design e desenvolvimento de laptops.[12] Com uma equipe de design e engenharia de 3.500 profissionais, a companhia produz em abundância protótipos de laptops em pleno funcionamento. O objetivo não é fazer o design do próximo produto em voga. Em vez disso, o foco é gerar o design e desenvolver a próxima versão de uma família de laptops. As companhias clientes, entre elas grandes distribuidores norte--americanos, escolhem entre os protótipos da Quanta quais serão seus próximos modelos lançados no mercado. Depois de escolhida a nova versão, a Quanta também gerenciará a manufatura e as atividades logísticas. A empresa não manufatura os laptops; divide a tarefa entre uma rede de montadores, a maioria deles com sede na China. Ao aperfeiçoar suas capacidades em design e estabelecer e coordenar uma rede global de inovação, a Quanta conseguiu tornar-se uma das maiores operações tecnológicas do mundo no segmento de notebooks.

Esse modelo está surgindo em outras indústrias também – notavelmente em eletrônicos de consumo, produtos farmacêuticos e na indústria automotiva. A OfficeMax, a terceira maior varejista de material de escritório dos Estados Unidos, com vendas anuais na casa dos 9 bilhões de dólares, é um bom exemplo de rede global de inovação.[13] A OfficeMax detonou agressivamente uma estratégia de marca própria em um esforço para se diferenciar de seus concorrentes, como a Staples e a Office Depot. Os produtos com marca própria oferecem margem muito maior que aqueles com marca de terceiros, porque o varejista não tem de pagar um preço premium por eles. Tradicionalmente, os produtos com marca própria são comprados por preços básicos e, depois, o varejista os embala com o seu nome. A OfficeMax não foi exceção. A maioria dos produtos de marca própria são imitações

---

[12] "Innovation ships out", *CIO Magazine*, 15 jan. 2005.
[13] "The revenge of the generic", *BusinessWeek*, 27 dez. 2006, e entrevista pessoal com Michael Winnick, cofundador da Gravity Tank.

daqueles com marcas reconhecidas, sendo produzidos por fornecedores estrangeiros que servem toda a indústria. Mas a OfficeMax queria fazer algo diferente e decidiu criar uma nova marca do zero, controlando todo o processo, desde o design até a produção. O modo como a OfficeMax conduziu esse processo ilustra bem o poder das redes globais de inovação.

Havia três atores principais no projeto para criar a primeira marca própria da OfficeMax, a TUL – que começou com um conjunto de canetas e marcadores de quadros brancos com design modernista. A OfficeMax entrou com sua *expertise* em merchandising e varejo. O segundo ator foi a Gravity Tank, uma consultoria de Chicago especializada em pesquisa de mercado, design industrial e identidade de marca. A Gravity Tank realizou uma pesquisa etnográfica, observando o comportamento de funcionários nos escritórios, conversando com gerentes de suprimentos que compram materiais no atacado, ouvindo donos de lojas e consumidores finais. Essa pesquisa conduziu à ideia de criar instrumentos de escrita com o conceito de *everyday premium* – instrumentos que pudessem ser a expressão da personalidade do usuário e que pudessem criar o vínculo que as pessoas sentem por canetas tinteiros muito caras ou até por *roller-balls* mais simples. O terceiro grupo de atores era formado pelas empresas chinesas, que são *experts* em baratear a manufatura de produtos de alta qualidade e em logística. A OfficeMax e a Gravity Tank apresentaram o design diferenciado e o conceito da identidade da marca TUL para o fornecedores, que estavam habituados a produzir canetas com componentes idênticos para vender a todos os varejistas, sendo o único diferencial a aplicação da marca.

Houve uma combinação das habilidades varejistas da OfficeMax com as de design da Gravity Tank e as de manufatura dos fornecedores chineses. Isso possibilitou à OfficeMax criar uma marca proprietária que se tornou um importante diferencial, porque era desenhada e desenvolvida pelo varejista e estava à venda exclusivamente na sua rede de lojas. Esse exemplo mostra o poder da inovação centrada em redes no contexto global. Como esse caso evidencia, a inovação globalizada permite não apenas tirar vantagem das capacidades diferenciadas e do talento dos parceiros de rede mas também aproveitar seus custos reduzidos devidos à localização geográfica. Com efeito, o modelo ilustra o potencial da "arbitragem global de recursos" na inovação centrada em redes. Os benefícios da arbitragem de recursos podem se transformar em milhões de dólares economizados no desenvolvimento de produtos e/ou na redução de semanas e até meses no prazo de desenvolvimento do produto.

À medida que aumentam rapidamente a qualidade, a diversidade e a sofisticação dos serviços de P&D disponíveis na Índia e na China, vemos, cada vez mais, iniciativas globais de inovação centrada em redes. Por exemplo, no final de 2007, 31% dos serviços de P&D eram alocados na Índia e na China.[14] Da mesma forma, de acordo com outro estudo da Booz Allen Hamilton e da Nasscom (a associação da indústria indiana de software), a Índia poderá captar de 25% a 30% do mercado de serviços mundiais de engenharia, o que representa uma receita de 50 bilhões de dólares relacionadas a design e P&D.[15] E a China não ficará muito atrás disso.

Todos esses exemplos apontam para a incorporação da Índia-China (ou "Chíndia"[16]) como um importante centro das redes globais de inovação, assim como para o crescente esforço para integrar os serviços de engenharia e complementares de P&D desses dois países, no sentido de criar ofertas inovadoras rapidamente e com boa relação custo-benefício para o mercado global.

Prontidão para as oportunidades globais

Muitas das tendências e oportunidades discutidas até aqui estão se evidenciando nesse momento nessas economias. A questão relevante, então, é: como as empresas devem se preparar para essas oportunidades de inovação global?

Nos Capítulos 9 e 10, abordamos detalhadamente as diversas questões relacionadas à preparação organizacional para a inovação centrada em redes. Todos aqueles temas assumem relevância também no contexto da globalização.

---

[14] *Innovation*: is global the way forward?, estudo da Insead & Booz Allen Hamilton, de 2006.

[15] Fonte: Nasscom, disponível em: <www.nasscom.in>.

[16] Jairam Ramesh, um dos mais renomados economistas da Índia, cunhou o termo "Chíndia" e escreveu um livro sobre o potencial de cooperação entre os dois países. Veja *Making sense of Chindia:* reflections on China and India, India Research Press, Nova Delhi, 2005. A revista *Business-Week* tornou-o, depois, o termo mais popular globalmente ao lançar uma edição especial sobre o tema em 22 de agosto de 2005.

268 Cérebro Global

As empresas precisam primeiro examinar e decidir que papéis específicos de inovação elas podem assumir nessas redes globais de acordo com seus recursos e capacidades. Nós enfatizamos alguns dos mais importantes papéis para as companhias situadas nas economias emergentes. Os gestores devem avaliar a adequação desses papéis e compreender as questões e desafios subjacentes a eles. Por exemplo, como discutimos no Capítulo 9, as empresas que exploram as oportunidades do papel de adaptador precisam examinar dois pontos chave. Um deles é determinar a natureza da conexão entre a capacidade especializada da empresa (ou seja, sua contribuição) e a rede (ou a plataforma de inovação). A segunda consideração é a avaliação do papel de adaptador como oportunidade para o aprendizado de outras *expertises* durante as interações com os integrantes da rede – em outras palavras, qual é a oportunidade de aprendizado? Essa questão é particularmente importante para as empresas sediadas em economias emergentes, pois a participação nas iniciativas globais de inovação centrada em redes pode pavimentar o caminho para a aquisição de novas capacidades e de ofertas mais diversificadas.

Vincular-se a iniciativas globais de inovação centrada em redes requer mais do que apenas *expertise* técnica e de engenharia. Também requer capacidades organizacionais e de gerenciamento que capacitam a empresa a operar eficientemente na rede e apropriar o valor gerado. No Capítulo 10, nós tratamos de questões que foram desde cultura organizacional e estrutura até processos de inovação e tecnologias/ferramentas. Esses temas assumem importância também no contexto global.

Por exemplo, vamos considerar as habilidades relacionais. Muitas das empresas nas economias emergentes contam com pouca experiência colaborativa, particularmente quando se trata da participação em grandes redes de inovação que transcendem as fronteiras nacionais. Gerenciar mal os desafios relacionados às questões da cultura regional pode impedir uma companhia de ser bem-sucedida ao participar de uma iniciativa global de inovação centrada em redes. Por isso, as empresas precisam investir recursos consideráveis em tempo e no desenvolvimento das apropriadas capacidades de gerenciamento de relacionamentos.

Da mesma forma, muitas empresas menores podem carecer de processos e de sistemas formais de gerenciamento da inovação. No entanto, para

Inovação centrada em redes globalizadas **269**

participar de projetos de desenvolvimento tecnológico com colaboração em alta escala, elas necessitarão atuar com curva de aprendizado já consolidada. Como discutimos nos capítulos iniciais, a harmonização dos processos de inovação entre todos os integrantes da rede é importante e assume grande significância quando essas redes têm escopo global. Todas essas questões indicam a necessidade de identificar cuidadosamente as capacidades requisitadas e o papel apropriado (como descrito no Capítulo 10), além de seu contínuo aprimoramento.

CONCLUSÃO

Muito tem sido escrito nos últimos anos sobre o impacto crescente de países como a Índia e a China na economia mundial. Por exemplo, um relatório de 2004 do Goldman Sachs[17] projetava que a fatia das economia do BRIC no crescimento mundial iria avançar de 20% em 2003 para mais de 40% em 2025. O mesmo relatório também aponta que o peso desses países na economia mundial (expresso pela fatia da capitalização do mercado global) subirá de 10% em 2004 para mais de 20% em 2025. Essas previsões ajudam a pavimentar a trilha de rápido crescimento e desenvolvimento em que estão esses países. No entanto, o que talvez seja mais evidente nesse momento é o impacto dos BRIC no processo global de inovação.

Nesse capítulo, nós enfatizamos as diferentes formas assumidas pelas iniciativas globais de inovação centrada em redes para incorporar as capacidades e *expertises* disponíveis nas economias emergentes. A implementação específica desses diferentes papéis na inovação deve evoluir ao longo dos anos, conforme as empresas experimentarem novos modelos de negócios. No entanto, um fato permanecerá certo – as economias emergentes, lideradas pela Índia e pela China, vão se tornar atores centrais nas redes globais de inovação nos próximos anos.

---

[17] "The BRIC's dream", Goldman Sachs, 2006. Disponível em: <http://www2.goldmansachs.com/insight/research/reports/report32.html>.

CAPÍTULO 12
Pensamentos finais e ações para "segunda-feira" de manhã...

Iniciamos este livro delineando a crise de inovação que muitas empresas estão enfrentando como resultado, por um lado, do declínio de produtividade das áreas internas de P&D e, por outro, pelo aumento do ritmo da competitividade global. Companhias como Dell, Kraft e Merck estão se digladiando com a crise de inovação. Embora essas empresas de grande porte estejam sob a alta pressão dos tempos difíceis, a crise de inovação não se limita a elas. De fato, companhias grandes e pequenas de diversos setores estão encarando problemas semelhantes.

A sua empresa está lidando com uma crise de inovação? Responda a si mesmo as seguintes perguntas:

- Você verificou um aumento crescente do custo de desenvolvimento de novos produtos nos últimos anos?
- A produtividade da área de P&D parece em declínio quando confrontada com o volume de investimento em dólares?
- A empresa está diante de ciclos de vida cada vez menores para seus produtos?
- Os produtos da empresa estão ficando comoditizados mais depressa do que no passado?
- O seu custo de comercialização de novos produtos é pelo menos duas vezes mais alto que o de seu melhor concorrente?

- O seu prazo de desenvolvimento, do conceito à comercialização, é, pelo menos, duas vezes mais longo que o de seu melhor concorrente?

- A empresa enfrenta concorrentes desconhecidos da China e Índia que têm custos significativamente menores para o desenvolvimento e manufatura de produtos?

- Você está encontrando mais dificuldades e salários mais altos para contratar cientistas e engenheiros com talento e alta capacitação?

- Considera que, mesmo com um número maior de projetos na linha de desenvolvimento, a empresa não está sendo capaz de colocar no mercado muitos produtos de sucesso?

- De modo geral, você não acredita que os processos de inovação da empresa serão capazes de atender às expectativas de crescimento dos investidores?

Se a resposta for "sim" para a maioria dessas questões, bem-vindo à crise da inovação. Você está chegando à lista de empresas, como a Motorola, que viu o preço de seu modelo Razr despencar de mais de 500 dólares, quando o celular foi lançado, em novembro de 2004, para 200 dólares em meados de 2005 e, finalmente, para menos de 50 dólares no final de 2006. No último trimestre de 2006, a Motorola vendeu 48% a mais de celulares Razr que no mesmo período do ano anterior e, mesmo assim, as receitas caíram. Para enfrentar a erosão, a Motorola lançou uma nova versão chamada Krzr, mas o produto foi visto como incremental e ficou comoditizado ainda mais depressa. O resultado: o próprio futuro da Motorola está em jogo. Lembra-se do "efeito Rainha Vermelha" que descrevemos no Capítulo 1? Esse é um exemplo desse efeito em ação.

Ou talvez a sua empresa seja como a General Motors, cuja oferta mais barata nos Estados Unidos é o Chevrolet Aveo, por 10.560 dólares, enquanto a montadora indiana, Tata Motors, trabalha em um modelo que deve custar 2.500 dólares. O "carro popular" está sendo desenvolvido com a criatividade dos engenheiros automotivos indianos e com custos de desenvolvimento drasticamente mais baixos. O objetivo é rivalizar com o modelo Ford T ou com o Beetle da Volkswagen como o carro mais acessível para viabilizar a entrada de milhões de novos consumidores no mercado automotivo.[1] Embora o frágil e pouco potente modelo nunca possa vir a ser comercializado nos Estados Unidos, a Tata Motors, com certeza, aprenderá valiosas lições, que poderão ser aplicadas para criar um carro popular voltado aos mercados ocidentais. Essa é a cara da competitividade global.

As múltiplas dimensões da crise de inovação – custos, tempo para colocação no mercado, qualidade e criatividade – combinam-se para multiplicar os efeitos capazes de colocar em perigo o futuro de sua companhia. Para melhorar o quadro, você deve olhar para fora em busca de ideias, tecnologias e produtos, procurando desfrutar do poder do cérebro global para melhorar o alcance, aumentar a velocidade e reduzir os custos dos processos de inovação. Você precisa escolher e implementar os modelos e papéis de inovação centrada em redes mais apropriados para sua empresa.

O argumento central de nosso livro é o de que se beneficiar do cérebro global não é mais uma questão de escolha. É uma questão de "como", muito mais do que de "se", uma companhia deve buscar uma estratégia de inovação desse tipo. Esse sentido de crise é o que tem capturado o interesse dos gestores líderes para as iniciativas da inovação centrada em redes, o que se evidencia com o chamado para a ação de vários CEOs de alto desempenho.

O presidente executivo é quem deve dar início à jornada para a inovação centrada em redes, por isso, neste capítulo final, focamos o papel dele como comunicador desse sentido de crise para a organização como um todo, assumindo a liderança da evangelização ou da construção da fé nesses novos projetos de inovação.

Vamos recuar um passo para refletir sobre os temas e práticas centrais subjacentes à inovação centrada em redes – temas e práticas que refletem o pensamento e a sabedoria destiladas das experiências das empresas e gestores com os quais interagimos durante a pesquisa para a redação desse livro. Algumas delas foram bem-sucedidas, enquanto outras fracassaram. Dessa forma, apresentam as práticas que podem ajudar significativamente a evolução das iniciativas de inovação de uma companhia, assim como aquelas capazes de remover potenciais barreiras para o sucesso.

---

[1] "The incredible story of Tata Motors and the Rs. 1-Lakh car", artigo de Robyn Meredith, *Forbes*, 30 mar. 2007.

⊚ EVANGELIZAR E "CONSTRUIR A FÉ"

Um tema que foi recorrentemente abordado em nossas conversas com gestores de empresas e indústrias é o papel central do CEO na "construção da fé" em torno do conceito de olhar para fora da organização em busca de ideias e parcerias com agentes externos e comunidades para incrementar a agenda de inovação da companhia.

Em muitas empresas, o CEO explicitou as metas referentes à inovação centrada em redes. Nesse caso, companhias como DuPont, P&G, Staples e IBM voltam à nossa memória. Em algumas dessas experiências, as metas do presidente executivo chegaram a ganhar ampla visibilidade na comunidade de negócios.

No entanto, como indica a expressão "construir a fé", o papel do CEO vai além de estabelecer metas para "o quanto de inovação será buscada externamente" ou "a quantidade de novas receitas que precisam ser geradas a partir de iniciativas de inovação centrada em redes". O presidente executivo deve defender um novo conjunto de crenças que, de início, poderá ser percebido como heresia e gerar uma resistência ferrenha. Com frequência, a resistência interna emana dos executivos seniores – pessoas que têm o poder e o motivo para sabotar essas iniciativas.

Superar essa resistência interna era a missão de Sam Palmisano, o CEO da IBM, quando concebeu o Global Innovation Outlook (GIO) no início de 2004. A ideia de que a IBM deveria abrir sua tecnologia e seus processos prospectivos de negócios para um amplo grupo de clientes e parceiros pareceu herética e atraiu muita resistência logo que foi proposta. David Yaun, vice-presidente de comunicação corporativa da IBM, recorda que a resposta inicial variou de comentários que ridicularizavam o valor da ideia até sugestões mais sutis de que a equipe por trás do GIO prejudicaria a credibilidade da IBM e sua imagem de marca.[2] Alguns gestores achavam que "nós já fazemos isso", enquanto outros opinavam que "o que vocês estão fazendo é muito perigoso, não posso tolerar isso". Um dos executivos "proibiu" a

---

[2] Baseado em uma apresentação realizada por David Yaun em um seminário promovido pela Kellogg Innovation Network, em 30 de março de 2007.

Pensamentos finais e ações para "segunda-feira" de manhã... **275**

equipe do GIO de contatar "meus clientes" e um pesquisador sênior foi ainda mais cáustico, observando que "meu trabalho é evitar que você embarace nosso presidente".

Palmisano teve um papel crucial para "fazer" a organização aceitar essas iniciativas. Ele endossou fortemente a iniciativa e deu à equipe do GIO a ordem de marcha à frente. Ele forçou o grupo a reduzir o prazo proposto para a implementação do GIO de 18 para 5 meses e sugeriu que, se em algum momento eles se sentissem confortáveis com a evolução do projeto, então, a abordagem estava errada – ou seja, eles estavam atuando na zona de conforto. Para superar as objeções internas, ele abriu mão da hierarquia. Em vez disso, ofereceu à equipe orçamento flexível, liberdade para experimentar (e errar) e, mais importante, formou um comitê executivo de apoio (incluindo alguns dos mais céticos) para dirigir a iniciativa – oferecendo, de fato, a possibilidade de que tivessem uma participação pessoal no sucesso da ideia. Essa abordagem sinalizou a seriedade da iniciativa sob a perspectiva do presidente e exigiu um longo período para a estruturação da cultura da empresa na direção certa. A experiência da IBM indica como o CEO deve estar à frente "com capa e espada" para abrir os esforços de inovação da empresa e mudar para uma abordagem mais voltada para as iniciativas centradas em rede.

Outra dimensão da construção da fé é oferecer a perspectiva certa para que a organização avalie as oportunidades externas de inovação. Os esforços de evangelização derivados do gabinete do CEO também devem incorporar uma série de questões que os gestores devem considerar ao ingressar em iniciativas de inovação centrada em redes. Por exemplo, quais são os parâmetros gerais com os quais a organização está se comprometendo ao explorar iniciativas de inovação centrada em redes? Existem determinados modelos da inovação em rede que a empresa deve evitar? A empresa vai interagir com parceiros não tradicionais (entidades sem fins lucrativos e inventores individuais, entre outros)? A quanto de controle e influência a companhia está disposta a abrir mão nessas iniciativas? A abordagem será amplamente adotada na empresa ou vai se limitar às divisões de negócios em novos e emergentes mercados?

Encaminhar essas questões precocemente ajuda os gestores a avaliar a extensão do compromisso organizacional com a inovação centrada em redes, assim como a entender os "comos" e os "porquês" subjacentes a esse engajamento. Como um gerente colocou para nós: "As metas são importantes. No entanto, temos muitas metas circulando pela empresa a todo momento. O que precisamos é de um cenário ou um modelo mental para que a abordagem seja uniforme. E considero que é missão do CEO nos oferecer essa moldura".

Em resumo, as manifestações públicas das aspirações das organizações no que se refere à inovação centrada em redes são somente uma parte (talvez apenas a mais visível), mas a tarefa mais importante do CEO é estabelecer a visão geral de forma a possibilitar a construção da fé em todos os funcionários da empresa nessas iniciativas externas.

ENGAJAR TODA A ORGANIZAÇÃO

Como vimos ao abordar os quatro modelos da inovação centrada em redes, as oportunidades para liderar ou participar dessas iniciativas podem advir de diferentes tipos de entidades externas – inventores individuais, capitalistas da inovação e outros intermediários desse tipo, consumidores, parceiros tecnológicos, fornecedores e organizações sem fins lucrativos, entre tantas outras. Além disso, essas diversas entidades externas entram em contato com diferentes áreas da empresa – marketing, P&D, desenvolvimento de negócios e contratos, entre outras. Dessa forma, é importante "engajar" toda a empresa nesse esforço para identificar e avaliar as diferentes oportunidades de inovação centrada em redes, mesmo que haja uma unidade comprometida com a responsabilidade de coordenar os projetos.

O primeiro passo para o engajamento é a disseminação da mensagem sobre a inovação centrada em redes em todos os níveis da empresa. Embora essa etapa deva ser parcialmente assumida pelos esforços de evangelização do CEO, há necessidade de suplementá-los com uma campanha informativa mais extensa. Por exemplo, no caso da 3M, essa missão ficou sob a responsabilidade da unidade de P&D corporativa. Com afirmou para nós Robert Finnochiaro, diretor tecnológico da 3M: "Nossa tarefa nos últimos 2 anos tem sido complementar o trabalho realizado pelos gestores executivos e colocar todo mundo da empresa na mesma página, principalmente todas as nossas divisões de negócios e suas unidades locais de P&D".

Pensamentos finais e ações para "segunda-feira" de manhã... **277**

Outra abordagem para direcionar o engajamento geral é aplicar a estratégia da inovação centrada em redes primeiro internamente à empresa. Quando a IBM começou a pensar em iniciativas de inovação no modelo de Central de Improviso – um "sessão de brainstorm online" para garimpar ideias e oportunidades de negócios novos e inovadores –, a empresa realizou em 2003 um experimento do modelo de improviso com seus próprios funcionários. O objetivo dessa sessão foi identificar os valores centrais da organização e desenvolver um consenso em torno deles. Depois que o primeiro evento foi bem-sucedido, a IBM redirecionou o tema para inovação e expandiu os participantes para incluir seus parceiros no ecossistema – consumidores e fornecedores, entre outros. O objetivo da segunda sessão realizada em 2006 era identificar tendências tecnológicas emergentes nos mercados-alvo que interessam a IBM. Nos eventos seguintes, a empresa expandiu ainda mais as fronteiras, focando a inovação para setores e audiências específicas. Por exemplo, em março de 2007, realizou uma sessão do modelo de improviso focada na indústria automotiva, denominando-a Automotive Supplier Jam. Essa iniciativa reuniu indivíduos e organizações fornecedoras, assim como profissionais do setor de autopeças, autoridades governamentais, acadêmicos, associações do setor e outros segmentos afiliados à indústria automotiva. Mais de 2 mil pessoas, de 150 organizações e 17 países, participaram do evento colaborativo, tratando de temas como rentabilidade do ciclo de vida do produto, criação da cultura de inovação e adesão às tecnologias verdes.

A abordagem da IBM remete ao velho ditado: "A caridade começa em casa". Ao disseminar o engajamento com a inovação centrada em redes, a empresa decidiu que seria melhor começar pela "abertura interna" antes de se "abrir para fora". Essa abordagem de dentro para fora possibilita a difusão dos valores associados à inovação centrada em redes de modo mais amplo e profundo pela organização.

Obter o engajamento de toda a empresa requer não somente divulgar a mensagem mas também – o mais importante – exige a construção da "capacidade" nos gestores em diferentes funções e unidades de negócios para que reconheçam as oportunidades promissoras da inovação centrada em redes, entrem em conexão e compartilhem informações com outras áreas que também possam contribuir para desenvolvê-las. Se uma capacidade assim for

278 Cérebro Global

criada, então, onde quer que essas oportunidades possam surgir – seja nas funções de marketing ou na unidade global de contratos –, a organização será capaz de identificá-las, avaliá-las e buscá-las sem perder nenhuma aposta. Idealmente, cada gerente e cada função deveriam se tornar um "portal pessoal" para o mundo exterior, garimpando oportunidades de inovação no ambiente.

Por isso, na "construção da fé" e no "engajamento de toda a organização", a pergunta chave é a seguinte: *a sua empresa está ligada na inovação centrada em redes?*

Experimente! Experimente! – sobre a criação e a apropriação de valor

Um importante tema recolhido de nossas entrevistas com gestores de diversas empresas é o da necessidade de experimentação contínua – em torno da criação e da apropriação do valor gerado na rede. Como sugerimos em nossa avaliação do cenário da inovação centrada em redes, boa parte dessa paisagem ainda não está povoada, e muitos dos papéis da inovação são novos e estão pouco definidos. Sendo esse o caso, não é muito provável que você encontre diretrizes explícitas sobre como realizar iniciativas de inovação centrada em redes. Portanto, você deve estar disposto a experimentar e cometer erros.

Vamos considerar o modelo de Bazar Criativo. Companhias como P&G, Dial e Staples tentaram diferentes abordagens para se conectar com os inventores individuais. Por exemplo, enquanto a Dial lançou uma campanha para hospedar diretamente as contribuições dos inventores, a Staples utilizou um intermediário para fazer exatamente o mesmo, enquanto a P&G optou por se relacionar principalmente por meio da capacidade de adição de valor das capitalistas da inovação. Em cada caso, as empresas não tinham uma noção clara de como tudo iria funcionar e estavam, em essência, experimentando diferentes abordagens. Conforme as iniciativas progrediram, aprenderam o que não funcionava e o que se desenvolvia positivamente e puderam adequar apropriadamente suas estratégias.

Na indústria farmacêutica, empresas como a Merck e a Pfizer estão percebendo a importância da experimentação em seus processos e modelos de inovação. Como descrito no Capítulo 7, modos alternativos para a descoberta de drogas conduziram a novos contextos para essas experimentações nas empresas farmacêuticas e de biotecnologia – contextos que envolvem parceiros não tradicionais (por exemplo, entidades sem fins lucrativos, como The Synaptic Leap) e resultados de inovação que carecem de clareza no que se refere ao compartilhamento e à apropriação de valor. Apesar da natureza dessas estradas ainda não pavimentadas e das incertezas associadas a isso, as empresas farmacêuticas estão forjando seu caminho nas iniciativas de inovação centrada em redes, encaminhando as questões conforme elas vão se apresentando.

A mesma mentalidade de experimentação ficou visível em muitas outras empresas e setores que estudamos. Em diversos casos, não apenas as abordagens não estavam claras para as próprias companhias como elas estavam enfrentando questionamentos apresentados também por seus parceiros de rede. Por exemplo, quando a Sun lançou a iniciativa OpenSPARC, ela foi submetida a uma avalanche de perguntas dos membros da comunidade em torno das metas e processos de inovação, gerenciamento de direitos de propriedade intelectual e apropriação de valor, entre outras. Como nos afirmou Dave Weaver, da Sun:

> Para ser muito franco, nós não havíamos pensado em muitas das questões que os integrantes da rede estavam levantando (na comunidade) e foi, então, um grande aprendizado para nós – primeiro para entender as questões e depois para encontrar as respostas que seriam aceitáveis para todos.

A experimentação não significa perseguir papéis que não fazem sentido comercial para a empresa. Contudo, ela indica a dimensão do desejo organizacional de buscar os papéis com sentido de negócio, mesmo aqueles cujos detalhes ainda não estão claramente definidos. Isso implica a necessidade de manter a mente aberta à iniciativa, bem como a contínua adaptabilidade e evolução para que seja possível alcançar os melhores processos e a governança mais adequada.

A mensagem chave para os executivos seniores: *incentive a experimentação e recompense as falhas justificáveis!*

OLHANDO ALÉM DA IDEIA – ESCAPANDO DO VALE DA MORTE!

Um tema que veio à tona repetidamente em nossas conversas com os gestores foi a necessidade de contar com capacidades de ponta a ponta para que a empresa realmente se beneficie da inovação centrada em redes.

Muito da empolgação em torno da inovação centrada em redes esteve focado em encontrar novas *ideias* para alimentar a boca do funil de P&D. Mas ninguém almoça ideias! Ideias que não podem ser convertidas em produtos e serviços comercializáveis têm pouca utilidade. Quando as ideias são trazidas de fora (seja de inventores amadores, clientes ou parceiros), elas precisam ser "pastoreadas" pelos processos de desenvolvimento e comercialização para que a empresa possa se beneficiar delas. Os executivos que ouvimos indicaram a existência do "vale da morte" que separa a ideação da comercialização, no qual as ideias "perdem-se na transição", porque os recursos de comercialização não estão alinhados com a ideação e as iniciativas de descoberta. Descobrimos que esse é um problema comum nas empresas que buscam ideias inovadoras externamente pelo fato de não existir um acolhimento natural nas unidades de negócios dessa fonte de inovação.

Cruzar o "vale da morte" requer dois fatores: um conjunto estruturado e formal de processos para integrar as atividades externas e internas e um líder comprometido com o projeto.[3]

Como enfatizamos no Capítulo 9, a preparação da organização para a inovação centrada em redes envolve muita atenção aos processos de integração das atividades externas e internas – por exemplo, os processos que fazem a ponte sobre a lacuna existente entre a ideação e a execução. Muitas das empresas que estudamos não contam com processos claramente definidos para assegurar que a visão do produto criado a partir de uma ideia externa seja bem comunicada e efetivamente conduzida pelas equipes responsáveis por desenvolvimento e comercialização. Esses processos precisam especificar como o projeto evoluirá e se tornará parte regular das atividades internas

---

[3] Veja também "Moving technologies from lab to market", de Stephen Markham, *Research-Technology Management*, nov./dez. 2002.

de desenvolvimento e comercialização – ou seja, como o projeto atrairá recursos de orçamentos já estabelecidos, quais processos decisórios e quais critérios serão aplicados para a aprovação e a avaliação do projeto, entre outros. Como observaram os gestores com quem conversamos, a falta desses processos pode levar a uma transição difícil da ideação para a execução, com grande implicação sobre o sucesso de inovação como um todo.

Criar claras responsabilidades organizacionais para a comercialização da inovação obtida externamente nas unidades de negócios também é importante. Definir líderes informais para cada projeto é uma forma de avançar, como descobriram empresas como a Dial e a Unilever, entre outras. Esse "líder" é a força motriz para fazer o projeto cruzar o vale da morte, porque se apropria do "caso de negócio" associado à ideia, conecta as pessoas necessárias no funil da ideação à execução e negocia para conseguir dispor dos recursos e das capacidades organizacionais imprescindíveis.

Por isso, antes de lançar iniciativas de inovação centrada em redes, é uma boa medida reexaminar e reavaliar os processos internos de desenvolvimento e as capacidades da empresa. Você tem de remodelá-los para fazer a adaptação às novas abordagens adotadas? Tem de investir em novas capacidades de execução? Terá de criar novos papéis organizacionais? E não esqueça: dependendo do modelo de inovação centrada em redes e dos papéis que a empresa está disposta a assumir, a natureza desses processos e dessas capacidades pode variar.

◎ GERENCIANDO O "VAI" E "VEM" DA REDE

As empresas que estão pretendendo embarcar em iniciativas de inovação centrada em redes têm de admitir um fator importante – dependências! Já abordamos esse ponto antes, no Capítulo 10. No entanto, vale repetir o importante papel que as dependências assumem nessas iniciativas.

A habilidade da empresa para gerenciar o "vai" e "vem" experimentado nas interações com os membros da rede pode se tornar muito importante para assegurar o sucesso do projeto no longo prazo. Gerenciar essas forças da rede pode consumir recursos organizacionais significativos. As decisões e ações assumidas pelos parceiros podem desequilibrar ou forçar mudanças nos planos do P&D interno. Podem criar também novos focos de resistência em outras áreas da empresa em relação à própria inovação centrada em redes. Particularmente, se existirem dependências entre os projetos de inovação com colaboração externa e outros projetos internos.

Essas dependências ocorrem nos diferentes modelos de inovação centrada em redes que discutimos. Por exemplo, no modelo de Orquestra, as pequenas empresas que fazem parceria com líderes de plataforma como Microsoft, Intel e Salesforce.com sempre se sentem empurrados para diferentes direções quando o posicionamento de mercado ou os padrões da tecnologia complementar que eles desenvolveram começam a divergir conforme a plataforma evolui. Da mesma forma, como alguns parceiros japoneses da Boeing descobriram, seus próprios planos internos (por exemplo, planos de longo prazo para tornarem-se fabricantes autônomo de aeronaves) podem, em algum momento, entrar em conflito com as decisões tomadas pelo parceiro principal.

Em algumas instâncias, a grande companhia deve estar atenta e tomar cuidado com essas dependências. Por exemplo, quando a IBM começou a colaborar com as comunidades de software livre, a empresa logo descobriu que o que acontecia naquela arena tinha implicações importantes sobre outros de seus produtos e serviços. Algumas delas relacionavam-se à decisão de abandonar esforços internos de inovação em certas áreas – por exemplo, parar o desenvolvimento de soluções proprietárias concorrentes do Apache HTTP. Outras se referiam à redefinição de metas e estratégias – por exemplo, modificar ou adaptar os planos de desenvolvimento para o aprimoramento da plataforma Linux.

A mensagem chave aqui é: *mantenha a atenção na natureza das dependências* que a empresa vai enfrentar ao adotar iniciativas de inovação centrada em redes. Essa prontidão pode servir de gatilho para o reexame periódico das metas e decisões internas relativas às iniciativas de inovação. Isso é importante para ter certeza de que as forças disruptivas originadas das redes externas não tirarão da trajetória a agenda de inovação da companhia.

◎ USE MAIS DE UM PAPEL – MAS COM CUIDADO!

No Capítulo 9, discutimos como algumas grandes empresas passaram a desempenhar mais de um papel nas iniciativas de inovação centrada em redes. Por exemplo, a IBM tornou-se uma líder de plataforma (na sua tecnologia Power) e uma patrocinadora da inovação em algumas comunidades de software livre. Da mesma forma, a Sun passou a desempenhar o papel de catalisadora da inovação na iniciativa OpenSPARC, além de ser líder de plataforma no seu principal negócio em servidores.

Quando as companhias usam múltiplos papéis na inovação centrada em redes, podem ter uma abordagem mais equilibrada das iniciativas externas adotadas. Por exemplo, uma empresa pode assumir o papel de líder em certas iniciativas e, ao mesmo tempo, adotar uma posição mais de suporte em outras. A diversificação de papéis reduz o risco total envolvido nas atividades de inovação externa. E também facilita a aquisição de conhecimento ou "aprendizado" de um conjunto mais variado de parceiros, assim como de um quadro mais diversificado de atividades de inovação.

No entanto, a multiplicidade de papéis impõe custos adicionais para a empresa. Por exemplo, como abordamos no Capítulo 9, diferentes papéis pedem diferentes tipos de recursos e capacidades. Conforme a companhia busca um portfólio de papéis na inovação, a diversidade de suas competências e a infraestrutura para sustentá-los também deverão aumentar. Embora para empresas de porte, como P&G, DuPont, 3M e IBM, as implicações sobre os recursos possam não ser críticas, para as pequenas companhias elas podem assumir uma significância importante.

Por isso, a sedução da estratégia com múltiplos papéis deve ser equilibrada com o provável aumento de demanda por recursos e capacidades organizacionais.

REALOCANDO OS RECURSOS FINANCEIROS (SEM CORTAR!)

As redes e comunidades de inovação indicam um considerável potencial existente fora das empresas para que elas aprimorem a quantidade e a qualidade da inovação. Quando as companhias consideram esse potencial, existe a tendência de assumir que podem reduzir o investimento interno em P&D. Uma mensagem chave das organizações que têm buscado de forma bem-sucedida a realização de iniciativas em inovação centrada em redes é: *realocar – e não reduzir – os investimentos internos da empresa em inovação*.

No curto prazo, as empresas podem ser capazes de substituir os recursos internos pelos externos e conseguir manter a agenda de inovação com menos investimentos na área de P&D. Mas, no longo prazo, é provável que essa decisão não traga bons resultados. Lembre: a habilidade de obter retornos da inovação centrada em redes depende dos ativos e das capacidades que a companhia é capaz de oferecer à rede. Quanto maior o valor desses ativos internos, maiores serão os retornos obtidos com a sua participação na rede.

Por isso, a participação na inovação centrada em redes não implica a redução de investimentos internos. No entanto, pode haver a realocação desses recursos. Por exemplo, algumas empresas decidem investir mais nos processos de finalização de P&D, enquanto outras podem escolher os processos iniciais. A realocação das prioridades de investimento deve refletir a respeito do(s) papel(péis) que a companhia adotou na rede externa de colaboração.

A redução do orçamento interno da empresa em P&D vai somente diminuir o conjunto de capacidades para participar das iniciativas e limitar sua habilidade de explorar o potencial externo da inovação centrada em redes.

◎ NÃO SE ESQUEÇA DE GANHAR DINHEIRO

O outro lado da moeda dos esforços para encorajar e construir a fé na inovação centrada em redes é a responsabilidade dos líderes em fazer com que a empresa saiba que, ao final, essas iniciativas têm de contribuir para o crescimento da organização – seja no curto ou no longo prazos.

Como mostram os exemplos da IBM e da Sun, até mesmo a participação em comunidades de inovação como as de software livre deve se basear na lógica dos negócios. Muitas oportunidades externas de inovação podem parecer tentadoras, especialmente para gerentes que desejem demonstrar seu compromisso com o chamado do CEO para a ação em iniciativas de inovação centrada em redes. Nesse contexto, é igualmente importante destacar a necessidade de não abandonar o rigor nas decisões de buscar oportunidades externas relacionadas à inovação.

Como afirmou um gerente de nível médio de uma grande companhia de produtos de consumo, há muita efervescência na organização relacionada à busca das fontes externas de inovação em rede e, por isso, há também a tendência de tornar a inovação centrada em redes como um fim em si mesma. Isso fica mais evidente quando métricas como "o número de ideias obtidas externamente" e "o número de parceiros externos" ganham alta visibilidade, em vez daquelas que refletem o impacto real das iniciativas de inovação centrada em redes sobre o crescimento ou as receitas da empresa.

Os executivos seniores, novamente, têm um papel crucial para enfatizar a necessidade de vincular as iniciativas de inovação centrada em redes aos objetivos gerais de crescimento da empresa. Por isso, quando a Sun abriu sua arquitetura SPARC e começou a iniciativa OpenSPARC, a companhia colocou seu foco em novos mercados, que provavelmente iriam se abrir para seus principais produtos e serviços como resultado das atividades da comunidade – mesmo que seja no longo prazo.

A lição para os executivos seniores é: tenha certeza de que a empolgação em torno das oportunidades da inovação centrada em redes está alicerçada nas receitas e nas metas de lucro da empresa.

Ações para "segunda-feira" pela manhã

Demos início à nossa jornada explorando o poder do cérebro global e traçando um quadro da paisagem da inovação centrada em redes. Essa trajetória também nos conduziu por uma análise mais detalhada das diversificadas oportunidades e dos recursos e capacidades que a companhia tem de desenvolver para aproveitá-las. Nosso objetivo primário com esse livro é preparar você, leitor, para ser capaz de posicionar sua empresa como um dos atores no amplo e diversificado cenário da inovação centrada em redes.

Agora que você dispõe de uma compreensão mais profunda desse cenário, é hora de desbravar o caminho para que a organização participe dessas iniciativas e se beneficie das fontes externas de inovação. Para isso, nós temos um mantra bem simples: Pense GRANDE, comece PEQUENO, expanda DEPRESSA!

A Dial é um bom exemplo de como nosso mantra pode ser colocado em prática.

Pense grande

É importante que você considere a tela inteira da inovação centrada em redes e tenha uma perspectiva ampla antes de começar a se voltar para

286 Cérebro Global

oportunidades específicas. Pensar grande significa assegurar-se de que você será capaz de desenvolver uma história coerente que conecte todas as iniciativas de inovação – mesmo que essas iniciativas surjam ao longo do tempo. É aqui que o papel do CEO para oferecer essa perspectiva se torna importante.

Quando a Dial começou a pensar em explorar as fontes externas de inovação – ou seja, indo além das fontes tradicionais como fornecedores e parcerias com inventores independentes –, a companhia não estava focada em uma iniciativa específica. Em vez disso, sua abordagem foi "pensar grande" e pôr foco no valor que essas fontes externas poderiam trazer para a organização no longo prazo. O CEO e os executivos seniores comunicaram aos funcionários seu forte comprometimento com a inovação centrada em redes, formando uma unidade organizacional independente – o grupo de aquisição de tecnologia – para orquestrar esses esforços. A mensagem foi clara: a companhia está construindo o alicerce para várias iniciativas de inovação centrada em redes que certamente evoluirão com o tempo.

Comece pequeno

Depois que você contar com uma ampla perspectiva para olhar as oportunidades de inovação centrada em redes, é igualmente importante começar por uma que tenha um escopo gerenciável e cujos retornos (ou resultados) sejam claramente visíveis. Por exemplo, você tem um mercado específico ou segmento de consumidores no qual possa lançar sua primeira iniciativa de inovação centrada em redes? Ou você conseguiria isolar a iniciativa a uma região geográfica particular ou divisão de negócios?

Crie um "ambiente protegido" para sua estratégia de inovação centrada em redes para que possa avaliar e aprender com essa primeira iniciativa. Essa decisão pode ajudar você a descobrir um atalho para o sucesso e depois aplicá-lo nas iniciativas subsequentes.

No caso da Dial, o "ambiente protegido" foi simplesmente um site para hospedar o concurso *Quest for the Best*, que a empresa utilizou para começar a se conectar com os inventores independentes. A iniciativa não exigiu investimentos intensivos em infraestrutura e nem um grande número de funcionários envolvidos. Embora esse tenha sido um projeto relativamente pequeno, era bastante inovador. A Dial foi a primeira empresa de produtos de consumo a estabelecer um programa de relacionamento direto com os inventores independentes e suas associações. Os resultados foram bastante positivos (diversas ideias entraram no funil de P&D da empresa), e o programa serviu como "prova de conceito" para a ampliação da estratégia da empresa na inovação centrada em redes.

Expanda depressa!

Quando a primeira iniciativa se tornar um sucesso, não se esqueça de celebrar a vitória. No entanto, o mais importante: também não se esqueça de conduzir a iniciativa para seu próximo nível, expanda depressa!

Estabeleça um conjunto de objetivos mais ambiciosos, engaje novas áreas da organização e invista extensivamente no desenvolvimento das capacidades organizacionais que o ajudem a atingir as novas metas. Sua habilidade para engajar rapidamente toda a companhia na iniciativa irá auxiliar a trajetória interna do programa e atrair mais recursos organizacionais e talentos criativos. Isso também ajuda a gerar mais iniciativas em diferentes áreas da empresa.

Voltando ao exemplo da Dial, a expansão da iniciativa ocorreu logo depois do primeiro concurso de inventores. A companhia formalizou o projeto e o chamou de *"Partners in Innovation"*, fazendo as interações com os inventores independentes tornarem-se contínuas e, além disso, cobrindo todas as unidades de negócios do portfólio de produtos.

A empresa também expandiu rapidamente o programa, fazendo com que assumisse uma escala global, ao estabelecer conexões com as áreas de P&D do grupo Henkel, controlador atual da Dial que tem sede na Alemanha. Com essa expansão de alcance, todas as empresas do Grupo Henkel são clientes potenciais para as ideias obtidas pelo grupo de aquisição de tecnologias da Dial nos Estados Unidos. A organização fortaleceu essa conexão com o lançamento do Henkel Innovation Trophy, um concurso global que o grupo de aquisição de tecnologia norte-americano está estruturando sob o patrocínio de todas as companhias do Grupo Henkel. Dessa vez, o foco não são as fontes externas de inovação norte-americanas, mas os inventores independentes em qualquer lugar do mundo. E o alvo da criatividade deles não é apenas a Dial, mas o Grupo Henkel inteiro. Uma verdadeira expansão global!

Por isso, a moral da história aqui é a seguinte: "pense grande" e tenha certeza de que a perspectiva correta foi adotada; "comece pequeno" para conquistar rapidamente os primeiros resultados; e "expanda depressa" para engajar e envolver com velocidade toda a organização.

Nós esperamos que, assim que fechar esse livro, você possa começar a dar os primeiros passos para aplicar as ideias e conceitos sobre os quais discutimos. Essa é a jornada REAL para buscar o crescimento orgânico beneficiando-se do poder criativo do cérebro global. Boa sorte!

Mensagem ao Leitor Brasileiro

Inovação e criatividade são fundamentais para o diferencial competitivo nesses velozes tempos movidos à internet com banda larga, nos quais "todo mundo pode saber de tudo muito rapidamente". Por exemplo, você pode saber mais sobre mim e os assuntos em que estou interessado visitando meu blog www.conselheirocriativo.com.br e as mídias sociais associadas a ele.

Pronto! Até poucos segundos, eu era um simples desconhecido. Agora você já conhece o meu perfil, os assuntos de que gosto e podemos até intercambiar conhecimento por meio das mídias sociais. Legal, não é? Esse é o mundo em que vivemos.

E as empresas, claro, tentam adaptar-se a ele. E buscam a inovação como sua principal arma na conquista da preferência do mercado. Mas como ser uma corporação inovadora se a cultura organizacional não favorece e surgem dilemas intensos e muita confusão?

Algumas técnicas podem ser rapidamente colocadas em prática como a formação de times corporativos multidisciplinares focados na busca de soluções. Mas isso significa investimento de recursos para um retorno muitas vezes distante.

Nesse contexto, estou cada vez mais convencido de que a incerteza é uma característica do resultado da inovação. Isto é, por mais que se planeje, é complicado prever o sucesso de uma solução inovadora. Quantos produtos, preparados para voar alto, nem conseguiram decolar?

Então, o que fazer quando não dá para ficar parado e ao mesmo tempo é arriscado correr?

O que se pode fazer é planejar a construção do aprendizado para a inovação e, assim, reduzir (e compartilhar) riscos. Esse planejamento significa estabelecer conexões e canais necessários ao aprendizado.

Em outras palavras, além da crença de que é importante ser inovador, é preciso diversificar o processo de inovação para além dos departamentos de pesquisa e desenvolvimento. É aí que entra em cena a ***inovação centrada em redes***, uma espécie de contracultura à tradição de inovação internalizada nas corporações.

O seu conceito é até intuitivo. Colaborações externas à empresa influenciam a criação de novos produtos e serviços, muito mais adequados à realidade dos mercados atuais e futuros e que provocam também o inusitado, que é o aparecimento de soluções que se transformam em negócios anteriormente não pensados.

Simples assim.

Mas como fazer isso? Em uma genial exposição de possibilidades, os autores Satish Nambisan e Mohanbir Sawhney proporcionam ao leitor uma viagem pela dimensão da inovação colaborativa, fornecendo elementos essenciais que podem ser modelados de acordo com cada tipo e porte da empresa e abrindo caminhos para a permanente conexão com o mercado.

Renato Fonseca de Andrade
Doutor e mestre em engenharia de produção pela Universidade Federal de São Carlos, especialista em inovação, redes sociais e empreendedorismo.
Autor do livro Conexões empreendedoras.

Este livro foi impresso em papel Lux Cream 70 g pela gráfica Loyola.